[제2판]

사회복지역사

홍숙자 강석주 김 병 문수열 정영민 제미자

YANGSEOWON
양서원

머리말

전세계적인 인구의 고령화와 시민권의 강화 그리고 사회연대 의식 등의 강화와 다양한 분야의 사회문제로 대부분의 나라들은 국가와 민간이 협력하여 문제를 해결하고자 하는 노력들을 하고 있습니다. 이러한 사회문제 해결을 위한 효율적인 사회복지정책 및 서비스 관련 정책을 마련하기 위해 사회복지역사를 통해 사회복지의 역사 및 환경을 살펴보고 앞으로의 사회복지를 예측할 수 있는 기회를 제공하고자 합니다.

이 책은 사회복지사업법 시행규칙에 따라 교과목의 명칭을 사회복지역사로 하였으며, 사회복지역사를 13장으로 나누어 사회복지역사의 이론적 기초, 사회복지의 동기, 빈민법과 빈민법의 변화, 미국의 빈민법, 민간활동, 빈곤관의 변화와 사회조사, 사회보장, 영국의 국민보험, 미국의 사회보장, 베버리지 보고서, 복지국가의 형성과 재편, 제3의 길과 복지국가, 한국 사회복지의 역사, 새마을운동, 복지국가의 전망으로 구성하였습니다.

사회복지역사를 통해 사회복지의 이론적 기초 및 동기 그리고 빈민법의 발생과 발달과정을 살펴보고 그 속에 포함된 사상과 상황을 통해 현재 및 미래에 대한 사회복지를 예측하고자 하였습니다.

또한, 영국, 미국, 독일, 우리나라 등 다양한 국가의 사회복지 이념과 역사를 비교하고, 최근의 제3의 길과 새로운 사회복지정책 등에 대한 이해를 돕고자 합니다. 선진국의 사회복지역사를 통해 타산지석으로 다양한 분야의 사회복지정책들을 살펴보고자 노력하였습니다.

이 책을 준비하는 과정에서 도움을 주신 많은 분들과 책을 출판하도록 도와주신 출판사 관계자 여러분들에게 감사의 마음을 전합니다.

2023년 1월

저자 일동

차 례

제 1 장

사회복지역사의 이론적 기초

01

1. 사회복지역사

1) 사회복지 발달의 의의

인간은 사회적인 동물로 더불어 함께 살아가는 존재이다. 따라서 사회의 다양한 현상 중 인간의 행위에 의해 일어나는 현상들은 인간의 상호작용과 다양한 사건 속에서 일어난다. 이러한 사회현상은 동일하게 반복되거나 일정한 관계법칙을 갖는 자연과학과는 달리 끊임없이 변화하는 사회과학이다. 따라서 사회과학은 예측불가능하며, 방법적 절차도 불완전하다. 또한 가치개입 등의 문제를 한계점으로 가지고 있다.

이러한 사회과학의 특성은 경험과학이며, 역사과학, 실천과학, 사회현실에 대한 전체적 인식과학이다(김성이 · 김상균, 1994).

사회과학의 특성은 사회복지의 인간사회현상, 사회문제를 해결하기 위해 적용된다. 따라서 사회복지역사를 통해 사회복지의 생성 및 발달과정 그리고 역사적 배경을 이해하고 과거의 사회문제나 사회적 욕구와 그 해결을 위해 마련된 사회복지제도 및 프로그램의 도입과 변천 과정에서 그 정책들의 성공과 실패 원인 및 시대적인 조건과 배경을 이해하여 현대사회의 사회복지정책이나 제도 및 프로그램 개발에 적용하도록 도울 수 있다. 또한 사회복지역사에 대한 이해를 통해 궁극적으로 우리의 현실에 맞는 사회복지제도 발달에 관한 이론을 개발하는 데 필요한 정보를 얻을 수 있다.

사회복지역사를 배우는 이유는 첫째, 사회복지제도의 역사성을 밝힘으로써 현재의 사회복지제도를 이해할 수 있다. 둘째, 과거의 경험과 지식을 바탕으로 현실적용이나 예측 가능한 이론을 개발할 수 있다. 셋째, 과거의 사회복지제도를 연구함으로써 현재에 적합한 사회복지 모델을 형성하는 데 도움이 된다는 것이다(이강희 외, 2009).

즉, 우리나라의 현실에 맞는 사회복지제도를 만들기 위해 다른 시대, 다른 나라들의 사회복지제도의 변천 과정과 도입 배경 및 장·단점을 검토하고 법칙성을 발견하여 보다 바람직한 사회복지 모델을 찾는 것이며, 이를 통해 문제점을 사전에 확인하고 실패의 원인을 찾아 보완할 수 있도록 하는 것이 사회복지역사를 공부하는 의의이다.

2) 사회복지역사의 연구방법

사회복지역사는 보는 관점에 따라 매우 다양하다. 연구자의 입장이나 연구대상에 따라 다를 수 있다.

이 장에서는 사회복지역사의 연구방법을 다음과 같은 관점으로 간단하게 살펴보고자 한다.

첫째, 시대적 구분 연구로 시대에 따라 사회복지제도가 어떻게 변화하였는가를 검토 평가하는 것이다. 사회복지의 외적 요인에 의해 시대를 구분하고 사회복지의 변화를 설명하는 것으로 예를 들면 자본주의의 발전 단계에 따라 산업자본주의 시대와 사회복지, 독점자본주의와 사회복지, 국가독점자본주의와 사회복지로 구분할 수 있다. 그리고 사회복지 내적 요인에 의해 지배적 이념과 원리의 변화, 급여의 방식, 대상, 재정, 전달체계 등을 기준으로 상호 부조의 형태, 자선박애사업의 형태, 구빈보호사업의 형태, 사회사업과 사회복지로 구분하여 설명할 수 있다. 또한 빈민법 시대, 사회보험 시대, 복지국가 시대로 구분할 수도 있다. 이러한 구분에 대해서는 뒤에 사회복지역사의 시대 구분에서 자세히 설명하고자 한다.

둘째, 비교연구로 사회적·문화적 전통이 다른 시대의 구분에 따라 비교하는 것이다. 사회복지의 역사에서 동일한 시대, 공간에 따라 사회복지가 서로 다른 특성을 보일 수 있고 동일한 국가와 사회에서도 시간에 따라 다른 사회복지의 특성을 보일 수 있다. 따라서 국가별·시대별 변화를 분석하는 경우 종단적·횡단적 비교연구가 필요하다. 이를 통해 현재 사회가 가지고 있는 문제나 상황을 감안하여 사회복지정책 수립에 반영할 수 있다.

셋째, 사례연구로 특정 개인, 집단, 사회, 국가, 문화에 대하여 심층적이고 집중적으로 연구하는 것이다. 이러한 사례연구는 비교연구를 위해 많은 사례연구를 축적하는 것이 중요하며, 특히 역사 분야와 사회문화적 맥락에 대한 질적 분석이 요구되는 분야에서는 더욱 그러하다(감정기 외, 2002).

또한, 사회복지의 역사는 이데올로기적 관점으로 좌파와 우파, 보수와 진보로 구분하는 등 다양한 방법으로 구분할 수도 있다.

좌파와 우파는 18세기 말 프랑스혁명이 일어난 후, 프랑스 국민의회가 소집되었는데 이때 의장석에서 바라보았을 때, 오른편에는 왕정을 옹호하는 왕당파가 앉았고, 왼편에는 공화정을 주장하는 공화당파가 앉았다. 즉 우측에 앉은 왕정은 보수였고, 좌측에 앉은 공화정은 진보적 성향을 가지고 있었다. 상대적으로 진보한 정치사상을 가지고 있는 정당은 의장석 왼쪽에, 보수적인 사상을 가지고 있는 정당은 회의장 오른쪽에 앉는 것이 관행되었으며, 이를 계기로 보수 성향을 가진 정당을 '우파', 진보 성향을 가진 정당을 '좌파'라고 하였다. 그러나 이러한 좌파와 우파는 절대적인 것이 아니다. 좌파와 우파의 개념은 세월의 흐름에 따라 그리고 정권을 누가 잡느냐에 따라 변화한다.

김종일(2010)은 좌파는 대체로 자본주의에 대해 회의적 시각을 견지해 왔으며, 지본주의는 사적 소유제와 자유시장이 불평등의 온상이라고 하였다. 또한 시장에 대한 국가의 개입이 필수적이며, 인간의 사회적 환경을 중시하여 인간에 대한 낙관론으로 이어진다. 그리고 사회를 개인의 단순한 집합체 이상의 것으로 생각한다고 하였다.

반면 우파는 자본주의에 긍정적이며, 불평등이 인위적인 것이 아닌 시장활동의 부산물로 자연스러운 것으로 수용해야 하며, 불평등을 해결하기 위한 방법으로 시장의 자율적인 해결에 의지하려는 경향을 보인다. 또한 인간관은 비관적으로, 본래

| 표 1-1 | **좌파와 우파의 비교**

분류 기준	좌파	우파
자본주의에 대한 견해	부정적, 회의적	긍정적, 낙관적
불평등에 대한 견해	사회정의에 위배	시장활동의 자연적 결과
시장에 대한 국가 개입	지지	반대
인간관	낙관적, 사회적 환경 중시	비관적, 본성 중시
개인과 사회의 관계	사회가 우선	분파에 따라 견해 다름
복지국가	적극적 지지(극좌파 제외)	현실적 수용(일부 반대)

출처: 김종일, 2010

인간은 일하기 싫어하는 이기적인 존재로 인식하였다. 어떠한 정당도 영원한 우파거나 좌파일 수 없으며, 정권의 유지와 입장에 따라 견해가 바뀔 수 있다.

2. 사회복지역사의 시대 구분

사회복지역사는 관점이나 학자에 따라 시대 구분을 다양하게 할 수 있지만 대부분 빈민법시대, 사회보험시대, 복지국가시대로 구분하고 있다.

그 각각에 대한 내용은 다음과 같이 설명할 수 있다.

1) 빈민법 시대

빈민에 대한 빈곤죄악관이나 통제는 여전히 존재하지만 국가가 빈민에 대한 구제를 법으로 명문화한 중요한 의미가 있는 시대이다.

빈민법은 중세봉건주의가 쇠퇴한 후 절대주의 국가와 함께 등장하였으며, 사회복지사적 측면으로는 국가가 최초로 빈민구제에 대한 책임을 성문화하였다는 의미를 가지고 있지만 실제로는 부랑자에 대한 사회적 통제를 위한 것으로, 노동력을 중시한 중상주의 국가정책이다.

Point 중상주의

15~18세기 중엽까지 유럽에서 행해졌던 경제정책이나 논조로 국가의 부는 무역을 통해 금이나 은을 다른 나라에서 들여와야 한다고 주장하였다.

유럽 절대왕정 시대의 국가정책으로 빈민을 노동능력이 있는 빈민과 노동능력이 없는 빈민, 요보호아동의 세 가지로 구분하여 구빈을 하였다.

빈민법의 대상은 걸인과 구제 가치가 있는 빈민이었고, 구빈정책의 주체는 절대주의 국가, 교회, 봉건영주들이었으며, 국가는 구빈정책기관을 중심으로 지방행정체제를 교구단위로 갖추도록 하고 치안판사가 임명한 빈민감독관(overseer of the poor)에게 구빈행정을 담당하도록 하였다.

교회는 중세 시대에 교구를 중심으로 조제를 임명하였으며, 조제는 교구 내 빈민조사 및 구빈활동, 마티큘라(maticular)라는 빈민 명부를 작성하게 하였다. 또한 교회는 기독교적 신념을 바탕으로 교구를 중심으로 구빈활동을 하였다.

봉건영주들과 그들의 농토에서 일하던 농노들 사이에 지배·예속관계가 토지를 중심으로 이루어졌으며, 영주들은 자신을 위해 평생을 일한 농노들이 늙고 병들면 그들을 돌보았다. 그러나 인클로저 운동으로 많은 영주들은 농토를 소수의 노동력으로도 운영되는 목장으로 바꾸고 농노들을 그들의 농토에서 내보냈기 때문에 이들은 떠돌아다니는 유랑민(부랑민)과 걸인들이 되었고 일부는 도시로 이동하여 도시빈민이 되었다.

14~16세기의 유럽은 흑사병으로 전 인구의 1/3이 사망하였다. 특히 노동인구의 반이 사망하여 14세기 중엽에서 15세기 중엽 농업노동자의 임금이 50~75% 급상승하였다. 이에 지주들은 노동자 임금통제가 절실했고, 그 대책으로 1351년 노동자규제법(the Statute of Labourers)이 제정되었다. 노동자규제법의 내용은 걸식과 부랑의 금지, 임금상한선 규정, 지주들 간의 농민쟁탈 억제 등이었다.

이 법이 1388년 빈민법(the Poor Law)으로 더욱 구체화 되었는데, 빈민법에서는 임금고정과 임금상승을 유발시키는 노동력이동을 금지하였다. 이후 16세기 초반까지 노동능력이 있는 실업 상태의 부랑인들을 구금과 매질로 처벌하였으나 효과를 거두지는 못했다.

헨리 8세는 1531년 걸인부랑인처벌법(the Act Concerning Punishment of Beggars and Vagabonds)을 제정하여, 노동무능력자를 조사·등록시키고 구걸을 허용하였으나 노동능력이 있는 걸인에게는 태형을 가했고, 고향이 아닐 경우 전 거주지로 추방했다. 1536년 노동능력이 있는 걸인을 처벌하기 위해 건장한 부랑인과 걸인처벌법(the Act for Punishment of Sturdy Vagabonds and Beggars)이 제정되었다. 자선과 기여를 통해 빈민 구제 비용을 조달하고, 치안판사와 시장은 미성년걸인(5~13세)을 부모의 유무에 상관없이 도제로 보낼 수 있었다.

이처럼 빈민법은 빈민을 위하기보다는 빈민들의 노동력을 착취하기 위해 만들어진 법이다. 그러나 최초로 빈곤에 대한 국가의 직접적인 구제를 성문화한 의미는 크다.

이후 빈민법 시대는 엘리자베스 빈민법(1601), 정주법(1662), 작업장법(1662), 길버트법(1782), 스핀햄랜드법(1795), 신빈민법(1834)으로 변화하였다.

빈민법 시대는 기본적으로 빈곤은 개인의 나태에서 비롯된 것이라는 사상을 가지고 있는 빈곤죄악관을 바탕으로 하고 있으며, 빈민의 구제보다는 빈민들을 통제하고 억압하고자 하는 이면을 가지고 있다.

Point **도제제도**(徒弟制度 apprenticeship)

고대 이집트와 바빌론에서는 일정한 수의 장인들을 확보하기 위해 수공업기술 훈련을 조직적으로 실시했다. BC 18세기에 만들어진 함무라비 법전에는 장인들이 젊은이들에게 기술을 전수해야 한다고 규정한 대목이 나온다. 로마를 비롯한 몇몇 고대사회에서 장인은 대개 노예로 이루어졌다. 로마제국 말기 이들은 콜레기아를 조직하여 기술 수준을 유지하려는 움직임을 보이기 시작했다.

13세기 서유럽에서도 이와 비슷한 움직임이 일어났다. 도시의 각 작업집단들이 만드는 물건의 질과 생산방법을 감독하고 고용조건을 통제하는 장인 길드가 나타난 것이다. 길드는 장인을 중심으로 운영되었으며, 보통 7년 정도 걸리는 훈련과정을 거친 도제들로 새로 충원되었다. 이것은 가내수공업에 적합한 제도였다. 장인은 자기집에서 도제들과 함께 지내면서 일했으므로 도제 계약조건 속에서 친족을 대신하는 인위적인 가족관계가 생겨나게 되었다.

출처: 야후 백과사전

2) 사회보험 시대

빈민법 시대가 빈민에 대한 빈곤죄악관으로 그들을 비난하고 통제하고 있으며, 측은지심, 은혜, 은전 등의 사상을 갖고 있었다면 사회보험 시대는 국가와 사회가 미래에 발생할지 모르는 위험(노령, 장애, 질병, 사망, 산재 등)에 대하여 대비하고자 하는 정책을 펼쳤다. 대부분의 사회복지정책이나 사상들이 영국에서 발생하였지만 사회보험만은 예외적으로 독일에서 발생하여 영국에 전파되었다.

독일에서 사회보험이 도입된 것은 1854년의 프로이센 광업종업원 공제조합법으로 모든 광산종업원의 보험강제와 광산소유자의 갹출분담 의무를 정한 것에서 유래하였다. 자본주의 등장으로 부랑자의 문제를 해결하였으나 프롤레타리아계급의 출현, 산업의 발달로 산업재해, 정년퇴직, 각종 질병, 실업 등의 문제가 발생하게 되면서 사회보험이 발전하였다. 이에 노동자들은 임금, 근무환경의 개선을 요구하게 되고 자본가와 국가는 숙련된 노동의 지속적인 확보를 위해 사회복지정책의 도입이 필요하게 되었다.

사회보험은 독일제국 사회입법(의료보험, 산재보험, 노령폐질보험)에서 시작되었다. 비스마르크(Bismarck, 1815~1898)는 통일 후 사회주의가 생겨나면서 노동자 계급을 선동하려는 것을 막고 경제성장을 통해 국민들의 인간다운 삶을 보장하려는 당근과 사회주의에 대한 채찍정책을 펼쳤다. 채찍정책으로 사회주의를 탄압하고 노동자계급을 포섭하기 위해 당근정책으로 사회보험을 채택한 것이다. 사회보험의 주된 대상자는 노동자계급(산업 프롤레타리아트)이었고, 정책주체는 국가와 노동조합이었다. 독일은 최초의 사회보험으로 1883년 의료보험법을 도입하였으며 이후 산재보험을 도입하고 연금보험까지 시행하였다. 비스마르크가 가장 신경을 쓴 사회보험은 재해보험이었다. 1881년 초안을 작성한 재해보험의 강제 보험가입, 중앙집중식 통제, 사보험회사의 배제, 국가보조금의 지급 등의 기본원칙을 노동계 지도자들은 노동운동에 족쇄를 채우려는 것이라 비난하고, 사회주의자들은 노동자를 노예로 만들려는 병영사회주의라 반대하였다. 또한 보수적인 자유주의자들은 국가의 권력 강화와 관료화를 초래할 것이라 우려하면서 국가의 부담을 줄이라고 하였다. 이 산재보험은 국회를 통과하지 못하고 난항을 계속하다 노동자들을 배제하고 자본가들이 산재보험의 조직을 장악하도록 만들고 제국보험공단의 운영비를 제외한 모든 비용을 부담하는 것으로 수정하여 1884년

의회를 통과하였다. 이후 1889년 폐질 및 노령연금보험을 도입하였다. 폐질 및 노령연금보험은 노동자와 사용자가 파견하는 동수의 의원으로 구성된 위원회의 통제를 받도록 하였으며, 재정 또한 각각 50%씩 부담하도록 하였다.

비스마르크는 균일급여 보험체제를 통해 국가와 사회의 연대성을 달성하려 했으나 숙련노동자와 비숙련노동자들을 같이 처우하는 것이어서 노동자 대표들의 반대에 부딪쳤다. 따라서 이전 소득에 따라 급여가 차별화되는 제도 형태로 변화되었다. 사회보험의 대상자는 노동자로 사회보험 가입자만을 대상으로 하는 구입한 권리였으며, 경제에 종속적이다. 사회보험은 민간보험에 사회적 요소를 가미하여 강제가입과 소득재분배의 요소를 결합한 사회적 보장제도이다.

이러한 독일의 사회보험의 운영방식이나 도입 취지들은 현재 대부분의 국가들이 실시하고 있는 사회보험의 기초가 되고 있다.

영국도 베버리지 보고서에 기초하여 독일의 사회보험을 받아들여 1911년 국민보험법을 제정하였으며, 1948년 7월 국민보건서비스(NHS; National Health Service)를 도입하였다.

우리나라 사회보험제도는 1964년 산재보험이 도입되어 2000년 1인 이상 사업장까지 확대 실시되었다. 1977년 의료보험을 도입하였으며 12년만인 1989년 도시자영업자까지 확대 실시하는 전국민의료보험제도를 도입하였다.

그리고 국민연금제도는 1988년 국민의 생활안정과 복지증진을 위해 10인 이상 사업장 근로자를 대상으로 시행하였으며, 1995년 농어촌 지역과 1999년 도시지역 주민에게까지 적용의 범위를 확대하여 전국민연금을 실시하였으며, 1999년 도시자영업자까지 확대 실시하였다. 2010년 10월 말 현재 1,900만여 명이 가입해 있고, 300만여 명이 연금을 받고 있으며 적립된 기금은 372조원이며 이 중 58.5조원을 연금 등으로 지급하고 314조원을 운용 중이다. 국민연금은 납부한 기간이 10년이 되거나 넘는다면 만 65세부터 월 일정액의 연금을 받게 된다. 납부한 기간이 10년이 되지 않는다면 만 65세가 되었을 때 이자를 포함하여 납부하였던 금액을 일시불로 받게 된다. 월납부금액은 소득의 9%로 직장가입자의 경우 4.5%는 근로자가 부담하며 나머지 4.5%는 사업장에서 부담한다. 지역가입자는 본인이 전액 부담한다.

그리고 산업재해보험을 1995년에 도입하고 1998년 10인 이상 사업장으로 확대 실시하여 기존의 산재보험, 의료보험(현재는 국민건강보험), 국민연금보험과 더불어 4대 사회보험의 시대를 열었다. 또한, 2008년 7월부터 실시한 노인장기요양보험을 합쳐 현재는 5대 사회보험을 실시하고 있다. 하지만 노령, 실업, 산재, 장애 등과 같은 사회적 위험에 대한 사회보험제도의 소득보장 기능이 미약해 사회적 안전망으로서의 구실을 제대로 하지 못하고 있다. 철저한 준비와 계획을 가지고 도입·운영하기보다는 정권을 위한 선심성 정책으로 도입했기 때문에 사회보험제도를 통한 국민들의 안정적인 생활보장에는 한계가 있다. 더욱이 사회보험의 관리운영과정에서 부처 이기주의로 인해 제도 간 연계체계가 부족하며 그 결과 우리나라 사회보험제도의 급여지출 대비 관리운영비의 비중은 9.1%로 OECD국가 평균인 3.1%에 비해 3배 가깝게 비효율성을 보이고 있다.

이러한 비효율성은 사회보험마다 독자적인 행정조직을 갖고 운영하고 있기 때문으로, 봉급생활자의 경우 5대 사회보험 가입대상자가 대부분 같은데도 각각의 제도에서 별도의 공단을 운영하여 자격관리를 하며 보험료 부과소득기준도 다르고 징수도 따로 이루어지고 있었다. 이에 정부에서는 2011년 1월 1일부터 사회보험에 대한 통합고지를 실시하고 있으나 운영은 여전히 별도로 이루어지고 있다. 보다 효율적인 업무를 위해 공단의 통·폐합과 보험료의 통합이 이루어져야 한다.

이러한 비효율적인 운영은 보험료를 조성한 26여 년간 5조 원 이상을 관리운영비로 사용하고 있는 것으로 나타나고 있다. 국민연금만 살펴보면 국민연금공단은 설립 초기 1988년부터 1991년까지는 국고에서 운영비 전액을 지원받았으나 1992년부터 보건복지부의 재정부담을 완화한다는 명분으로 국고지원 비율을 50%로 줄이고 국민연금기금에서 운영비를 사용하기 시작하였다.

2018년 전체 관리운영비 4천776억 4천800만 원 중에서 국고지원금 100억 원을 제외한 4천676억 4천800만 원을 인건비와 사무실 임차비, 관리운영비 등의 용도로 사용하였다.

해외 주요국의 연금 관리운영비를 살펴보면 미국, 일본, 노르웨이, 캐나다, 스웨덴, 영국, 호주 등은 국고에서 부담하고 있다.

| 표 1-2 | 연도별 국민연금 관리운영비 재원분담 현황 (단위 : 백만 원)

구분	합계	국고			기금	자체수입	지원기준 변경
		소계	일반회계	농특회계			
1988년	21,610	21,610	21,610	-	-	-	전액 국고(일반회계) 지원
1989년	18,444	18,444	18,444	-	-	-	
1990년	20,050	20,050	20,050	-	-	-	
1991년	21,473	21,473	21,473	-	-	-	
1992년	25,589	12,519	12,519	-	12,520	550	자체수입제외 국고(일반회계) 50%, 기금 50% 지원
1993년	28,140	13,641	13,641	-	13,641	858	
1994년	31,733	15,846	14,868	978	14,868	1,019	
1995년	64,644	43,119	15,034	28,085	15,033	6,492	사업장가입자관리운영비 - 자체수입제외 국고(일반회계) 50%, 기금 50% 지원 농어민연금관리운영비 - 전액 국고(농특세회계) 지원
1996년	75,964	50,603	16,688	33,915	16,688	8,673	
1997년	85,375	57,569	20,365	37,204	20,365	7,441	
1998년	153,551	90,259	53,525	36,735	53,525	9,767	
1999년	192,478	109,342	72,573	36,769	72,572	10,564	사업장가입자, 도시자영자관리운영비 - 자체수입제외 국고(일반회계) 50%, 기금 50% 지원 농어민연금관리운영비 - 전액 국고(농특세회계) 지원
2000년	204,171	116,519	77,051	39,468	77,051	10,601	
2001년	226,208	129,309	87,658	41,651	87,657	9,242	
2002년	235,937	135,508	91,868	43,640	91,867	8,562	
2003년	269,622	144,020	107,916	36,104	117,487	8,115	사업장가입자, 도시자영자관리운영비 - 자체수입제외 일반 50%, 기금 50% 지원 농어민연금관리운영비(농특회계) - 경비전액, 인건비 50% 국고, 50% 기금
2004년	297,368	119,195	89,458	29,737	178,173	-	일반관리비 총액 중 - 국고 40%(일반 30%, 농특 10%), 기금 60%

구분	합계	국고			기금	자체 수입	지원기준 변경
		소계	일반 회계	농특 회계			
2005년	331,436	127,476	99,431	28,045	203,960	-	일반관리비 총액 중 - 국고 38.5%(일반회계 30%, 농특세회계 8.5%), 기금 61.5% 부담
2006년	349,965	133,156	105,123	28,033	216,809	-	일반관리비 총액 중 - 국고 38%(일반회계 30%, 농특세회계 8%), 기금 62% 부담
2007년	360,455	136,973	136,973	-	223,482	-	일반관리비 총액 중 - 국고 38%(일반회계), 기금 62% 부담
2008년	377,279	18,864	18,864	-	358,415	-	일반관리비 총액 중 - 국고 5%(일반회계), 기금 95% 부담
2009년	383,871	19,194	19,194	-	364,677	-	
2010년	385,445	10,000	10,000	-	375,445	-	일반관리비(인건비+기타경비) 총액 중 일부 정액(100억 원) 지원
2011년	366,997	10,000	10,000	-	356,997	-	
2012년	342,177	10,000	10,000	-	332,177	-	
2013년	336,761	10,000	10,000	-	326,761	-	
2014년	343,425	10,000	10,000	-	333,425	-	
2015년	355,830	10,000	10,000		345,830	-	
2016년	430,953	10,000	10,000	-	420,953	-	
2017년	449,295	10,000	10,000	-	439,295	-	
2018년	477,648	10,000	10,000	-	467,648	-	

출처: 연합뉴스(2018년 8월 31일자)

3) 복지국가 시대

이전의 빈민법 시대와 보험법 시대의 경우 선별적인 혜택을 주었던 것에 비해 복지국가 시대에서는 보편적 복지, 제도적 복지로 사회복지가 시행되고 있다. 그래서 우리는 흔히 복지권, 시민권을 같은 권리로 인식하고 있다.

전 세계적으로 제1, 2차 세계대전을 거치면서 시민계급의 세력이 강해졌고 이들의 다양한 욕구는 국가가 사회복지를 확대 실시하게 하였다. 사회복지가 이전에는 자비나 온정의 관점이라면 사회복지 시대는 시민의 권리로 받아들여졌다. 제2차 세계대전 이후의 세계는 평화를 유지하며 경제호황으로 대부분의 복지국가들은 모든 분야에 사회복지를 확대 실시할 수 있었다.

세계는 1970년대까지 경제 고도성장으로 사회복지는 팽창을 해오다 2번의 오일쇼크를 통해 많은 어려움을 겪게 되면서 복지에 대한 긴축정책들의 도입이 추진되었다. 그 대표적 사례가 영국의 대처리즘과 미국의 레이거노믹스이다.

Point

대처리즘

영국 경제의 재생을 꾀한 마거릿 대처수상의 사회경제정책의 총칭이다. 1979년 총선거에서 보수당의 승리로 집권한 대처수상은 노동당 정부가 고수해 왔던 각종 국유화와 복지정책 등을 포기하고 민간의 자율적인 경제활동을 중시하는 통화주의(monetarism)에 입각한 강력한 경제개혁을 추진했는데, 이러한 대처의 정책을 '대처리즘'이라 한다.

대처리즘의 골자는 재정지출 삭감, 공기업 민영화, 규제 완화와 경쟁 촉진 등으로 압축된다.

- 복지를 위한 공공지출의 삭감과 세금 인하
- 국영기업의 민영화: 대처가 총리로 취임할 당시 영국은 사회주의 국가를 제외하고 세계에서 국영기업이 가장 많은 나라로 꼽혔다. 그전의 영국은 고용우선주의 때문에 많은 산업을 국유화했으며 이러한 국유화는 당초 이상과 달리 기업의 경쟁력 약화를 불러 왔다. 특히 수송, 에너지, 통신, 철강, 조선 등 영국 산업의 중핵을 이루는 국영산업의 생산성이 현저히 떨어지고 근로자들의 무리한 요구와 잦은 파업은 영국 경제발전에 큰 걸림돌이 됐다. 대처 치하에서 가스, 전기, 통신, 수도, 석탄, 철강, 항공, 자동차를 포함한 대부분 정부 소유 기업들이 민영화됐다.
- 노동조합의 활동규제: 노조의 면책 특권을 박탈하고, 노조가 파업을 하고 싶으면 투표로 가부를 묻도록 의무화하고, 정치 파업을 한 노조 간부의 면책 특권을 제한했다.
- 철저한 통화정책에 입각한 인플레이션 억제
- 기업과 민간의 자유로운 활동 보장
- 외환 관리의 전폐와 빅뱅 등을 통한 금융시장의 활성화

이 외에도 대처는 작은 정부의 실현, 산학협동 중심의 교육정책, 유럽통합 반대 등의 정책을 추진하였다.

출처: 위키백과사전

Point 레이거노믹스

미국 대통령 로널드 레이건이 1981년부터 1989년까지 8년의 임기 동안 수행한 시장 중심적 경제정책 혹은 이와 유사한 정책을 가리킨다. 라디오 방송자 폴 하비가 레이건(Reagan)과 이코노믹스(economics, 경제학을 뜻하는 영어 단어)를 합쳐 만든 단어이다.

레이거노믹스의 중심 내용은 다음과 같다.

- 정부 지출의 축소
- 노동과 자본에 대한 소득세 한계세율 인하
- 정부 규제의 축소
- 인플레이션을 줄이기 위한 화폐 공급량의 조절

세금을 낮추고 국내 지출을 줄였다는 점에서 레이건의 경제정책들은 직전의 전임자들과 큰 차이를 보였다.

출처: 위키백과사전

레이건 정부가 들어서기 이전까지는 신자유주의를 추구하던 미국은 신자유주의 개혁 전까지는 복지와 규제에 의한 국내 산업을 보호하는 정책을 펼쳤다. 1930년대의 대공황을 거치면서 실업대책, 빈곤과의 전쟁, 사회보험을 국정 중심과제로 삼았다. 그러나 1981년 레이건 정권이 출범하면서 8년 동안 '작은 정부'를 지향하고, 복지국가의 전면적 재검토가 이루어졌다. 레이건 정권의 레이거노믹스의 목적은 스태그플레이션(stagflation)을 극복하고, 미국 경제력의 활력을 되찾아 새로운 성장의 계기를 만들고자 하는 것이었다. 이 정책은 1930년대 대공황으로 사회보장정책을 펼친 약 반세기에 걸쳐 구축되어 온 미국형 복지국가 시스템에 많은 변화를 가져 왔다.

이러한 국가정책의 변화와 1980년대 이후 첨단기술의 탈산업사회로 진입하면서, 저학력이나 여성, 미숙련노동자들이 시장에서 밀려나는 현상이 일어나게 되었다. 각국의 보수 집권정당이 채택한 신자유주의는 이들을 노동시장 밖으로 몰아내었으며, 이로 인해 일자리 및 부의 양극화는 더욱 심해졌다. 결국 대부분의 나라들에서 노동시장 밖으로 밀려난 사회적 약자들에 대한 경제적·사회적 문제들이 발생하게 되었고 이는 바로 사회문제가 되었다.

복지선진국들이 사회문제를 해결하기 위한 방식으로 채택한 것은 국가와 시장의 역할 분담이었다. '시장은 경쟁을 통해 성장하지만 여기서 발생한 성장의 그늘은 국가가 끌어안는다.' 즉 '국가의 역할은 취업과 교육'이라는 말이 이때부터 나오기 시작했다. 이러한 방식을 둘러싸고 영미형, 독일형, 북유럽형 등 다양한 유형이 등장하였다. 선진국은 자본주의 고도성장을 위해 시장의 역할을 수용하면서, 노동시장에서 낙오된 자들에 대해 국가가 복지제도를 통해 부작용 방지 및 성장의 발판을 만드는 데 노력하였다. 반면, 우리나라는 시장경제발전을 위주로 하는 정책인 선발전후분배의 정책을 펼쳐 왔다. 따라서 노동시장에 낙오된 사람들에 대한 정책이 미비한 상태로 광의의 복지국가는 존재하지 않았다. 최근 복지 열풍은 우리 사회가 인내의 한계에 도달했을 뿐 아니라 새 희망을 모색하기 시작했다는 신호이다.

사회복지 시대는 국민의 최저생활 이상의 인간다운 삶을 보장하며 직업보장(완전고용)과 복지의 관련성을 중시하고 있다. 이 외에도 사회보험 시대가 교육, 의료, 주택 등 다양한 욕구를 국가가 해결하는 체제로 노동자계급을 대상으로 하였다면, 사회복지 시대는 전 국민을 대상으로 사회문제 해결보다는 욕구 충족을 중시하고 있다.

최근 전 세계적으로 진행되고 있는 사회적 기업이나, 사회적 서비스도 노동시장에서 낙오된 사회적 약자들에게 일자리 제공 및 사회서비스를 제공하여 자립 및 독립생활을 지원하는 것으로 사회적 목적을 이루기 위한 정책들이다.

| 표 1-3 | 사회보험 시대와 복지국가 시대의 비교

구분	사회보험 시대	복지국가 시대
배경	독일의 사회입법에서 시작	시민권에서 시작
대상	노동자계급	시민(전국민)
내용	• 사회적 위험에 대비 • 수급자의 수급권 인정 • 경제에 종속적이며 잔여적	• 국민의 최저생활 이상의 삶 보장 • 경제와 사회복지정책은 대등한 관계 • 복지를 시민권으로 인정

3. 사회복지발달이론

사회복지의 발달에 대한 이론들은 학자마다 다양하지만 이 장에서는 산업화이론, 사회민주주의이론, 사회양심이론, 음모이론, 확산이론만을 다루고자 한다.

1) 산업화이론(수렴이론)

산업화된 사회에서 발생하는 욕구(needs)가 산업화로 인해 가능해진 경제력을 통해서 이루어지고 복지국가가 발전한다는 이론이다. 산업화이론은 복지국가 발전을 설명하는 이론들 가운데 가장 먼저 등장하였다.

산업화이론은 산업화의 과정에서 다양한 사회문제가 발생하고 그 사회문제를 해결하는 방법으로 사회복시정책들이 만들어졌다는 것이다. 산업화로 도시집중화, 핵가족화, 주거문제, 아동양육문제, 이혼문제, 위생문제, 산업재해, 범죄 등 다양한 사회문제가 발생하고, 가족 기능이 약화되었다. 또한 산업화는 숙련된 노동력을 필요로 하게 되었고 이러한 숙련된 노동력을 확보하기 위해 사회복지제도를 도입하였다. 반면 그렇지 못한 노인, 병자 등은 실업문제에 직면하게 되었다.

산업화이론에서는 가족 기능의 약화와 숙련된 노동력을 확보하기 위해 사회복지를 확대하였다고 보았다. 그러나 새로운 문제와 욕구가 발생하면 복지제도가 당연히 출현해야 하지만 제도 도입과정에 국가 간의 가치 차이를 무시하고 있는 것으로 평가되고 있다.

산업화이론은 사회적 관점과 경제적 관점으로 나누어 볼 수 있다. 두 가지 관점을 간단히 살펴보면, 사회적 관점은 다음과 같이 정리할 수 있다. 첫째, 산업재해, 도시화, 실업 등의 사회문제가 발생하면서 이에 대한 욕구를 대처하기 위해서 사회복지가 도입되었다. 둘째, 가족구조의 변화와 여성의 사회진출 및 고학력화 그리고 가치관의 변화로 노인의 부양문제, 아동의 보육문제, 결손가정의 증가 등이 사회문제로 대두되면서 사회복지가 도입되었다.

경제적 관점은 다음과 같이 정리할 수 있다. 첫째, 산업화로 노동력을 팔아야 생계를 유지할 수 있는 노동력의 상품화로 이러한 시장에서 낙오된 사람들에 대한 생계유지를 위해 사회복지가 도입되었다는 관점이다. 둘째, 순수한 시장경제의 불안정성으로 국가가 사회복지에 개입할 필요성이 발생하였다는 관점이다. 셋째, 노사관계의 이해관계를 해결하고 경제성장으로 사회복지에 사용할 자원을 축적하기 위해 사회복지가 도입되었다는 관점이다.

산업화이론(수렴이론)의 대표적인 학자인 윌렌스키와 르보는 초기 단계 산업화에서는 가족구조 변화의 영향으로 사회해체 현상, 독거노인, 이혼율의 급증, 경제적 지지(support)구조의 변화를, 후기 단계 산업화에서는 분업화 초래, 지역 간의 이동 심화를 지적했다.

콜리어와 메식은 수렴이론에 대한 비판으로 경제적으로 부강한 국가 간의 사회복지의 수준 차이는 설명할 수 없으며, 산업화나 경제성장은 사회복지제도에 필요한 조건이지만 산업화가 어느 수준에 이르렀을 때 사회복지제도를 도입한다는 근거가 미약하다고 하였다.

2) 사회민주주의이론

사회민주주의(social democracy)는 생산수단의 사회적 소유와 관리에 의한 사회의 개조를 민주주의적인 방법을 통해 실현하려고 한다. 사회민주주의이론에서는 계급갈등과 같은 행위로 인해 복지국가가 형성되었고, 의회에서의 자본가계급과 노동자계급의 투쟁의 결과로 복지국가가 달성되었다고 주장한다.

또한 독점자본주의에서는 생산수단의 확보를, 사회민주주의이론에서는 정치력의 확보를 중시한다. 사회복지를 자본과 노동의 계급투쟁에서 노동의 승리를 통한 전리품으로 보는 것으로, 노동자계급의 선거권 확대로 이들의 이익을 대변하는 정당이 권력을 행사하여 사회복지 발전이 이루어진다고 본다. 사회복지는 노동자계급의 선거권과 그들을 대변하는 정당의 발전, 노조운동, 경제성장 등의 다양한 요인으로 발전한다는 것이다.

3) 사회양심이론

1950년대 영국 사회정책학의 통설로 적용되었던 이론으로, 사회복지의 발달을 주로 중상류층의 집단적인 사회양심의 축적이라는 맥락에서 이해하며, 인간이란 이타주의적 본능을 가지고 있기 때문에 자신의 자녀뿐만 아니라 친척, 친구, 이웃들도 보호하고 싶어 한다는 전제를 가지고 있다. 국가의 활동을 동정주의적 관점에서 보고 있으며 낙관적인 시각을 갖고 사회복지를 사회진화론적인 관점에서 파악하려는 이론이 사회양심이론이다. 사람은 누구나 타인에 대한 이타심을 가지고 있어 개인이나 정부가 사회복지를 도입하고 확장한다는 이론이다.

사회양심이론에서 사회복지정책은 국가를 통해 인간이 지닌 사랑을 표현하는 것으로 사회적 의무감의 확대와 국민들의 지식 향상으로 변화하며, 현행서비스가 현재까지 최신이라는 낙관론적인 시각을 가지고 있다.

대표적인 학자로는 영국의 베커(Baker)가 있으며, 현대 국가는 인도주의적 가치 구현을 목표로 한다. 베커는 "사회복지정책은 인간이면 누구나 가지고 있는 타인과 이웃에 대한 사랑이 국가를 통해 실현되며, 국가의 정책은 사회공동체 전체를 위해 제공된다."고 하였다. 사회복지정책에 대한 사회적 의무감의 확대와 사회적 욕구에 대한 국민들의 지식 향상이라는 두 요인에 의해 변화된다. 그리고 사회변화는 끊임없이 요구되는 것이므로 정책도 광범위하게 계속 발전한다. 사회변화는 불가피한 것으로 개선은 필수이며, 현재의 사회복지서비스는 지금까지의 것 중 최선의 것이다. 불완전하다고 여겨지는 현재의 사회복지서비스도 앞으로 개선 또는 발전되어야 한다는 긍정적 시각이 필요하다고 하였다.

그러나 하긴스(Higgins)는 사회양심이론을 비판하였다. 즉, 인간가치의 본질적 면에 있어서 모든 사회에서 똑같은 가치의 표현을 볼 수 없으며, 자비적 특성을 너무 강조한 나머지 국가 역할에 왜곡된 견해가 생겨 사회복지 발전과정의 정확한 이해를 방해한다고 하였다. 또한, 사회적 맥락에 관한 설명이 불가능하다는 비판을 하였다.

4) 음모이론

지배 엘리트계층이 빈민들의 사회복지급여 압력에 대응하여 사회복지정책을 수립하거나 확대하고 또 이면에서는 지배계급이 스스로 모든 권력을 장악하기 위하여 구빈정책의 확대와 축소를 결정한다는 이론이다. 즉 사회복지정책은 이타심이나 양심보다는 사회의 안정과 질서유지를 통해 사회통제와 현상 유지에 목적이 있다고 보는 이론이다.

빈민법이 국가가 빈민구제의 책임이 있다고 성문화한 법이지만 이면에는 빈민을 구제하기보다는 빈민을 통제하기 위한 목적으로 만들어졌다. 또한 대공황을 겪으며 미국이 사회보장법을 만든 이유도 사회의 안정과 질서를 유지하기 위한 목적이었다는 것이 음모이론의 주장이다.

음모이론은 정책결정권자의 의도를 중시한 나머지 정치 현실, 정책 과정의 현실을 충분하게 반영하지 못한다는 비판을 받고 있다. 그러나 사회복지정책의 형성과 집행과정은 매우 복잡하여 정책결정권자가 의도한 대로 진행되지 않는다. 또한 사회안정을 위협하지 않으면서 사회복지정책의 혜택을 받는 사회적 약자(아동, 장애인, 한부모가정 등) 같은 집단을 대상으로 한 사회복지정책은 음모이론으로 설명이 불가능하다.

5) 확산이론

사회복지정책과 사회보장은 한 나라에서 다른 나라로 확산된다는 이론으로 선진복지국가의 복지정책이나 사회보장이 후발국가에 도입된다는 이론이다. 확산이론에는 위계적 확산과 공간적 확산이 있는데, 위계적 확산은 선진국의 사회복지제도가 후진국으로 확산되는 것이며, 공간적 확산은 어떤 국가에서 시작된 사회복지제도가 근접국가에 확산된다는 이론이다.

공간적 확산이론의 예로 유럽대륙 국가들은 다른 선진국이나 비유럽 국가보다 먼저 사회보장 프로그램을 구축했을 뿐만 아니라 더 많은 복지비를 지출하고 있었는데, 이는 유럽대륙 국가들의 지리적 근접에 기인한다.

위계적 확산이론의 예로 고령사회를 준비하기 위해 독일의 장기요양보험을 일본에서 도입하여 개호보험을 실시하였고, 우리나라는 2008년 7월부터 고령사회를 준비하기 위해 우리나라보다 먼저 고령사회를 준비한 두 나라의 제도를 도입하여 노인장기요양보험제도를 실시하고 있다는 것을 들 수 있다.

그러나 확산이론은 다음과 같은 한계를 갖는다. 사회복지정책은 각 국가 내부의 사회경제적·정치적 요인이 더 중요하며, 요인이 왜, 어떻게 영향을 미쳐 정책화되는가에 대한 구체적인 설명이 부족하다. 또한, 선진국가에서 후진국가로 사회복지정책이 확산되어 간다고 주장하고 있으나 그렇지 않은 경우도 있다.

History of Social Welfare

제 2 장

사회복지의 동기

02

1. 사회복지의 동기이론

사회복지는 사회와 복지의 결합으로 영어로 Social Welfare는 'Social'과 'Well' 그리고 'Fare'의 복합어이다. 즉, 사회복지란 사회적인 안녕(좋은) 상태를 의미하며 궁극적으로 모든 사람이 인간다운 생활을 하는 데 필요한 조건을 형성해 주고 만족스럽고 행복하게 살아가기 위해 요구되는 각종의 사회적 서비스를 제공하고 보장해 주는 것을 의미한다.

현대사회는 인간의 기본적인 욕구뿐만 아니라 인간으로서의 존엄성까지도 사회복지를 통해 충족시키고자 노력하고 있다. 이전의 사회복지가 인간의 기본적인 의식주의 해결을 목적으로 하였다면 오늘날의 복지는 인간다운 삶을 목적으로 하고 있다.

이러한 사회복지의 동기는 인간의 이타심, 상부상조의 동기, 종교적인 동기, 반사회적 동기, 공리주의 등에 근거하며 자선사업이나 구빈사업에서 시작되었다. 사회복지의 발달과정을 살펴보면 사회복지의 시작이 대부분 종교적인 부분에서 시작된 경우가 많다. 기독교의 박애정신은 물론 불교의 자비심 등 많은 종교에서 포교 및 인간애를 바탕으로 한 많은 사회복지 활동을 실천해오고 있다. 복지(welfare)는 오늘날 국가, 종교계, 민간단체 및 기업 등 다원화된 공급주체에 의해 인간의 삶의 질을 높이고자 하는 데 지속적인 노력을 하고 있다.

인간은 기본적으로 타인을 배려하는 마음을 갖고 있으며, 타인의 어려움에 대해 돕고자 하는 마음을 갖고 있다. 이 외에도 정치적인 동기로 유권자들의 지지를 받기 위해 사회복지를 하는 경우도 있으며, 사회의 변화에 따른 다양한 사회문제가 발생하고 이로 인해 피해를 입은 사람들에 대한 직·간접비용을 절감하기 위한 경제적 동기도 있다. 이러한 사회복지를 하는 동기는 학자나 사회마다 다양한 정의들을 하고 있으나 이 장에서는 이타심, 상부상조, 종교적 동기, 반사회적 동기, 공리주의, 정치적 동기, 경제적 동기, 전문직업적 동기를 살펴보고자 한다.

1) 이타심

이타심(altruism)은 동정심이라고도 할 수 있다. 이타심은 아무 조건이나 기대 없이 타인을 도와주는 것을 의미하며 이기주의와 대조되는 의미로 학자들은 다음과 같이 정의하고 있다.

시어즈(Sears, 1985)는 어떤 형태로든 남에게 보상을 받을 수 없고 심지어는 여러 손실을 볼 수 있음에도 남을 돕고자 하는 마음을 가지는 것이라고 하였다.

홍대식(1973)은 이웃사랑의 대표적인 형태로 아무런 조건이나 기대 없이 타인을 도와주는 태도를 말한다. 즉 이타심은 외적인 보상의 기대 없이 타인을 도와주려는 행동을 자발적으로 수행하는 마음을 갖고 행동하는 태도라고 하였다.

이현주(1998)는 이타심과 이타행동은 다음과 같은 동기유발이 작용한다고 하였다. 자신의 개인적인 고통을 감소시킬 목적으로 남을 돕는 이타적 동기유발과 곤경에 처한 사람의 고통을 완화시키려는 이타적 동기유발에 의해 동기가 일어난다. 이타적 동기유발은 고통에 빠진 사람을 살펴서 고통을 나누는 것으로 친사회적 행동이 중요한 요인으로 연구되기도 하였으며, 이것은 타인의 고통을 대리 또는 간접으로 공유하는 감정이다. 이는 이타심을 유발하는 주요한 동기가 되기 때문에 감정이입이 높은 사람은 남을 돕고자 하는 성향이 더 강하며 남을 더 고려하는 경향을 보인다.

따라서 이타심이란 빈민이나 상대적 약자에 대한 측은지심이나 동정으로, 그 동기는 자신의 양심적 고통에서 벗어나거나 심리적 보상을 받기 위한 행동이다.

2) 상부상조

인간에게 과거든 현재이든 어떤 사회에서든 상부상조의 정신이 있다. 즉, 인간의 역사와 상부상조의 정신은 역사를 같이 하고 있다.

우리가 살면서 뜻하지 않은 재해나 위험에 대처하기 위해 여러 가지 방법을 모색하면서 상부상조를 해온 것은 역사 속에서 찾기는 그리 어려운 일이 아니다. 특히 우리나라와 같이 농업사회나 대가족제도를 유지해 온 곳에서는 가족 및 지역주민들의 상호 책임 등의 요소가 지배적이었다. 역사적으로 보아 우리나라의 전통적인 지역사회복지활동은 국가나 군·현 단위의 행정적인 복지사업으로 의창, 상평창, 진휼청 등 상설기관의 복지를 통해서 시행되었고, 촌락 단위의 복지사업은 그 지역사회의 주민들이 상부상조의 정신을 바탕으로 하고 있다. 두레, 계, 향약 등 한국의 전통사회에서 행해진 것들은 상부상조의 대표적인 예이다.

이러한 상부상조의 정신이 역사 속에 존재한 이유는 원시시대 공동체는 서로 위험에 대처하고 생존하기 위해서였다. 또한 동류의식을 통해 같은 지역, 종교, 직업 등 동료 의식이 형성되었다. 이런 경우 불의의 재난, 질병, 사망 등이 발생하는 경우 서로 구제하게 되며, 이를 예방하기 위한 조직을 마련하였다. 중세기 유럽의 동업조합, 우애조합, 공제조합 등이 그 대표적인 예이다.

이처럼 상부상조의 정신은 예전부터 있었다. 그러나 이러한 것들의 한계는 대규모의 재난, 광범위한 빈곤 등에 대한 대책이 되지 못한다는 것이다.

또한, 인간은 사회적 동물로 사회적 관계 속에 살아간다. 인간은 사회 속에서 생활하며 존재의 의미를 찾는다. 따라서 출생에서 사망까지 타인과 서로 의지하며 도움을 주고받으며 상부상조할 수밖에 없는 존재이다. 지금 우리가 살고 있는 사회에서 이루어지고 있는 모든 것들이 상부상조의 정신에서 이루어지고 있다. 그 예로 사회보험은 좀 여유 있는 사람들이 더 내고 함께 누리는 제도로 여기에도 상부상조가 기본정신이다.

이 외에도 국방, 치안은 물론이고 생산과 소비, 교육과 의료 등 모든 사회의 시스템이 개인으로 이루어지는 것은 없다. 인간은 누구나 상부상조의 정신 아래 사회적 존재로 생존하고 있다.

인간은 사회적 동물로 혼자서는 살아갈 수 없는 존재이다. 이러한 인간이 더불어 살기 위해 예전부터 인간사회의 본질인 상부상조의 정신이 모든 역사 속에 존재해 왔으며, 이를 통해 삶을 영위하며 존재한다고 할 수 있다.

Point

- **의창** : 고려 시대에 시행된 빈민구제제도이자 국립 구호기관으로, 가난한 백성에게 양곡을 대출하고 그것을 다시 회수하는 진휼곡창이었다. 평시에 곡식을 저장하여 두었다가 흉년에 이것으로 빈민을 구제하였으며, 주로 상평창에서 곡식을 빌려주었다.
- **상평창** : 흉년에는 백성들을 구하고, 풍년에는 농민들이 손해를 입지 않도록 하기 위한 정책이다. 고려 때 정부가 물가를 조절하고 안정시키기 위하여 포(布) 32만 필로 쌀 6만 4천 섬을 바꾸어 5천 섬은 경시서(京市署)에 저축하여 두었다가 적절한 시기에 매매케 하였다. 나머지는 서경 및 주군창(州郡倉) 15개소에 나누어 저장하였는데, 서경의 것은 분사(分司)의 사헌대에 맡기고, 주군창의 것은 각각 지방 장관에게 관리 매매하게 했다.
- **진휼청** : 조선 시대에 흉년에 백성들을 구제하던 관아다. 세조 때 의창이 폐지된 뒤 진휼을 위한 관청이 없다가, 1524년(중종 19년)의 흉년을 기해 이듬해 진휼청이 설치되었다. 호조판서가 진휼사(賑恤使)를 맡았고 여러 관고(官庫)의 잉여곡물을 모아 기민을 구제하였다. 진휼청은 상평청과 합해져 평상시에는 곡가 조절을, 흉년시에는 진휼·진대(賑貸)의 업무를 각각 수행하는 상설기관이다.
- **두레** : 우리나라에서 예로부터 힘든 노동을 함께 나누는 공동 노동풍습이다. 두레는 조선 후기 이앙법이 전개되면서 보편적인 농민생활풍습으로 정착되었으며 농민문화의 풍물을 발전시키는 데 결정적인 역할을 했다. 또한 두레싸움, 두레밥, 두레기, 두레놀이, 풍습 같은 농민생활풍습의 바탕이 되기도 했다.
- **향약** : 조선시대의 향촌규약이나 그 규약에 근거한 조직체이다. 향약은 사족 중심의 자치규범이기도 하며 유교가치관에 기초를 둔 4강목을 통해 구체적인 행위규범을 설정하여 공동체적으로 강제 규제하는 향촌통제조직이기도 했다. 그러한 향약은 소농경영을 기초로 하는 봉건경제구조가 유지되고 상하의 신분제적 질서가 지켜지는 사회를 이루고, 그러한 사회 구성원으로 유교적 가치관에 입각한 인간을 형성하는 데 목적이 있었다. 조선 시대의 향약 덕목들에는 덕업상권, 과실상규, 환난상휼이 있다.
- **계** : 경제적인 도움을 주고받거나 친목을 꾀하기 위하여 조직하는 전통적인 협동 단체로, 상포계, 동갑계 등이 있다. 주로 관혼상제를 위한 조직들이 대표적이다.

3) 종교적 동기

지구상에 존재하는 대부분 종교는 곤경에 처한 사람들에 대한 자선을 다루고 있다. 자선에 대한 행동은 종교의 계명에 충실하도록 개인들에게 가르치고 있다. 빈민법에서도 교구를 중심으로 빈민을 구제하도록 하고 있으며, 그 이전의 구빈이 교구청을 중심으로 종교적으로 이루어진 것도 이러한 종교적 동기에 의한 것이다.

기독교에서는 봉사를 강조하며 자선을 최고의 미덕으로 생각하였다. 따라서 병들고 가난한 사람들에 대한 희생적 구제를 강조하였다. 최초의 봉사활동은 구제사업이었으며, 이를 전담하기 위해 교회에 집사제도를 두었다. 이들을 통해 과부들에게 구빈을 행하였으며 이러한 전통은 로마제국의 지하교회나 콘스탄틴 이후 가톨릭교회를 거쳐 오늘날의 기독교까지 이어지고 있다.

Point

로마제국

로마제국은 아우구스투스가 황제지배체제 혹은 원수정(principatus)을 사실상 시작한 기원전 27년부터 몰락까지이다. 로마 제정 시대의 종식은 395년 동서 로마의 분할, 476년 서로마제국의 멸망, 1453년 비잔티움제국의 멸망 등 관점에 따라 다르게 볼 수 있다.

로마제국은 지중해 동부의 헬레니즘 문화권과 이집트, 유대, 서부의 옛 카르타고, 이스파니아, 갈리아 등의 기존 영토에 이어 브리타니아와 라인강 서쪽의 게르마니아, 그리스 북쪽의 다키아까지 영토를 넓혔다.

이러한 패권주의는 로마제국에게 막대한 부를 안겨주었을 뿐만 아니라, 로마제국의 문화를 고대 지중해 지역에 널리 퍼뜨려, 로마제국의 건축, 법, 정치 등이 전해지게 되었다.

구빈을 위해 교회에서는 4세기경 수용제도를 도입하여 빈민들을 한곳에 모아 의식주를 해결하는 수용시설과 병자, 노인, 아동을 수용하는 수용시설 등을 설치하였다. 이는 오늘날의 병원, 양로원, 보육원(고아원)의 유래가 되었다.

특히, 중세 기독교는 자선사업을 중시하였으며, 유럽의 자선사업은 기독교의 성쇠와 밀접한 관계를 맺고 있었다. 중세 자선기관은 사원 숙박소와 구빈원이 대표적이며, 사원 숙박소는 교회 또는 수도원에 소속되어 주요한 교통로의 위치에 있으며, 고아, 과부, 노령자, 병자, 빈곤자, 행려자 등을 수용하여 구빈을 하였다.

이러한 기독교적 구빈은 영국의 종교개혁으로 1536년 헨리 8세가 빈민법을 만들기 전까지 영국의 구빈을 책임지고 있었다.

Point

헨리 8세(Henry Ⅷ)

잉글랜드의 왕(1509~1547 재위)으로 튜더왕조 헨리 7세의 둘째 아들로 태어나 형이 요절하자 아버지의 뒤를 이어 왕위를 계승하였으며, 청년 시절은 르네상스 군주로 알려졌다. 형의 미망인인 왕비 캐서린과의 사이에 아들이 없었기 때문에, 1527년경부터 궁녀 앤 불린과 결혼하려고 하였으나 로마 교황이 이를 인정하지 않으므로 가톨릭교회와 결별하여 국교인 가톨릭을 폐하고 1534년 영국 국교회(國敎會)를 설립하여 본인이 수장령(首長令)이 되는 종교개혁을 단행하였다. 그리고 1536~1539년에 수도원을 해산하고 그 재산을 몰수하는 정책을 단행하였다.

또한 헨리 8세는 왕권강화를 위해 노력하였으나, 여섯 왕비 중 두 왕비와 울지, T. 크롬웰, T. 모어 등의 공신(功臣)을 처형하는 등 잔학함도 있었다. 그러나 헨리 8세의 통치는 국민의 이익을 크게 배반하지 않았으며, 부왕이 쌓은 절대왕정을 더욱 강화시켰다.

이후에도 기독교적 자선정신은 구빈정책의 기본이었다. 이후 자선조직협회가 중심이 되는 자선조직활동과 인보사업활동 또한 기독교적 자선이 기본정신으로 작용하였다(오준석, 2010).

그리고 동양적 인본주의로서 인간중심주의를 강조한 불교는 부처님의 자비사상을 강조하고 있다. 이러한 불교의 사상은 종교적 근본정신인 보편적 인류애에 근거한 자선사업이나 빈민구제사업으로 사회복지를 실시하고 있다. 사회복지 발달과정의 시작에서 종교가 차지하는 부분이 많다는 것은 사회복지학자들의 공통된 인식이며, 불교 역시 부처님 당시부터 많은 활동을 전개한 것으로 전해오고 있다.

사회복지법인 인덕원의 성운스님은 한국경제신문과의 인터뷰에서 "중생들이 고통을 잊고 기쁨을 얻도록 하는 것이 수행자의 본분입니다. 그러니 중생을 돌보고 아픔을 어루만지는 사회복지와 종교는 둘이 아니죠. 종교의 목적이 바로 중생복지, 사회복지니까요"라고 하였다.

이와 같이 복지(welfare)는 오늘날 국가나 종교 영역에서도 인간생활이 좀 더 나은 상태로 나아가고자 하는 과정에서 지속적으로 고려되고 실천되어야 하는 철학적 방법이며 기술이다. 인간복지에 관심이 있고 현실세계와 이상세계로 구분되는 종교의 세계관에도 이러한 사고방식은 혼재되어 있다. 이렇듯 인간의 불안과 고통을 해결하고 행복한 삶을 추구하는 인간의 정신세계에 기반하고 있는 불교와 오래전부터 자선사업이나 구제사업을 통한 사회복지는 불가분의 관계를 유지하고 있다고 볼 수 있다.

불교와 사회복지의 공통된 점은 인간이 처한 현실의 문제를 해결하려고 하는 점이다. 그러나 궁극의 목적에는 차이가 있다. 불교는 인간을 고(苦)의 속박에서 해탈(解脫)하게 하는 데, 사회복지는 인간이 처한 상황이나 생활상의 문제를 해결함으로써 행복을 도모하는 데에 목적을 두고 있다.

4) 반사회적 동기

인간은 본래 이기적인 면이 있어 자신의 욕구와 본능을 충족하려는 자기중심적인 존재로 보는 것이 반사회적 동기이다. 자신의 욕구와 본능을 본인의 능력으로 해결하지 못하는 경우 또는 좀 더 많은 욕구와 본능을 이루고자 할 때 타인들의 복지비용을 통하여 자신의 기본적 욕구를 해결하고자 한다고 보고 사회는 이러한 욕구를 가진 이들을 원조하면서 동시에 통제하기 위한 수단으로 사회복지를 제공한다는 것이 반사회적 동기이다.

엘리자베스 빈민법이 구빈에 대한 국가의 책임을 성문화하고, 빈민에 대한 구빈을 하기 위한 법이지만 실제적으로 빈민법의 이면에는 빈민을 통제하기 위한 의도가 숨어 있었다. 따라서 빈민법은 이러한 빈민의 기본적인 욕구의 해결을 위해 원조하면서 빈민에 대한 통제의 수단으로 사회복지가 사용되고 있다는 것이다.

5) 공리주의(功利主義: Utilitarianism)

18세기 영국은 산업화를 통해 가내수공업 형태에서 기계를 이용한 기계공업으로 변화하게 되었다. 산업혁명은 영국을 경제대국으로 성장시켰으며 자본주의의 기틀을 만들었으나, 빈익빈 부익부가 심화되어 가진 자라고 불리는 유한계급의 자본축적률을 심화시키는 계기를 만들었다. 그러나 산업혁명은 두 가지 모습을 지니고 있었다. 자본주의사회를 시작하는 첫 단계로 영국사회는 자유방임주의 형태로 발전해 나가고 있었다. 그러나 자유방임주의에 따른 무절제한 자유경쟁과 유한계급의 개인 이윤 추구 현상이 너무나 극대화되면서 사람들은 지쳐가기 시작하였다.

19세기 영국에서 '최대다수의 최대행복'이라는 구호를 외치며 등장한 공리주의가 나타났다. 공리주의는 19세기 벤담과 밀 등에 의해 제창된 이론으로 '최대다수의 최대행복'의 실현을 윤리의 과제로 삼고 다른 사업이나 일반산업조직과 같은 태도로써 임하기에 이르렀다(오준석, 2010).

공리주의 사상은 행동의 옳고 그름은 그 행동의 결과인 쾌락의 유무(有無)가 많고 적음에 의해 결정된다고 보았다.

공리주의의 장점은 인간의 행복과 복지를 증진시키고 고통을 경감시킨다는 측면에서 상식적이고 구체적인 지침을 제공하는 것이며, 단점은 인간의 내면적 동기에 소홀하며, 인간의 존엄성이나 정의의 문제를 다루지 못한다는 것이다.

6) 정치적 동기

정치를 하는 사람들은 유권자의 지지를 필요로 하기 때문에 이러한 정치적인 동기에서 사회복지가 도입되었으며, 지속적으로 확대 실시될 수밖에 없다는 것이 정치적 동기이론이다. 봉건제도의 붕괴 이후 시민권이 강조되면서 정부는 국민의 지지를 받아야 했으며 이러한 지지 획득을 위한 수단으로써 사회복지가 이용되었다. 사회구조의 변화와 함께 시민들의 지지를 이끌어내기 위해서 사회복지는 필연적이었다. 이러한 정치적 동기는 정치권력의 획득, 사회불안의 예방, 정치과정의 부산물 등으로 설명될 수 있다.

첫째, 정치적 동기는 국민의 지지를 통해 정치권력을 획득하고 유지하는 것으로 시민권의 확대에 따라 강조되고 있다. 현대사회에서 시민권을 가진 국민들은 정부에게 삶의 안정과 평등을 추구하도록 공민권으로써 요구하고 있다. 예전에는 의식주의 해결을 요구하였으나 현대사회의 시민권자들은 인간다운 삶과 상대적 박탈감에 대한 부분까지 요구하고 있다. 정부는 이러한 시민들의 요구를 들어줌으로써 정치적인 권력을 획득하고 이를 사회복지를 통해 유지하려고 한다.

둘째, 사회복지는 사회불안(빈곤, 노화, 장애, 질병, 실업 등)의 예방을 위한 동기를 갖고 있다. 빈민들이 사회적 불안을 조성하고 일반시민들은 이들에 대한 불안을 해결하기 위해 빈민에 대한 사회복지를 제공한다. 빈민법은 빈민을 구제하기보다는 빈민을 사회의 불안 요소로 인식하고 이들이 사회질서를 파괴할지도 모른다는 불안감에서 이들에 대한 통제의 수단으로 사회복지를 제공하였다. 그 대표적인 예로 영국의 빈민법, 미국의 사회보장제도를 들 수 있다. 이러한 제도들은 대공황이나 빈곤으로 빈민들에 의한 폭동을 막기 위한 의도로 마련되었다.

셋째, 사회복지는 정치과정의 부산물로 기존의 다른 정책의 영향에 의해 수립되는 경우가 많다. 기존에 사회복지 프로그램은 시간이 지나면서 대상이나 규모가 점점 확대되거나 서비스가 확대된다. 영국의 대처리즘이나 미국의 레이거노믹스처럼 사회복지의 규모를 축소하고자 시도한 경우를 제외하면 사회복지의 규모나 대상은 지속적으로 확대되고 있다. 이러한 정치적 동기로 인하여 모든 국가에서 정권을 획득하기 위한 수단으로 사회복지는 지속적으로 확대되고 있다.

7) 경제적 동기

사회문제가 발생하여 그 문제를 해결하는 데 들어가는 비용보다는 그러한 문제가 심각하기 이전에 사회복지를 제공하여 해결하는 것이 훨씬 비용이나 사회 측면에서 유리하다는 것이 경제적 동기이론이다. 즉, 사회문제로 야기되는 비용을 줄이기 위한 것이며, 더불어 사회문제로 인해 피해를 입는 사람들이 경제에 악영향을 미치는 것을 예방하기 위한 것으로 사회문제의 비용 절감과 운영비용 자체의 절감에서도 경제적인 고려가 따른다. 빈민법이나 사회복지가 발달되지 않은 국가들에서 수혜자의 수를 줄이기 위해 수혜 절차를 까다롭게 하고 낙인감(stigma)을 주거나, 복지급여를 소득의 증가에 따라 삭감하는 것 등을 들 수도 있다.

사회문제에 대한 해결을 위해서는 직접비용, 간접비용은 물론 사회문제가 경제에 미치는 영향도 고려되어야 한다. 최근의 사회복지 프로그램은 복지수혜자의 자활이

Point 시장의 실패

자유방임의 시장경제에서는 빈부격차와 빈곤, 불황과 대량실업, 독점화, 공공재(公共財)의 공급부족, 외부효과(공해 등)와 같이 여러 가지의 문제들이 발생한다. 자유방임 시장경제에서 반드시 발생하는 이런 경제적 폐단을 시장의 실패(market failure)라고 부른다.

첫째, 불공정한 분배와 이로 인한 빈부격차와 빈곤의 확대이다.

밀(J. S. Mill)은 150년 전에 자본주의 경제에서는 "가장 큰 몫은 일하지 않는 사람들에게로 돌아가고, 그 다음은 거의 형식적으로만 일하는 사람들이 차지하고, 일이 힘들고 혐오스러워질수록 분배는 작아져서, 육체적으로 가장 고되고 사람을 마모시키는 일을 하는 노동자는 생존유지에 필요한 생필품마저 얻는 것이 불확실하다"라고 개탄했다.

자본주의 경제에서 많은 빈민들이 비참한 절대빈곤 아래에서 고통을 받고 있다. 더욱이 자본주의는 이들을 구제해 줄 장치를 자체 내에 갖고 있지 않기 때문에 빈곤이 방치되고 있다는 것이 문제이다. 자본주의 이전의 전통사회는 교회나 마을 공동체와 같이 빈민을 구제하는 장치를 자체 내에 갖고 있었다. 그러나 시장경제의 등장은 이런 전통적인 빈민구제 장치들을 파괴하고 인민들은 절대빈곤과 저임금으로 내몰았다. 이 때문에 폴라니(Karl Polanyi)는 시장경제를 '악마의 맷돌(satanic mill)'이라고 불렀다.

둘째, 불황과 그에 따른 대량실업이다. 1870년대 초부터 1890년대 중반까지 무려 20여 년 동안 유럽과 미국, 일본 등 전세계에 걸쳐 대불황이 발생하여 자유방임에 대한 신뢰가 깨지고, 보호무역주의가 부활되었다. 선진국 간의 제국주의적 쟁탈전이 전개되어 그 결과 제1차 세계대전이 발발하였다. 이후 1929년 세계적 대공황으로 10월 뉴욕 주식시장의 주가폭락으로 이어져 불황과 대량실업은 자본주의 경제의 속성의 한계를 보이게 되었다.

나 자립을 돕기 위한 일하는 복지가 전 세계적인 추세이다. 이는 자활을 돕기 위한 교육이나 일자리 제공을 통해 그들이 자활할 수 있는 기회를 제공하고 그들이 자립할 수 있도록 돕는 것은 단기적으로는 비용이 증가하지만 장기적인 측면에서는 전체적인 비용을 절감할 수 있기 때문이다.

자본주의 시장에서 재화의 배분은 시장을 통하여 이루어지지만 경쟁력을 갖지 못한 사람들은 시장을 통한 배분에 배제되어 빈부의 차가 심화되고 있는데 이는 '시장의 실패'라고 할 수 있다.

8) 전문직업적 동기

전문직으로서의 사회복지사의 시작은 자선조직협회의 우애방문단 활동에서 시작되었다. 즉, 처음으로 교육과정을 만들고 유급사원으로 일하게 되면서 전문직으로서의 자리매김을 하게 되었다.

전문직업적 동기는 사회복지분야에 전문직업인으로서 종사하면서 도움을 필요로 하는 사람들에게 전문적인 서비스를 제공하는 것이다. 다른 직업은 경제적인 이익 추구가 제일 중요하지만, 사회복지 전문직은 타인을 위한 서비스 제공을 통해 경제적인 이익뿐만 아니라 자부심과 보람을 기본으로 한 서비스를 제공한다는 면에서 구분될 수 있다.

이러한 전문직업적 동기를 통해 사회의 약자들에 대한 문제를 발견하고 이들의 문제를 해결하기 위한 다양한 사회복지제도나 정책들을 개발하고 제안하는 등의 사회복지서비스를 제공하는 것이다.

2. 사회복지의 제공형태

1) 잔여적 복지와 제도적 복지

사회복지는 처음 가족이나 친지의 비공식적 영역에서 시작되었으며, 지역사회를 거쳐 국가가 선별적인 잔여적 개념의 사회복지를 제공하였다. 그리고 최근 복지국가에서는 인간다운 삶을 보장하는 제도적 복지를 추구하고 있다.

사회복지의 제공형태를 보면, 윌렌스키와 르보는 잔여적 복지와 제도적 복지로 구분하고 있다(Wilensky & Leveaux, 1965). 이러한 잔여적 개념과 제도적 개념으로 사회복지의 제공형태를 나눈다면 초기 사회복지는 잔여적 복지이며, 최근의 사회복지는 제도적 복지에 그 무게를 두고 있다.

| 표 2-1 | 사회복지의 제공형태 구분

구분	잔여적 복지	제도적 복지
복지 책임	개인, 가족, 시장경제	국가와 사회
기능	잔여적 기능(자산조사)	인구학적 특성 고려(자산조사 없음)
특징	문제 상황이 긴급하고 위급 낙인감 부여(근로동기 부여) 일시적, 시혜나 자선	문제 상황이 예상 가능(잠재성) 낙인감 없는 권리로 인정 예방과 재활 강조(영구적 기능)

2) 사회복지개념의 변화

빈민법 시대를 거쳐 사회보험 시대 그리고 복지국가 시대를 거치면서 현대사회복지개념은 많은 변화를 가져왔다. 이러한 사회복지개념의 변화를 로만신(Romanyshin)은 다음과 같이 정리하였다.

첫째, 잔여적인 것에서 제도적인 것으로 변하고 있다. 즉, 개인이나 가족 및 시장경제에서 낙오된 사람들에 대한 자산조사 등을 통해 선별적으로 구제하던 잔여적 복지에서 벗어나 이제는 인구학적인 조건만 만족하거나 시민권을 가진 사람들에 대한 예방적 차원의 복지를 제공하는 제도적 복지로 변화하고 있다.

둘째, 자선에서 시민의 권리로 변하고 있다. 이타심 또는 동정심에서 시작된 교회 등을 통한 자선의 의미에서 이제는 시민의 권리로 변화하고 있다. 즉 정치적 권력을 위해 시민들에게 보다 많은 사회복지를 제공하고 이를 통해 정치적 권력을 얻고 이를 유지하고자 한다.

셋째, 특수한 서비스 활동에서 보편적인 서비스 활동으로 변하고 있다. 장애인이나 노인, 빈민 등 사회적 약자에 대한 서비스에서 욕구(need)를 가진 자로 그 서비스 활동이 확대되고 있다.

넷째, 최저기준의 달성에서 최적 기준의 달성으로 변하고 있다. 의식주의 기본적인 생존권에서 이제는 인간다운 삶을 유지할 수 있는 문화적인 삶을 추구하는 수준으로 변화하고 있다.

다섯째, 개인적 변화에서 사회적 개혁으로 변하고 있다. 이전에 사회복지에서는 빈곤은 개인의 책임이라는 빈곤죄악관을 가지고 있어 근면, 성실을 강조하고 있었다면 현대의 빈곤은 사회구조적인 문제에 의해 발생하는 것으로 인식하고 이를 해결하기 위해 노동의 탈상품화를 주장하기도 한다.

여섯째, 민간지원에서 공공지원으로 변하고 있다. 사회복지의 주체가 교회나 영주 등의 민간지원에서 이제는 공공부조, 사회보험 등에 국가가 공공재원인 조세로 사회복지를 제공하고 있다.

일곱째, 빈민구제에서 복지사회의 건설로 변하고 있다. 기본적인 의식주를 해결하기 위한 복지가 아닌 인간다운 삶을 보장하는 복지사회 구현을 위한 사회복지정책들이 제공되고 있다. 교육을 통한 시작점을 같게 하려는 각국의 교육정책과 빈곤과 건강 그리고 양육 등의 사회 전반에 걸친 사회복지정책들이 복지사회를 위해 실시되고 있다.

이러한 사회복지의 제공 측면에서 국가가 제공하는 공공재의 성격은 안정적이고 규모가 큰 복지정책에 적합하지만 사각지대를 갖고 있으며, 민간에서 제공되는 사회복지는 다양한 욕구를 반영할 수 있으나 재원에서 불안정성을 가지고 있다. 따라서 최근의 사회복지는 공급주체를 다원화하여 서로의 장단점을 보완하고 있다.

또한 사회복지급여는 현물급여, 현금급여, 서비스, 증서, 권력, 기회 등 다양한 유형으로 제공되고 있다. 이러한 급여는 각각 장단점이 있어 대부분 혼용하고 있다.

그리고 사회복지는 공급주체에 따라 중앙정부, 지방정부, 민간부문, 정부(중앙정부

혹은 지방정부)와 민간부문의 혼합, 순수민간으로 구분할 수도 있다.

중앙정부의 사회복지 공급의 특성은 사회복지재화나 서비스가 안정적으로 제공되어 의료, 교육과 같은 모든 국민을 대상으로 하는 사회복지 정착에 적합하다.

이러한 중앙정부에서 제공하는 사회복지정책이 추구하는 가장 중요한 목표는 평등(소득재분배)과 사회적 적절성을 구현하는 것이다. 그러나 중앙정부의 사회복지 기능상 한계는 다양한 욕구나 변화된 욕구에 대한 재화나 서비스의 형태, 양의 변화에 신속한 대응을 하지 못하며, 융통성이 없이 사각지대를 가지고 있다는 것이다.

지방정부의 사회복지 제공의 특성은 지역주민들의 욕구를 더 효율적으로 해결할 수 있으며, 지방정부들 간의 경쟁을 유발시켜 경쟁 논리에 따라 가격과 질 측면에서 수급자에게 유리하다는 것이다. 그러나 지역 간의 불평등으로 사회통합을 저해할 수 있으며, 중앙정부에 비해서 규모의 경제 효과가 적으며, 사회보험의 경우 기술적인 측면에서 불리하다. 또한, 중앙정부에 비해 프로그램의 안정성과 지속성의 측면에서도 불리하다. 민간부문의 사회복지 제공은 자원봉사자에 대한 의존 비중이 높고 재원이 자선적 기부에 의존하여 장기적이고 광범위한 복지 제공에는 부적합하다. 민간부문의 사회복지 형태는 자원조직, 종교, 기업, 비공식부문, 영리조직 등에 따라 다양하다.

정부와 민간부문의 혼합은 사회복지재화나 서비스를 정부와 민간부문의 혼합체계를 통하여 제공하는 것이다. 특히 오늘날의 '복지국가의 위기' 시대에서 이른바 '민영화'의 이름으로 강조되고 있다. 정부와 민간부문의 혼합체계가 필요한 이유는 정부의 재정적 지원으로 안정적인 재원을 확보하고 민간부문의 장점인 효율성, 경쟁성, 접근성, 융통성, 민감성을 살릴 수 있기 때문이다.

순수민간부문으로 오늘날 복지국가에서 제공되는 사회복지재화나 서비스들 가운데 재원과 운영 모두를 민간부문에서 제공하는 것들은 매우 어렵다. 그 재원과 조직이 안정적이지 못하다는 단점을 가지고 있다.

Point

- **노동의 상품화**

  노동의 상품화는 현대 철학, 이데올로기, 사회이론의 중심으로 형성되었다. 인간욕구와 노동력 과정에 놓여 있는 현대사회정책의 주요 흐름은 상품화의 시작이다. 즉 자신의 능력인 노동력을 상품으로 팔아 본인의 욕구와 교환한다는 의미이다.

- **노동의 탈상품화**

  탈상품화는 재화 또는 노동을 거래되거나 보수가 지불되어야 하는 상품으로 보는 것이 아니라 시민의 권리로 인정해주는 과정이다. 실제적으로 노동력의 탈상품화는 시장에서의 배제를 의미하며 노동자의 입장에서 보면 일을 하지 못하는 상황에 처하게 될 경우 사회가 제공하는 복지혜택과 연결되는 개념이다.

  노동력의 탈상품화는 실업, 노령, 산재, 질병 등 사회적 위험에 부딪혀 노동력을 팔 수 없게 될 때에도 인간다운 삶을 유지하도록 사회가 노동의 개념을 상품이 아닌 마땅히 누려야 할 권리로 보는 것이다.

History of Social Welfare

History of Social Welfare

❙ 제 3 장 ❙

빈민법과 빈민법의 변화

03

1. 엘리자베스 이전의 빈민법

엘리자베스 이전에 빈민법들이 만들어진 이유는 인클로저 운동과 흑사병 등을 들 수 있다.

14세기 영국은 극심한 노동력 부족을 겪는데 인클로저 운동으로 인해 농노로 일하던 많은 농민들이 부랑자가 되었다. 당시 국제적인 양모 가격의 상승으로 양 목축업이 호황을 누리자 많은 영주들은 자신의 농토를 양 목장으로 바꾸었고 이곳에 생활근거를 가지고 있던 농노들은 일자리를 잃고 쫓겨났다. 14세기 중엽에 들어서면서 봉건제도는 거의 붕괴 되었고, 농노가 아닌 노동자로서의 임금노동자가 보편화 되었다. 자신에게 임금을 지불 할 수 있는 사람을 위해 자신이 원하는 곳에서 일하는 노동자 수가 계속 증가하여 농촌에는 노동자를 구하기 힘들어졌다. 하지만 이러한 진보는 농노로서 주인에게 예속되어 누릴 수 있었던 경제적 보장이 상실되었음을 의미하기도 한다. 또한 노동력을 제공할 수 없는 도움이 필요한 많은 사람들은 구걸이나 절도에 의존하게 되었다. 영주들은 노동력에 대한 그들의 통제력을 상실하였으며, 이와 같은 사회 상황에서 가장 큰 문제는 부랑자와 떠돌아다니는 임시 노동자들이었다. 부랑자와 떠돌이 노동자들의 수가 증가함에 따라 사회불안 요소가 되었으며, 이에 대해 왕과 의회에서 이에 대한 대응을 촉진하게 할 만큼 이들은 중요한 존재가 되었다.

또 다른 이유는 1348~1350년 사이에 유럽에서 발생한 흑사병이다. 이 시기에 세상을 떠난 사람은 대략 2,500~ 3,500만 명에 달했으며 이는 그 시대 전체 유럽 인구의 3분의 1로 노동인구의 반에 해당하는 수였다. 이로 인해 영국도 노동력 부족으로 임금이 상승하게 되었다. 이에 영국의 에드워드 3세가 발표한 1349년 노동자 조례는 영국에서 입법된 많은 노동자 조례의 시초이며, 오늘날의 미국과 영국의 사회보장의 기원이 되었다.

Point

인클로저 운동

목축업의 자본주의화를 위한 경작지 몰수로, 산업혁명 때 영국에서 공용지의 땅에다가 남이 사용 못하게 말뚝을 박는 것을 뜻한다. 인클로저 운동으로 인하여 토지가 없어지게 된 농민들은 도시로 몰려갔고, 이들은 산업혁명으로 공장들이 많이 세워진 도시로 건너가게 되고, 도시의 하층 노동자로 일하게 되었다. 출처: 위키백과

영국에서 인클로저 이전에는 장원에 있는 많은 농지가 무수하게 흩어져 있는 조각땅(地條) 형태로 존재했다. 작물의 경작기에만 개인이 각기 이 땅을 관리했다. 추수가 끝난 이후 다음 경작기까지는 공동체에 맡겨져 부락의 가축들이 풀을 뜯거나 다른 목적에 쓰이는 땅이 되었다. 영국 인클로저의 역사는 매우 오래됐는데 이미 중세 때인 12세기부터 시작되었고 19세기까지 끊임없이 계속되었다. 가장 활발하게 시행된 것은 15~16세기와 18~19세기였고 이것이 크게 사회문제화된 것은 15세기 말 이후였다. 일반적으로 그 첫째 시기를 제1차 인클로저, 둘째 시기를 제2차 인클로저라고 한다. 제1차는 곡물 생산보다는 당시 이미 농촌에서 널리 전개되고 있던 모직공업(毛織工業)을 위한 양모 생산이 더 유리하여 경지를 목장으로 전환, 그리고 그것을 위해 공유지(共有地)와 농민보유지(農民保有地)를 둘러싸는 일이 주류를 이루었다. 이로 말미암아 파생된 농민의 실업과 이농(離農) 현상, 농가의 황폐, 빈곤의 증대는 인클로저에 대한 통렬한 비난을 불러일으켰다. 정부에서도 그것을 저지하기 위해 고심한 나머지 자주 금지령을 내렸지만 거의 효과를 거두지 못하였다.

그 후 농촌의 모직물공업 발전에 따라 양치는 목장을 만들기 위한 인클로저는 18세기까지 여전히 계속되었다. 그런데 17세기 중엽 이후에는 경작능률을 증진시키기 위해 개방경지(開放耕地)와 공유지의 둘러싸기와 식부면적(植付面積)을 늘리기 위한 미개간지의 둘러싸기가 대규모로 행하여졌는데, 특히 18세기 중엽 이후에는 산업혁명으로 농산물 수요가 급증하게 되어 이런 방법의 둘러싸기가 더욱 촉진되었다. 더욱이 제1차 때와 달리 정부는 그 촉진을 위해 힘썼고, 의회를 통해 합법적으로 시행되기도 했다. 의회를 통한 둘러싸기는 의회 둘러싸기로 불리었으나 1760년대로부터 급격히 증가하여 1840년대까지 계속되다가 1845년 이후 쇠퇴하였다. 그런데 둘러싸기 운동의 급증기는 이른바 농업혁명의 시기와 일치하고 농업혁명의 일환을 구성하고 있었다.

아무튼 인클로저에 의해서 중소농(中小農)들은 몰락의 길을 걸어 농업노동자가 되었고, 또는 농촌을 떠나 공업노동자가 되기도 하였다. 그리하여 영국에서는 지주·농업자본가·농업노동자의 세 계급에서 이른바 삼분할제(三分割制)가 18세기 후반 이후 점차 모습을 나타내어 19세기 중엽에 확립되었다.

한편, 16세기 독일에서는 인클로저가 전혀 생소한 것이었고 18세기 후반에 이르러 비로소 정부에서 인클로저를 장려하는 포고령을 발표하기 시작했다. 그 당시에도 1850년 이후까지 서부독일에서는 거의 아무런 진전이 없었다. 이와 같이 포고령으로 인클로저를 장려하는 정책은 18세기 후반부터 프랑스와 덴마크에서 뒤따라 추진되었고 러시아에서는 농노해방(1861) 이후에, 체코슬로바키아와 폴란드에서는 제1차 세계대전 이후에 펼쳐졌다.

출처: 두산대백과사전

Point

1349년 노동자 조례 내용

떠돌아다니는 많은 부랑자들은 그들이 구걸로 먹고 살 수 있는 한 일하기를 거부하며 게으름과 타락에 빠지고 때로는 절도와 기타 혐오스러운 짓을 하기도 하므로, 감옥에 넣는 고통을 주지 않고 단지 연민과 자선금품에 의해서는 그들을 일하게끔 할 수 없다. 따라서 부랑자들은 그들의 생계를 구하려고 한다면 반드시 강제 노동을 해야 한다.

이러한 인구 감소로 지주들은 임금에 대한 부담을 갖게 되었고 이에 대한 대책으로 1351년 노동자규제법을 제정하였다. 노동자규제법은 동냥과 부랑을 금지하고 임금 억제를 위해 임금의 상한제를 실시하는 등 장원의 영주와 부유한 상인을 보호하기 위한 것으로 1388년 빈민법(the Poor Law Act)으로 발전하였다. 이 빈민법의 도입은 임금을 고정화 시키고 노동력의 이동을 금지하기 위한 것이다.

이후 헨리 8세가 이혼을 반대하는 교황청과 맞서면서 교회의 재산을 몰수하고 국교인 가톨릭을 폐하고 성공회를 만들어 국교로 삼았으며 스스로가 수장을 자처하였다. 헨리 8세는 왕권 강화를 위해 봉건영주들의 세력을 약화 시키고 아일랜드에 대한 지배를 강화하였다. 이로 인해 교회를 중심으로 이루어지던 빈민구제는 유명무실해졌다.

이 시대 빈민들은 죄인 취급을 받았으며, 구걸하면 구금과 처벌이 뒤따랐으나 빈민들에 대한 억압과 강제 노동은 한계에 도달하였다. 이에 헨리 8세는 1531년 걸인·부랑자처벌법(the Act Concerning Punishment of Beggars and Vagabonds)을 제정하였다. 걸인·부랑자처벌법은 지방의 치안판사와 시장 등에게 구빈하도록 하였다. 노인과 노동능력이 없는 자를 조사하여 등록하고 이들만이 구걸을 할 수 있도록 하였다. 노동능력이 있는 자가 구걸을 하는 경우 태형을 가했으며, 자신의 출신지로 추방하기도 하였다.

1536년 부랑자·걸인처벌법(the Act for Punishment of Sturdy Vagabonds and Beggars)이

제정되어 빈민구제에 필요한 기금과 물품을 자선과 시여의 방법으로 조달하였다. 치안판사와 시장은 미성년을 도제로 보내고 이를 거부하는 경우 처벌하였으며 부랑자가 두 번 이상 잡히면 매질과 귀를 자르고 세 번 잡히면 사형시켰다.

Point **14~16세기 빈민법의 배경**

- 흑사병(1348~1350)으로 인구의 30~45% 사망(최대의 파국)
- 노동력 상승(흑사병의 영향)
- 노동자규제법(1351) 제정으로 임금 통제(걸식과 부랑 금지, 임금 억제를 위해 상한선 결정, 지주 상호 간의 농민쟁탈 억제)
- 빈민법(1388) 제정(임금 고정화, 임금 상승을 야기하는 노동력의 이동 금지)

또한 봉건주의가 붕괴되고 대규모의 인클로저 운동으로 농민들이 토지에서 쫓겨나 부랑인으로 전락하였으며, 헨리 8세가 단행한 종교개혁으로 교회를 통해 구제를 받던 빈민들이 길거리로 내몰리게 되었다.

2. 엘리자베스 빈민법

엘리자베스 빈민법은 빈곤에 대한 국가의 책임을 성문화하고 국세를 빈민구제사업에 투입한 것에 그 의미가 있다. 인클로저 운동과 지속적인 흉작, 인플레이션으로 증가하는 부랑자들에 대하여 이전까지는 교구단위의 지방정부가 책임을 지고 있었으나 엘리자베스 빈민법은 구빈을 국가가 책임지도록 법률로 규정한 것이다.

엘리자베스 빈민법은 이미 이전에 법들의 내용을 집대성하여 실시한 것으로 14세기 이후에 실시한 빈민통제와 노동통제 및 빈민구제에 대한 국가의 법적 및 재정적 책임을 확고히 하고 있다.

엘리자베스 빈민법은 국가행정기관을 중심으로 지방행정체제를 교구 단위로 갖추도록 하고 치안판사가 임명한 빈민감독관(overseer of the poor)에게 구빈행정을 담당하도록 하였다. 이것은 당시 인권사상의 발전 때문이 아니라 종교혁명의 여파로 교회재산이 국가에 몰수되면서 교회가 수행하던 구빈사업이 국가로 넘어갔기 때문이었다. 이때부터 국가는 구빈 재정을 줄이기 위해 각종 시책을 마련하게 되었고 이것은 결과적으로 사회복지의 발전을 가져오게 되었다. 즉, 엘리자베스 빈민법은 사회적 불안에 대응하는 절대왕권정부의 사회적인 정책 중 하나였다.

엘리자베스 빈민법은 빈민을 세 집단으로 구분하고 차별적인 취급을 함으로써 이전의 빈민법보다 정교한 구빈활동을 통해 빈민을 통제하고 구빈하였다. 즉, 빈민을 노동능력이 있는 자(able bodied poor: 구제가치가 없는 자)와 노동능력이 없는 자(impotent poor: 구제가치가 있는 자), 요보호아동(dependent children)으로 구분하여 노동능력이 있는 구제가치가 없는 빈민은 작업장(workhouse)에 보내 노동을 시켰으며 이를 거부하는 경우 교정원이나 감옥에 보내는 등 처벌을 하였다. 작업장은 강제노역장과 별 차이를 보이지 않았고 처벌과 혹사로 노동력을 착취하였으며 작업을 거부하는 빈민들은 교정원으로 보내졌다. 교정원에는 빈민, 범죄자, 창녀, 임신부 등이 구분되지 않은 채 인간 이하의 환경에서 생활하였고, 처우가 잔혹하였다. 그리고 노동능력이 없는 빈민 즉, 노인, 병자, 장애인, 아이를 부양하는 여자들은 구빈원(poorhouse 또는 almshouse)에 수용하거나 원외구호(outdoor relief)를 실시하였다. 구빈원은 빈민을 구제하기 위한 역할을 한다고 하였으나 실제적으로는 불결한 환경과 가혹한 처우로 사회적인 낙인을 찍은 빈민들을 수용하고 적은 비용으로 이들을 쉽게 처리하는 기능을 담당하였다. 요보호아동(dependent children)인 고아나 빈곤아동은 도제나 입양을 보냈다. 부모에게 부양을 받지 못하는 아동들은 일반 가정에 위탁하거나 입찰을 행하기도 하였다. 노동이 가능한 8세 이상의 아동은 도제로 보내졌으며, 남자아이들은 24세, 여자아이들은 21세가 될 때까지 도제생활을 하였다. 도제로 보내진 아이들은 하루 14~16시간의 노동을 강요받는 등 노예와 다르지 않은 비참한 생활을 하였다.

엘리자베스 빈민법의 재정은 교구 단위로 교구민이 납부하는 구빈세(poor rate)로 마련되었으며, 교구가 자치적으로 운영하도록 하여 빈민의 수에 따라 빈민세가 크게 차이가 났다. 결국 빈민은 보다 처우가 좋은 교구로 이동하여 많은 구빈을 받고자 하였으며, 주민들은 자신의 교구에 부랑인이 이주하는 것을 적극적으로 막으려는 현상들이 생겨났다. 이것은 이후 정주법의 제정 원인이 되었다.

Point **구빈세(poor rate)**

1563년 개정법이 입법된 지 10년도 되지 않아 구빈세(poor rate)의 징수가 정식으로 법에 의해 채택되었다. 엘리자베스 여왕(Queen Elizabeth) 14년인 1572년에 1563년 법을 비롯한 이전의 모든 구빈 관련 법률들이 폐지되고 전면적으로 재정비되었다. 치안판사와 지방관리들에게 구빈세를 징수토록 한 이 조치는 영국에서 빈민구제를 위한 조세입법의 시초를 이루었다.

엘리자베스 빈민법은 친족의 부양을 강조하고 있다. 빈민법은 빈민에 대하여 부모 및 자녀의 부양을 넘어 조부모까지를 부양 범위로 하고 있다. 빈민법에서는 재산이 있는 경우 빈민, 노인, 맹인, 장애인 또는 무능력자를 부양하는 것은 그의 부모, 조부모, 남편 혹은 자녀의 의무라고 규정하고 있다. 이 부양의무의 범위는 빈민법이 폐지될 때까지 지속되었다.

또한 교구에서는 빈민세의 부담을 줄이기 위해 빈민들 간의 결혼을 억제하였고, 부양의무 강화로 버려지는 사생아가 발생하기도 하였다.

행정적으로는 추밀원을 두어 행정적 통제와 감시를 담당하게 하였고, 지방 치안판사에게 지방질서 유지와 행정 책임을 지게 하였으며, 구빈감독관을 임명하도록 하였다. 구빈감독관은 구호를 접수받고 이를 심사하여 급여를 조치하고 빈민세를 징수하는 일을 담당하였다. 재원은 교구 단위의 구빈세로 충당하였다.

이와 같은 엘리자베스 빈민법의 구빈을 정리하면, 다음과 같다.

① 노동능력이 있는 빈민(the able-bodied poor): 교정원 또는 작업장에서 노동의 재료(아마, 대마, 양모, 철 등)를 주어 강제로 노동을 시켰다. 노동을 거부하는 빈민들은

교정원이나 감옥에 감금을 시켰다.

② 노동능력이 없는 빈민(the impotent poor): 병자, 노인, 맹인, 귀머거리, 벙어리, 절름발이, 정신이상자 그리고 어린아이들이 딸린 과부로 구빈원(almshouse)에 수용되며 그곳에서 아주 제한된 구빈을 받게 했다.

③ 요보호아동(dependent children): 고아나 기아 그리고 양부모들이 모두 도피해 버린 아동과 부모가 있더라도 너무 가난해서 양육할 수 없는 가정의 아동들을 대상으로 하였다. 요보호아동에 대한 구빈은 아동들의 장래에 대한 치안 유지와 구빈대상 진입을 예방하기 위한 목적으로 요보호아동 중 8세 이상의 아동들은 도제 계약을 맺게 했다. 소년은 24세까지 주인의 기술을 배워 일하게 했고, 소녀는 21세 또는 결혼할 때까지 집안일을 돌보는 하녀로 생활하게 했다.

이러한 엘리자베스 빈민법은 빈민에 대한 구제의 책임이 국가에 있다는 사실을 인정하고 있지만 실제로 빈민을 구제하는 것은 교구 단위의 지방정부였다. 교구의 주민세와 지방관리에 의한 구빈 행정이 이루어져 선언적으로 빈곤에 대한 국가책임을 받아들이는 최초의 법이라는 의미를 가진다.

3. 정주법

교구단위로 행해지는 엘리자베스 빈민법의 경우 교구의 재정이 비교적 좋은 지역으로 빈민들이 모여들어 구빈세의 부담이 증가하였고, 그렇지 못한 지역에서는 노동력 부족을 경험하게 되었다. 이 법은 그 이전까지 영국인들이 알고 있던 것보다 더 극단적이고 잔혹한 지방주의의 성격을 가진 것으로 농촌 노동력의 이농을 막기 위한 봉건제도의 산물이다.

1662년 교구와 귀족의 압력에 의해 찰스 2세는 정주법(the Law of Settlement and Removal, 1662)을 시행하였다. 정주법은 빈민의 소속 교구를 명확히 하고 빈민들의 이동 자체를 금지하여 빈민의 도시 유입을 막기 위한 법이었다. 지방의 판사들은 빈민을 태어나고 살던 지역으로 강제 이송시킬 수 있었으며, 이주 40일 이내에 구빈감독관은 이주자의 생활조건을 조사하였다. 교구의 정주자격은 출생, 결혼, 도제, 일정기간 거주, 일정기간 취업에 의해 인정받을 수 있었다. 이주자라도 1년에 금화 10파운드의 지대를 낼 수 있거나 공탁하면 이주가 받아들여졌다. 즉, 이 법은 일자리를 찾아 이동하는 것을 금지하는 원칙과 빈민을 원래 그가 속해야 한다고 판단되는 곳으로 이동시킨다는 원칙을 하나의 법률 속에 통합한 것이다. 각 교구는 자신의 교구에 속한 빈민들에게 구제를 제공할 책임을 지게 되었기 때문에, 당연히 각 교구는 다른 교구에 속한 빈민들에게는 구제를 제공하지 않으려 하였다. 결국 정주법은 각 교구가 다른 교구에 대해 자신을 보호하려는 방편으로 제정되었다.

정주법은 빈민들에 대한 거주이전의 자유를 통제하는 법이다. 빈민구호에 책임이 있는 교구에서는 구빈 비용을 경감하기 위해 다른 지역의 빈민이 자기 교구로 들어오는 것을 막고자 하였으며 자기 소속 교구민만을 부양하고 책임지려고 하였다. 그리고 나중에는 빈민들이 많아 구빈 비용이 부담되는 지역에서는 빈민감독관들이 자기교구의 빈민들을 다른 교구로 이주시키는 경우도 발생하였다. 정주법은 극단적인 지방주의 성격을 가진 법으로, 교구 내에 주민들이 내는 빈민세의 증가와 농촌지역의 노동력 부족이 빈민 거주를 제한하는 이 법의 주요 원인으로 작용하였다.

1601년 엘리자베스 빈민법의 경우 빈민이 구빈 혜택을 받기 위해 이주하는 것들에 대한 규제 없이 교구 자율에 맡겨져 있었고, 이는 노동력의 공급과잉과 노동자본가들의 기득권을 약화시켰다. 이를 해결하기 위해 만든 정주법은 농촌의 노동력 이동을 막아 농번기 인력을 확보하여 지주들을 보호하기 위해 제정되었다.

정주법은 상대적으로 노동력이 부족한 농촌지역의 빈민들이 일자리를 찾아 산업이 발전된 도시로 이주하는 것을 막고 빈민들을 농촌지역에 정착시키려 하는 의도로 제정되어 봉건제도가 무너지는 시기에 노동력을 그들의 교구에 묶어두기 위한 방편으로 이용되었다. 이러한 정주법은 교구의 빈민을 줄이기 위해 빈민들을 다른 교구로 이전시키거나, 교구 간의 논쟁과 소송 및 노동력이 부족한 지방의 산업발전의 저해요인으로 작용하였다.

정주법은 빈민법을 실행하면서 발생하는 모순들을 해결하기 위해 보완적으로 실행한 법으로 건강한 노동자가 실업 혹은 임금의 부족 등의 이유로 다른 교구로 이전할 경우 빈민감독관이나 교구위원이 생활조건을 조사하여 빈민이 될 가능성이 없는 경우에만 이주가 허락되었고, 그렇지 못한 경우에는 치안판사가 전 거주지로 추방할 수 있도록 하여 거주이전의 자유를 무시한 비인간적인 법이다.

4. 작업장법

작업장법(Workhouse Test Act)은 빈곤은 자선이나 구제의 대상이 아닌 개인의 나태함과 도덕적인 타락에서 기인하는 것으로 이해하는 빈곤죄악관에서 시작되었다. 17세기 후반 빈민들도 국가발전에 기여할 수 있다는 새로운 견해가 생겨났다.

중상주의와 중금주의로 많은 식민지를 개척하여 해가 지지 않는 나라가 된 영국은 무역을 통해 국가의 부를 축적하기 위해 보다 많은 산업인력이 필요하게 되었다. 따라서 노동능력이 있는 빈민을 산업현장에 고용하여 그들의 노동력을 이용하여 국부 증대와 구빈세 부담을 감소하고자 하는 시도에서 작업장법이 제정되었다. 이러한 이윤추구적 빈민고용은 중산계층이 빈민세 부담을 경감시킬 수 있었으나 뿌리 깊은 빈곤죄악관은 여전히 존재하고 있었다.

영국의 경제학자들은 구빈원(almshouse)에 수용된 사람들을 이용하여 수출품을 만들어 내는 네덜란드의 구빈원제도를 받아들여 빈민법에 적용하였다. 또한 1696년의 작업장법(Workhouse Test of 1696)으로 브리스톨을 비롯한 몇몇 도시에 작업장이 생겨났다.

이러한 작업장법은 이윤을 추구하기 위해 빈민을 고용해야 하는 중산계급의 입장과 국가가 부담해야 하는 구빈 비용의 감소라는 두 가지의 입장이 절묘하게 맞아 탄생한 것이다. 그러나 작업장은 이후 구제의 억제 수단으로 악용되었고, 노동능력이 있는 빈민의 경우 작업장에 강제 수용하여 노동하게 하였으며 인간 이하의 처우를 하였다.

작업장의 설치로 걸식 빈민과 구빈세가 감소하였으나 작업장이 열악하고 비인간적 처우 때문에 빈민들은 작업장 입소를 회피하였다.

작업장의 경우 처음에는 노동능력이 있는 빈민에게 특성에 맞는 여러 가지 일자리를 제공하는 것을 목적으로 하였으나 경제적 측면에서 실패하게 되었고 이후 구제억제 수단으로 악용되었다. 원외구제에 비해 입소 비용이 더 많이 들어 이후 작업장의 설치는 경제적인 측면에서 실패하였고 빈민들을 억압하기 위한 수단으로 악용되었다.

이후 나치블법(Sir Edward Knatchbull's Act, 1722)이 나오게 되면서 빈민에 대한 견해는 비관적이며 형벌적으로 변했다. 이 법은 작업장의 생활을 열악하게 하여 빈민의 구호를 억제하고 통제하여 구빈세를 억제하고자 하는 작업장 테스트법이다.

나치블법은 빈민들이 허위로 구제신청을 하는 것을 막기 위해 치안판사가 구빈감독관에게 알리지 않고 빈민에게 직접 구제하는 것을 금지하였으며, 교구집회의 동의를 얻어 작업장을 짓거나 임대할 수 있게 하고, 빈민의 숙박이나 부양 고용 등에 대한 위탁을 할 수 있게 하였다. 또한 작업장의 설치를 여러 교구가 연합하여 할 수 있도록 하였고, 작업장 수용을 거부하는 빈민의 경우 구제등록부에서 삭제하여 구제를 받을 수 없도록 하였다.

작업장은 매우 엄격하게 통제되었고 규율을 어기게 되면 족쇄, 감금 등의 비인간적인 처벌을 하였다. 이러한 작업장은 영국의 중상주의, 중금주의로 무역이 왕성해지고, 청부제도로 빈민을 대상으로 위탁사업을 하려는 민간업자가 많아지게 되었다. 교구에서는 최대한 적은 비용으로 민간업자에게 지급하였고 민간업자들은 가능한 많은 이윤을 추구하기 위해 작업장은 점점 열악해질 수밖에 없었다. 작업장은 수용을 전제로 구제하기 위한 법으로 결과적으로 빈민의 자유를 구속하고 혐오와 공포를 조성하여 빈민구제 신청을 하지 않는 시설이 되었다. 따라서 노동능력이 있는 빈민은 구빈신청을 하지 않게 되었다. 그 결과 작업장에는 요보호아동과 최하위 빈민들만이 수용되어 처벌과 학대 속에서 인간 이하의 대접을 받게 되면서 작업장은 공포의 대상이 되었다. 이후 작업장은 남녀노소, 노동력 유무, 장애인, 매춘부, 임산부, 정신질환자 등에 관계 없이 한곳에 수용하는 비인도적인 운영으로 비난의 대상이 되었다.

작업장이 비인도적이고 비위생적이어서 개선해야 한다는 목소리가 높아졌으며, 그중 대표적인 사람이 작업장 감독관이었던 토마스 길버트이었다. 그는 이제까지의 구빈정책은 빈민에 대한 시설수용정책이 중심이었으나 작업장 노동의 비인도적이라는 문제 상황에 대응할 필요가 있다는 점에서 빈민의 처우 개선을 위해 성실한 빈민에 대한 원외구호를 주장하는 길버트법을 제안하였다.

5. 길버트법

작업장법은 분류원칙이 제대로 지켜지지 않는 등 많은 문제들을 가지고 있었다. 특히 나치불법이나 작업장법으로 이윤 획득을 위해 빈민을 이용하여 이윤을 얻고자 하는 빈민공장은 빈민들의 노동력을 착취하여 구빈 비용을 충당하도록 하였다. 영세한 교구들은 제대로 된 작업장을 운영할 능력이 없어 병자, 노인, 고아, 미혼모 등을 한곳에 수용하였다. 이러한 폐단을 개신하기 위해 영세한 교구들은 연합하여 빈민구제 비용을 부담하고 빈민공장을 운영할 수 있도록 하는 것이 길버트법이다.

작업장을 감독하던 길버트는 작업장의 열악한 환경과 빈민에 대한 처우 개선 등을 위해 길버트법(An Act for Better Relief and Employment of the Poor)을 만들었다. 길버트법에 의해 1834년 900여 개의 교구가 67개의 연합을 결성하였고, 유급 사원을 채용하기도 했다. 또한 길버트법은 성실한 빈민에 대한 원외구호를 인정하였다. 구빈행정가 입장에서도 원외구호의 보조금이나 물품구호가 손쉽고 바람직한 방법으로, 구빈감독관은 노동능력이 있는 빈민을 노동력이 필요한 농장에 돌아가며 고용시키는 순환고용제도를 실시하였다. 그러나 빈민들은 노동을 하면서도 생계비에도 미치지 못하는 임금으로 여전히 빈곤한 상태였으며 농장주들도 빈민 고용에 불만을 가지고 있어 고용하는 것을 꺼렸다.

길버트법은 종래의 구빈 행정에 대한 비판과 시정의 방법으로 빈민감독관의 방만한 비용지출, 정주법과 관련된 소송비용 시정, 나치불법의 구원억제 원칙 등 작업장과 청부제도의 문제점을 개선하기 위해 작업장 청부계약제도를 철폐하였다. 그리고 교구들이 서로 연합하여 작업장을 설치하고 구빈행정관들의 권한과 의무를 축소하고 보다 효율적인 구빈을 하기 위해 유급사원을 채용하였다.

사실상 길버트법은 구빈감독관으로 하여금 작업장의 입소를 거부하는 빈민은 누구든지 구제대상자 명부에서 삭제하는 권한을 부여하는 작업장법을 폐지시킨 것이었다. 근로 가능한 빈민을 작업장에 강제 입소하지 않도록 하고 일자리를 찾을 때까지 그들에게 구제를 제공하도록 함으로써 길버트법은 빈민을 집에 머물면서 구제를 받을 수 있도록 하는 원외구제가 강조된 법이었다.

1782년 소위 토마스 길버트법이라고 불리는 법의 시행으로 교구연합이 결성되는데, 처음에는 67개의 연합에서 1834년에는 900개 이상의 연합으로 증가하였다. 교구연합은 최초로 유급 구빈사무원(오늘날의 사회사업가)을 채용하였으며, 노동능력 빈민을 제외한 노동무능 빈민만을 위한 작업장을 설립하였다. 노동능력 빈민과 실업자에 대해서는 일자리 또는 구제가 제공(원외구제 제공)되었으며, 연금, 후원 또는 현물급여가 주어졌다. 이것은 노동능력 빈민에 대한 일자리 제공, 노동이 불가능한 빈민에 대한 현금급여, 나태한 자에 대한 교정을 원칙으로 한 엘리자베스 빈민법의 커다란 변화를 의미한다. 이 제도는 길버트가 주도한 새로운 인도주의적 구빈제도라고 평가받고 있다.

길버트법은 빈민의 처우를 개선하고자 한 인도주의적인 법으로 원내구호를 원외구호로 바꾸고 노동능력이 있는 빈민에 대한 직업 알선을 하고 직업을 얻을 때까지 구제하도록 하였으며, 노동수입이 생활에 부족한 경우 보충할 수 있도록 하였다.

이러한 길버트법은 노동능력이 있는 빈민과 일시적인 실업자들에 대해서는 일자리를 제공하고 원외구호 대상자들에 대한 무제한의 원외구호를 실시하는 등 이전의 법들에 비해 인도주의적인 구빈제도라는 평가를 받고 있다. 그러나 길버트법은 의무적으로 채택하도록 강제성을 갖는 법이 아니라 교구의 재량에 강제력을 갖지 못하였다. 즉 실험적으로 몇몇 교구에서만 채택하여 큰 성과를 거두지는 못했다.

6. 스핀햄랜드법

18세기 초부터 지속되어 왔던 호황의 시기는 끝이 나고 1790년대에 접어들자 불황이 다가왔다. 또한 1793년부터 1815년 사이에 걸친 프랑스와의 전쟁과 이 시기에 전개되었던 산업혁명은 영국 사회에 정치, 경제, 사회적으로 많은 영향을 미쳤다. 경제적으로는 인플레이션이 심해져 생계비는 급상승하였고, 곡물 가격도 폭등하였으며, 인클로저 운동으로 빈민들은 더욱 살기 힘들어졌다. 이에 사회는 빈민의 소요와 혁명의 두려움으로 더욱 불안해졌다. 또한 산업혁명으로 수공업자는 몰락하고 가내수공업도 쇠퇴하면서 식량폭동, 구제신청의 증가 및 구빈세의 급증을 초래하였다. 이 혁명의 발생을 두려워하여 빈민폭동을 의식하기 시작하였다. 이러한 시대적 상황 때문에 전쟁과 흉작에 의한 일시적인 대책과 기술혁신에 대한 사회적 적응 수단으로서, 또한 혁명을 예방하기 위해서도 구빈대책이 필요하게 되었다. 여러 가지 대안들이 논의되기 시작하였으나 현실적인 문제를 해결하지는 못하였다. 그중 대표적인 것이 스핀햄랜드법(Speenhamland Act)이다. 이 법은 1795년 버크셔의 스핀햄랜드에서 개최된 버크셔 치안판사 총회에서 결정되었던 임금보조제도로 '버크셔 빵법(Berkshird Bread Act)'이라고 불리기도 했다.

스핀햄랜드법은 노동능력이 있는 빈민을 작업장에 수용하지 않고 원외구호를 통해 직업을 갖도록 하며, 임금이 적어 생계에 필요한 빵을 구입하는 데 미치지 못하는 경우 부족분을 교구의 구빈세로 지급하도록 하는 임금보조제도이다. 스핀햄랜드법은 한 가정에 필요한 빵의 양을 기준으로 구빈의 범위를 결정하였고, 가족의 수를 고려하여 임금의 부족 부분을 보조하였다. 스핀햄랜드법은 최저임금법안을 대신하여 채택되었는데, 중요 고용주의 입장을 반영하여 농업노동자에게 최저임금을 지급하고 교구의 구빈세로 임금을 보조하는 것이 훨씬 유리하였기 때문이다. 또한, 스핀햄랜드법은 노인과 장애인에 대한 원외구호를 확대하고 가장이 없는 가족에 대해서는 아동수당 및 가족수당을 지급하도록 하였다.

그러나 결과적으로 스핀햄랜드법의 시행은 노동임금 수준의 저하를 가져왔고 부조금액의 증가로 인해 노동 의욕과 능률을 저하시켰다는 비난을 받았다. 노동자는 벌이가 적더라도 교구에서 그 나머지를 받을 수 있기 때문에 생업에 최선을 다하지 않았으며, 가족수당 및 아동수당을 지급하여 결과적으로 빈민들의 조혼을 장려하고 빈민인구의 증가를 초래하여 구빈세를 증가시키는 결과를 가져왔다. 스핀햄랜드법은 결과적으로 생각지 못한 모순으로 1834년의 신빈민법을 제정하도록 하는 계기를 제공하였다.

7. 신빈민법

빈민법에 대한 비판과 아울러 19세기에 들어와서는 공적인 빈민법 조사위원회가 발족하였다. 이로 인해 1834년 신빈민법(Poor Law Reform)이 만들어졌다. 신빈민법은 빈민법위원회의 보고서를 근간으로 하고 있으며, 이 위원회는 스핀햄랜드법에 의한 국민의 구빈세 부담 증가를 호소하고 도덕심의 퇴폐 현상 발생을 보고했다(스핀햄랜드법의 시행으로 노동임금수준의 저하, 부조금액의 증가 및 노동의욕과 능률의 저하 등의 문제).

이 위원회에서는 다음의 세 가지 원칙을 마련하였다. 첫째, 열등처우의 원칙, 둘째, 작업장 수용의 원칙, 셋째, 전국 균일처우의 원칙이다. 신빈민법의 세 가지 원칙 내용을 살펴보면 다음과 같다.

1) 열등처우의 원칙(principle of less eligibility)

구제대상 빈민의 생활수준은 최하층의 독립 근로자의 생활수준보다 열등한 조건에서만 구제가 제공되어야 한다는 원칙이다. 이는 노동능력이 있는 빈민의 노동을 유인하기 위한 것으로 빈민에 대한 구제를 최소한의 수준으로 제한하는 원칙이다.

구제빈민의 생활수준이 높고 상대적으로 노동자의 생활이 궁핍하다면 독립노동자가 구제대상 빈민으로 전락하여 태만과 악덕을 초래하게 될 것을 우려하여 공공구제의 수준이 열악하도록 규정하고 있다. 현대사회의 복지국가들이 경험하는 복지병들은 이러한 열등처우의 원칙이 제외된 인간다운 삶을 추구하고 있기 때문이다. 그러나 이러한 열등처우의 원칙은 낙인감을 부여하여 개인의 명예를 박탈하였다. 비인도적인 처사로 독립근로자의 최저 생활수준이 의식주를 해결하기 어려운 상황에서 더 열악한 처우를 받는 빈민은 기본적인 인권마저 보장받지 못하였다.

2) 작업장 수용의 원칙(principle of work-house system)

작업장 수용의 원칙은 원외구호를 금지하는 원칙으로 장애인, 노약자 등 노동능력이 없는 빈민의 경우를 제외하고는 모두 작업장에 수용하여야 구빈의 대상이 된다는 원칙이다.

작업장 수용의 원칙은 원외구호의 방법으로는 대상자의 자활노력을 제고시키기가 어렵기 때문에 역시 작업장에 수용하여 노동을 시키는 것이 가장 좋은 방법이라는 데 기인한 것이다. 이러한 원칙은 개인의 거주이전의 자유를 박탈하는 비인간적인 처사였다.

3) 전국 균일처우의 원칙(principle of national uniformity)

균일처우란 전국적으로 어디에서나 동등한 조건 아래 처우 받아야 한다는 것이었다. 이는 보다 나은 처우를 위해 빈민들의 이동을 예방하고 중앙정부에 의한 효율적인 구제를 실시하기 위한 것이다. 이러한 신빈민법은 자본주의 환경에서 기존의 빈민법의 모순과 구빈세의 증대 및 조세부담의 불공평, 소규모 교구단위의 비효율성으로 인하여 1817년 왕립빈민위원회의 제안으로 만들어졌다.

신빈민법은 억압 속의 구제로 인간주의 부활의 경향을 포기하고 엘리자베스 빈민법으로의 회귀로 볼 수 있는데, 빈곤에 대한 책임은 개인에게 있으며 자조의 실패로 보는 시각을 갖고 있다. 이러한 비인격적인 신빈민법은 1948년 국민부조법의 제정으로 폐지될 때까지 114년간 지속적으로 영국의 빈민정책으로 적용되었다.

▍제 4 장▍

미국의 빈민법

04

1. 미국 빈민법의 개념

1640년대부터 1770년대까지 미국이 영국으로부터 독립하기 이전까지의 시기를 식민지 시대라고 말한다. 이 시기에는 영국으로부터 종교적인 자유를 찾아 이주해 온 청교도들과 경제적 또는 정치적 이유로 식민회사를 세워 이익을 얻으려는 사람들이 자유와 평등의 가치를 존중하며 신천지를 찾아 영국에서 아메리카 뉴잉글랜드 신대륙으로 이주해서 정착하였다. 이들은 신대륙으로 이주할 때 청교도주의와 자유주의 정신뿐만 아니라 영국의 제도인 빈민법(Poor Laws)과 관습도 함께 가지고 왔다. 특히 엘리자베스 빈민법을 포함한 영국 복지제도의 많은 면을 수용했다. 예를 들면 경고제도(warning out) 혹은 통행제도(passing on)라 불리던 정책을 통해 수혜자들의 거주 원칙이 철저히 시행되었다(Coll, 1973).

Point **아메리카 뉴잉글랜드**

뉴잉글랜드는 미국 북동부 대서양 연안지역, 즉 메인, 버몬트, 뉴햄프셔, 매사추세츠, 코네티컷, 로드아일랜드 등 6개 주(州)를 말한다. 1614년 스미스 선장(영국의 탐험가, 식민지 개척자)이 이곳을 탐험하고 뉴잉글랜드라고 명명했고, 1620년 제임스 1세의 박해를 피해 필그림 파더스 102명이 메이플라워호를 타고 뉴잉글랜드 매사추세츠 주 동남부 항구인 플리머스에 정착을 시작한 후 1686년 영국의 자치령이 되어 영국총독의 관할로 들어갔다.

경고제도(warning out)는 새로 이주해 오는 사람들이 재정적으로 자립할 수 없을 때 다른 마을로 가도록 종용하는 것을 말하며, 통행제도(passing on)는 이주 중인 빈민을 고향마을로 돌려보내는 것을 의미한다. 이 정책의 결과로 어떤 한 해 동안 뉴욕의 한 동네에서는 다른 동네로 1,800여 명의 사람들이 보내지기도 했다. 이러한 영국의 복지 전통은 미국으로 이주한 식민지 개척자들에 의해 전파되었고 빈곤한 사람들을 위한 책임성을 강조하는 엘리자베스 빈민법의 원칙을 그대로 답습했음을 미국의 빈민법 내용을 보면 알 수 있다. 그러나 영국과 미국의 빈민법은 그 시대의 상황이나 환경에 따라 근본적으로 다르다.

Point **엘리자베스 빈민법**

엘리자베스 빈민법의 특징은 빈민을 3가지로 구분한 것이다. 즉, 근로능력이 있는 건장한 빈민, 근로능력이 없는 무능력 빈민, 빈민 아동으로 구분하고 차별적 취급을 함으로써 빈민 통제와 구제를 보다 구체화했다. 또한 건장한 빈민의 경우 노동을 조건으로 생계지원을 한 것에서 나타나는 것처럼 노동과 구제를 결합시켰다. 즉 노동과 구제의 결합은 아무런 대가 없이 구제를 제공하는 것과는 달리 노동을 조건으로 구제하는 것이기 때문에 '노동 상품화'를 강제한 것이다. 만약 국가나 자선단체에 의해 건장한 빈민들에게 무료로 구제가 행해진다면 실업자이건 취업자이건 아무도 일을 하지 않으려고 할 것이기 때문에 엘리자베스 빈민법의 조치는 자본주의적 산업화를 촉진시키는 미시적 기초를 수립했다고도 볼 수 있다. 이 시기의 사회정책은 광범위한 경제정책의 충실한 하위수단이었고, 노동의 상품화와 함께 다양한 종류의 빈민들에게 모두 최소한의 구제만 제공함으로써 역시 자본주의 산업화에 크게 기여했다(김태성·성경륭, 2001).

첫째, 영국 사회는 산업화로 노동 가능한 사람의 고용에 초점을 두고 있어서 일자리보다 노동력이 넘쳤으며 수많은 실업자, 일자리를 찾아 헤매는 사람, 빈민, 부랑자, 범죄자 등 사회복지 대상자들이 많았다. 반면에 미국은 노동력보단 일자리가 많아 지속적인 고용문제에 직면하지 않았고, 근로자들을 도시로 유인할 정도로 산업체도 발전되지 않아 도시로 취업하기 위해 기다리는 노동자도 없었으며, 양모산업의 발달로 노동 가능한 사람들이 농토를 떠나지도 않았다.

미국은 영국과는 달리 광활한 토지를 보유하고 있어 노동력이 부족하여 인구이동 제한, 법과 질서라는 측면은 없었다.

둘째, 영국 사회에서의 하층민은 지위 상승이 거의 불가능한 계급체계인 반면 미국에서는 얼마든지 자신의 노력과 모험으로 꿈을 실현시킬 수 있는 지위 상승이 가능하였다.

셋째, 영국에서의 사적 자선은 귀족의 도덕적 책무(noblesse oblige)에 의해 병원, 빈민굴, 고아원 등에 대한 사적 빈민구제가 이루어졌으나, 미국의 경우 18세기 말까지 사적 자선은 재정적으로 너무 빈약했다.

넷째, 영국은 빈민구제에 대한 종교의 이념 역할을 보면 빈민에게 마지막 안식처를 제공하는 구호활동에 커다란 역할을 하였다. 그러나 미국은 영국식 관습과 프로테스탄티즘, 즉 청교도 정신이 더해져 금욕생활을 이상적 인생관으로 보았다. 그래서 노동을 혐오하는 자는 신앙생활이 결여된 자로 보아 빈곤자를 구제하여 주되 벌칙적 성격을 가져야 한다고 생각했다.

Point

청교도

16세기 후반, 영국 교회에 반항하여 일어난 프로테스탄트의 한 종단이다. 영국의 청교도들은 엄격한 도덕, 주일의 신성한 엄수, 향락의 제한 등 투철한 개혁을 주장하였다. 영국에서 종교적 박해를 피해 최초로 미국에 이주해온 사람들이 바로 Pilgrim Fathers들이다. 이들은 신대륙의 특수한 환경에 의해 미국적인 특성을 가진 청교도 정신을 발전시켰다. 이 청교도 정신이 정치, 경제, 사회, 문화 등을 지배하게 되었으며 미국의 기본정신이 되었다. 이들은 종교와 정치에 불만을 품었던 사람들이 신대륙으로 이주해 왔기 때문에 종교개혁 정신이 투철하였다.

신대륙은 자립의 기회가 열려 있었기 때문에 농부의 과잉노동인구를 흡수하고, 미국 사회의 유동성(流動性)을 높여 중산계급화를 촉진하는 원인이 되었다. 정치면에서도 기존(旣存)의 사회적 제약이 적은 프런티어는 자유·평화라고 하는 이념(理念)에 제대로 들어맞아 보통선거운동 등에 무시할 수 없는 영향을 끼쳤고, 자치의식도 높였다. 그리고 대자연에 맞서 살아나가야 하는 냉혹한 상황 속에서 '프런티어 스피릿'이라 부르는 개척정신의 기풍이 배양되어 그것은 미국 국민의 국민성의 일부가 되기도 하였으며, 그들의 개인주의·현실주의·합리주의 혹은 개개의 독창성을 존중하는 성향을 강화해 주었다.

프런티어의 강력한 평등주의 앞에 청교도들의 귀족적이고 독선적인 경향은 사라지고 개척민의 거대한 포부와 낙관주의가 청교도 정신의 비관적인 색채를 퇴색시켰다. 그러나 한 가지 뚜렷하게 남아있는 특징은 모든 일을 선악으로 판단하는 도덕적 습성이다.

출처: 위키백과사전

이와 같이 그 시대의 흐름이나 환경적으로 다름에도 불구하고 사회적 맥락에서 영국의 빈민법을 채택한 것은 또 다른 이유가 있었기 때문이다.

가장 주된 이유로는 미국의 빈민법에서 잠재적 구호대상자는 노인, 병자, 장애인, 고아, 아동을 양육하는 과부 등 본질적으로 고용 불가능한 사람들과 계절적 실업자들(the seasonally unemployed) 때문이었다(Axinn & Levin, 1975).

이들은 정부의 도움이 필요한 사람들이었고, 그 당시 그들은 소규모 공동체 사회에서 거주하면서 구성원 서로 간의 안녕과 기여도에 따라 공동체의 성공 여부를 결정하였다. 이 모든 것들이 그들의 관심사였다. 이와 같은 소규모 공동체의 특성은 개개인의 불행에 대해 우호적이면서 공적인 관심을 가질 수 있도록 만든 사회였기에 빈민법도 개인적이면서 공적인(public) 보호를 확인시켜 주었다. 개개인 잘못이 아닌 이유로 곤경에 처한 사람들에게 자신의 가정에서 또는 이웃에게 현금구호를 제공하였다. 가정을 거점으로 하는 구제는 가족에 대한 질서와 안정, 더 나아가 전체 지역사회까지도 기여하게 되었다.

이 시대의 사회에서는 아직은 생산성이 낮은 수준이었고 구호적 경제자원도 극히 제한된 시기여서 빈민구제 역할을 수행할 수 있는 자선조직의 결여로 더욱 악화되었고 욕구를 충족시키기 위한 자원도 미비해서 제한되었다. 이와 동시에 빈민법의 제한적인 요건들은 식민지 경제가 일하지 않은 숫자를 최소한으로 유지하려고 하는 경제적 목적에 기여하였다.

이에 빈민법이 엄격하게 운영된 것도 자원의 부족 때문만은 아니고, 청교도적 윤리가 지배적이기 때문에 도덕적 기반에 영향을 받아 노동을 미덕으로 여겼으며 나태는 죄라고 응징할 정도로 이주민들의 태도는 매우 엄격하고 냉정했다. 청교도적 윤리는 개인주의와 개인이 자기 자신의 운명을 책임져야 한다는 관점을 강조했다(Zastrow, 1996). 근면과 야망을 갖는 것은 매우 가치 있는 것으로 간주되지만, 빈민구제를 필요로 하는 사람이 도덕적으로 결함이 있는 구제가치가 있는 사람으로 인식되기는 매우 어려웠다. 즉, 사회적 진화이론의 비인간적인 면을 수용한 것이다. 자연에서 가장 잘 적응하는 동물만이 살아남을 수 있다는 다윈의 진화이론을 스펜서가 인간에게까지 연장해 적용시킨 이론이 사회적 진화이론이다. 그러나 이 시대의 빈민법은 노동을 할 수 없는 사람들에게는 부양을 제공했지만 노동능력이 있는 사람들이 일하지 않는 것을 억제하는 역할을 했다. 미국에서 구제 가치가 있는 빈민으로는 인디언과의 전쟁에서 사망한 군인 유가족과 상이군인에 대해 가장 먼저 인정하였다. 1636년부터 전사자 유가족들에게 연금을 수급했으며, 1677년에는 대부분의 주정부가 유가족들에게 연금을 지급했다. 이 시대 빈민의 심각한 경제적 및 물질적 결핍을 고려해 볼 때 기댈 수 있는 국가정책으로는 빈민법 밖에 없었다. 빈민법은 가족의 책임, 지역사회의 책임, 빈민의 분류와 같은 중요한 원칙 세 가지에 의해 운영되었다(원석조, 2009).

1) 가족의 책임

가족책임(family responsibility)은 성인이 본인의 어린 자녀나 손자 그리고 노부모에 대해 갖는 법적인 부양의무를 말한다. 가족에게 가족원이 정부의 피부양자가 되지 못하도록 프로테스탄트 정부는 사회통제의 역할을 부여하였고, 가족과 함께 의무적으로 21세 이하 청소년들은 함께 살아야만 했다. 곤경에 처한 가족을 구제하는 책임은 전적으로 가족에게 있으며, 공동체에 경제적·도덕적으로 위험한 존재로 규정된 사람은 가족부양 능력을 상실한 가장이었다. 군 법원과 지방정부에게는 아동이나 요보호대상자를 가족과 함께 살도록 강제할 수 있는 권한도 있었다.

1600년 후반부터 친척책임이 천명되었는데 이는 병자나 빈민을 보호해야 할 책임은 친척에게 있다는 것이다. 자신의 문제를 스스로 해결해야 하는 것은 개인이지만, 여의치 않으면 사회가 아닌 친척의 도움을 구해야만 했던 것이다. 디니토(DiNitto)에 의하면, 개척자들은 빈민자들을 위한 네 가지 방법을 사용했다.

첫째, 사회적 보호가 필요한 가난한 사람들을 가장 적은 비용으로 돌보아 줄 가정에 "경매"식으로 넘기는 방법으로 가장 드물게 사용한 방법이다.

둘째, 비록 남이라 할지라도 가족의 보호를 받는 위탁가정보호를 받아야 하는 것으로 인식되었다. 예를 들어 이집 저집 옮겨 다니면서 보호를 받을 수 있는 요보호대상자들은 노인이나 장애인, 병자, 고아 등이며, 지방정부가 이들을 보호하는 가족에게 그 비용을 지불했다.

셋째, 구제가치가 있다고 인정되는 노인이나 환자 등 자신의 거처에 있으면서 타인의 보호를 받을 수 있는 사람들에게는 원외구호(outdoor relief)가 주어졌다. 이들의 적절한 보호를 위해 가장 많은 사람들에게 시행된 방법이며, 후견인(guardians)이 지명되기도 했다.

넷째, 구빈원(almshouse)을 이용한 것으로, 많은 사람들이 자선의 집이 가장 나은 방법이라 생각한 것은 여기에서는 병든 자들과 노인들에게 의료혜택을 제공했기 때문이다.

이 외에도 요보호대상자들에게 거처를 제공하는 유료 가정보호사업을 하는 일부 가정도 생겼다. 빈민의 자녀, 사생아, 고아, 미혼모 아이 등 요보호아동은 법원의 명령에 따라 가족의 품을 떠나 이들을 보호하는 데 소요되는 비용을 지불할 능력이 있는 사람에게 경매에 붙여진 뒤 도제나 견습공이 되는 경우도 있었다.

Point

도제제도

서양 중세의 수공업에서 직업에 필요한 지식·기능을 습득하기 위해 전문적 지식을 가진 스승의 밑에서 노무에 종사하던 어린 직공을 도제라 하였다.

13세기 도시의 각 작업집단들이 만드는 물건의 질과 생산방법을 감독하고 고용조건을 통제하는 장인 길드가 나타났다. 길드는 장인을 중심으로 운영되었으며, 보통 7년 정도 걸리는 훈련과정을 거친 도제들로 새로이 충원되었다. 이것은 가내수공업에 적합한 제도였다. 장인은 자기 집에서 도제들과 함께 지내면서 일했으므로 도제 계약조건 속에서 친족을 대신하는 인위적인 가족관계가 생겨나게 되었다. 그러나 시간이 지남에 따라 회원 가운데 가장 부유한 몇 사람이 길드 조직의 특권을 남용하는 일이 일어나고, 한 도시의 상거래를 독점하는 등 배타성을 띠게 되자 길드는 정부와 마찰을 빚기 시작했다.

출처: 야후백과사전

Point **자선원과 작업장**

자선원은 빈민법에서 구제가치가 있는 빈민들을 구빈하기 위해 설치·운영하였던 곳으로 이곳에서는 빈민에 대한 최저한의 구빈을 실시하였다.

작업장은 18세기 여러 국가들에서 보편적이었던 '부조' 원내구호 형태로 이것은 원조를 받는 빈곤한 사람들에게 특정한 시설에서 거주하고 일하도록 했다.

이후 작업장법(1696)이 실시되면서 빈민의 혹사, 노동력의 착취 등으로 많은 문제점을 안게 되었다.

그리고 이 시대에 행해졌던 공적부조의 또 다른 유형으로 인구가 비교적 많은 도시의 영국에서와 같은 자선원과 작업장과 같은 수용시설을 건립했으며, 그 수가 점차 늘어났다. 이들 자선원과 작업장은 법원이나 시 정부가 재정과 관리운영도 책임졌다.

2) 지역사회의 책임

1642년 식민지 초기에 미국은 최초의 공식적 빈민법을 플리머스(plymouth)에서 공포하였다. 그 외 지역인 버지니아는 1646년, 코네티컷은 1673년, 매사추세츠는 1692년에 점차적으로 공포하게 되었다. 이에 따라 빈민구제에 관한 사항은 의무적으로 시 공의회에서 논의하게 되었으며, 영국이 지방교구에 구빈감독관을 파견했던 것과 비슷하게 권한을 교구감독관에게 주었다. 따라서 식민지 도시들은 행정관인 교구감독관(parish supervisors)에게 빈민구제 신청자들이 구제가치가 있는지의 여부를 조사하고, 구호물품을 배분하고 구빈세를 징수할 수 있는 권한을 부여했다. 당시 구빈비용은 각종 벌금, 구빈세, 수확기에 일하기를 거부한 사람, 농산물 등 물품의 무게를 속인 사람, 교회에 불출석한 사람, 불법적으로 빈민을 시내로 유입시킨 사람 등에게 부과한 벌금에서 충당되었다. 구빈세를 징수하지 않는 도시에서는 구빈비용의 충당을 위한 기금을 법원에서 조성하고 배분할 수 있는 권한을 행사하였다.

그 당시의 빈민법은 빈곤한 사람들을 국가에서 돌볼 필요가 있음을 명시한 최초의 법으로 알려져 있다. 이 법에서 지역사회의 책임의 원칙(the principle of local social responsibility)이란 빈민구제의 책임을 지방정부에 포함시키는 것으로써 가난한 사람들을 위한 지역주민들의 원조를 강조하는 것이었다. 1662년에 추가된 영국의 정주법(the English Law of Settlement and Removal)에서는 빈민구제 수혜자는 일정 기간 동안 정해진 지역에서 거주할 것을 의무화했다. 모든 식민지 도시들이 자체적으로 빈민들에게 음식, 연료, 피복, 생필품을 제공할 것을 의무화하는 한편 빈민구제 수급자격을 엄격히 제한했는데, 빈민구제를 받기 위해서는 일정 기간 이상(1700년부터 1년 이상) 그 도시에 거주하거나 개인 재산을 소유하고 있어야 했다(Frattner, 1999). 영국의 정주법은 지역사회 주민에게 부담이 된다고 생각되는 새로운 이주자들을 그의 이전 거주지로 돌려보내는 권한을 부여한 것으로, 빈민을 연고가 있는 지역에 묶어놓는 데 주된 목적이 있었지만, 미국의 정주법은 일자리가 없는 자와 구제가치가 없는 자들을 추방하는 데 초점을 맞추었다. 이미 플리머스와 매사추세츠 법원은 1636년에 빈민을 개인 가정에 받아들이는 것을 금지하는 명령을 내렸고, 보스턴 법원에서는 1639년에 노동력을 필요로 하는 도시로 빈민을 강제로 보내거나 반대로 지역 밖으로 추방할 수 있는 권한을 보유했다.

환영 받지 못한 새로운 이주민이나 외국인은 비록 식민지가 다른 도시 출신이라도 3년간 보호관찰의 대상이 되었으며, 3년 안에 자신과 가족의 생계를 스스로 책임지지 못할 경우 이전 거주지로 강제 추방되었다. 대부분의 도시들이 1725년부터 시내에서 20일 이상 머무르고자 하는 이방인은 반드시 시청에 신고토록 의무화했고, 시청의 허가 없이는 아무도 시내에 들어올 수 없도록 1767년부터 시행했다. 시 거주권 획득 자격을 21세 이상, 2년 이상 시내거주민, 세금납부 실적자로 제한한 것은 1789년부터 시행했는데, 주민들의 투표를 통해 거주권을 얻을 수 있는 자격을 주었다. 1793년에는 5년 이상 경고를 받지 않아야만 거주권 취득이 가능하도록 규정했다. 경고는 두 가지 의미가 있었다.

첫째, 경고는 외지에서 온 이주민인 경우 시가 이방인을 환영하지 않고, 빈민구제의 자격이 없으며, 교수형에서 형틀, 오물 붓기, 채찍질, 매질에 이르는 처벌의 대상이 될 수도 있다는 사실에 대한 경고였다.

둘째, 경고는 거주민이 사는 동안 빈민구제를 기대해서는 안 되며, 만약 요보호대상자가 되면 도제 살이라도 해야 한다는 것에 대한 경고이며, 이를 어기면 당연히 추방당했다.

3) 빈민의 분류

도덕적으로 결함이 있는 사람으로 간주되는 대부분의 빈민은 첫째, 노동능력이 있으나 공동체의 도움이 필요한 노동능력 빈민, 둘째, 가난한 부모에게 맡겨 빈곤의 악순환에 빠지게 하는 것보다는 사회의 보호에 맡겨 빈곤에서 벗어나게 하는 것이 더 바람직하다고 인정되는 부양아동, 셋째, 노령이나 장애로 인해 일을 할 수 없는 노동불능 빈민 등이 있다.

(1) 노동능력 빈민(able-bodied poor)

노동능력이 있음에도 불구하고 빈민구제를 요구하는 빈민은 심각한 도덕적 결함이 있다고 보았다. 빈민에 대한 처벌과 범법자에 대한 처벌(족쇄, 추방, 경매처분, 매질, 낙인, 수감 등)은 동일시되었다. 비혼모와 과부는 정상적인 결혼과 일사리를 구할 능력이 거의 없어 굶주리거나 부랑자로 전락하는 경우가 많았다. 한 지역에서 추방당하면 다른 지역으로 일자리를 찾으러 다녀야 했으며, 숲속에서 길을 잃고 사망하는 경우도 많았다. 그렇지만 지역사회는 이들을 보호할 의지가 별로 없었다. 일할 능력이 있는 사람은 대부분 경매처분의 대상이 되었다.

경매처분 대상자들은 굶주림, 착취, 가혹한 취급 등 제대로 보호를 받지 못하였기 때문에 사회개혁가들은 그들을 수용시설(자선원, 작업장, 교정원 등)로 보내야 한다고 주장했다. 1660년에는 보스턴 시에 있는 모든 요보호대상자들을 집단수용할 교정원을, 1739년에는 자선원과 교정시설을 혼합한 작업장을 신설했다. 이들은 무조건 한

시설에 수용하여 인간 이하의 취급을 받았으며 정신상태, 성, 연령, 신체조건 등까지도 무시를 받았다.

(2) 부양아동(dependent children)

이 시대의 식민지 사람들은 빈민인 부모를 닮아 빈민의 자녀가 되어 나태와 빈곤의 길로 전락한다고 보았다. 빈곤가족은 자녀를 정부나 지역사회에 빼앗길 수도 있기 때문에 이런 모습의 악순환을 차단하는 것이 최선의 해결책이라고 생각했다. 따라서 빈민의 자녀를 경매에 붙일 권한을 1641년부터 법원에게 주었다. 버지니아 주는 자녀를 내놓지 않으려고 빈민을 기소했다. 이 시대가 1646년인데 빈민의 자녀를 강제로 아마포가공시설에 보내도록 명령하기도 했다. 이들 외에 고아, 미혼모 아이, 사생아 등도 같은 처우를 받았으며, 부모(아버지)가 자식으로 인정해 되찾을 때까지 수용되었다. 교구의 기록에 의하면 부모의 보호를 벗어난 아동의 1/3이 고아였으며, 나머지는 부모가 도제[1])로 보낸 아이들이었다. 이들은 장인과 함께 생활하면서 생산적인 기술을 배우는 것 이외에 종교 원칙과 법을 학습해야 했다. 여자아이들은 가정부의 손에 맡겨져 뜨개질, 바느질, 실잣기 등을 배웠다. 남자아이들은 목수, 제화공, 대장장이, 농장주 등의 도제로 보내졌다. 도제계약은 법원에 등록될 만큼 도제를 통한 기술노동력의 공급은 식민지에 필요한 것으로 인정받았다. 이는 아동들에게 부모의 실패가 전염되는 것을 방지하기 위하여 고안된 예방 대책들이었다.

1600년 중반에 세운 보스턴 방적학교는 아동과 빈민들에게 약간의 보수를 지급했다. 이들의 저임 노동은 사회에 이로운 것으로 간주되었으며, 잠재적으로 사회에 해를 줄 수 있는 이들에게 일자리를 주는 것은 위해(危害) 예방 효과가 있지만, 장인과 달리 공장의 고용주들에게는 아동의 복지와 교육에 대한 책임이 없었다. 빈민의 근로윤리를 강화하기 위해 1759년에는 여자아이들에게도 방적학교를 개방했다. 1751년에는 의복의 생산과 가난한 여성과 아동의 고용을 촉진하기 위해 근면·고용촉진협

---

1) 서양 중세의 수공업에서 직업에 필요한 지식 · 기능을 습득하기 위하여 전문적 지식을 가진 스승의 밑에서 노무에 종사하던 어린 직공이다.

회(the Society for Encouraging Industry and Employing the Poor)가 창설되었다.

그리고 아동교육의 발전을 위해 공립학교와 사립학교가 세워졌다. 뉴욕과 뉴저지의 네덜란드 개혁교구학교들(Dutch Reformed parochial schools)은 빈곤아동이 학교를 무료로 다닐 수 있도록 배려했다.

(3) 노동불능 빈민(impotent poor)

노동불능 빈민은 가족이나 공동체의 짐으로 간주되었다. 노인이나 장애인은 친척의 보호를 받았지만 일부는 쇠사슬에 묶이거나 난방이 안 된 오두막집에 감금되어 죽을 때까지 격리되었다. 부모에게 버림받은 아이들, 즉 고아, 기아, 사생아, 미혼모 아이 등 요보호아동은 처음부터 가족보다는 지방정부의 보호를 받았다. 과부도 구제가치가 있는 빈민으로 인정받기 어려워서 대체로 이들은 재혼할 것을 권유받았다. 독신여성은 사회에 도덕적·경제적 위협을 주는 존재로 인식되었다(Day, 2000: 136).

2. 빈민법의 개혁 운동: 원외구호와 시설보호

1770년대부터 1860년까지의 시기는 미국 역사에서 혁명의 시대 또는 대변혁의 시대로 불린다. 미국의 독립혁명은 영국으로부터 정치적 독립뿐만 아니라 경제·사회적 변화를 가져온 시민혁명이었다. 독립전쟁은 미국사회의 변화를 초래했으며 특히 독립전쟁이 끝난 후에도 이민이 급속하게 늘기 시작했다. 이민 온 사람들 가운데 새로운 사회에 적응하여 주류사회로 들어가는 사람이 있는 반면 새로운 환경에 적응하지 못하여 풍부한 기회를 활용하지 못하는 사람도 많았다. 미국은 새로운 사회에 적응하지 못한 사람들이 빈민이나 부랑자가 되어 문제를 일으키므로 이 문제에 대해 고민하기 시작했다. 독립혁명(1775~1781) 이후에도 사회·경제적 변화는 가져 왔지만 빈민법에는 아무런 변화가 없었다. 빈민은 예전과 같이 구제가치가 없는 빈민과 구제가치가 있는 빈민으로 구분되었고, 지방정부와 친척의 책임 및 엄격한 처우의 원칙에도 변함이 없었다. 즉 첫 번째로는 작업장 또는 자선원, 두 번째로는 원외구호, 세 번째로는 노동능력 있는 빈민의 경매처분, 네 번째로는 노동능력 없는 빈민의 최저입찰가격으로의 경매처분과 같은 네 가지 처우방식도 변함없이 그대로 유지되었다.

Point **독립혁명**

영국령 북아메리카의 13개 식민지가 영국으로부터 분리·독립과 공화제를 확립한 혁명이다. 1776년 7월 4일 토마스 제퍼슨(Thomas Jefferson)이 기초한 독립선언서를 발표하면서 영국군과 미국민병대 간의 무력충돌(교전)이 계기가 되어 독립전쟁을 일으켰다. 1781년 요크타운 전투에서 결정적 승리를 거둠으로써 영국은 1783년에 파리조약으로 식민지의 독립을 승인했다. 1778년에는 미국 최초의 헌법인 연합규약이 제정되었고, 국방, 외교, 주화, 인디언 대책 등은 각 주의 대표로 구성되는 연합회의에 위임하는 분권적인 연방을 세운다는 것이 핵심이었다.

이 시대의 사회복지에 대한 인식도를 보면 '시설 내 구제(indoor relief)'가 주류를 이루었으며 징벌적인 성격을 띠었다. 즉, 미국의 전통적인 개인주의가 이 시기에 싹트기 시작했던 자유방임주의 사상의 영향으로 빈민은 최선을 다하지 않은 나태한 자라는 인식이 저변에 깔려 있어 정부로부터 구제를 제대로 받지 못했다. 1784~1970년 사이 전체 인구의 비율로 본 매사추세츠 주의 빈민구제를 평균 절대 수의 평균 증가율을 〈표 4-1〉에서 보면, 1860~1885년 경제가 매우 침체되었던 시대의 빈민구제를 받는 수가 증가한 것을 제외하고는 정부로부터 빈민구제를 받는 사람들이 매우 적었다. 특히 1885~1925년까지 빈민구제를 받는 사람들의 평균 증가율은 감소하였다.

| 표 4-1 | 전체 인구의 비율로 본 매사추세츠 주의 빈민구제를 받는 절대 수의 평균증가율 (1784~1970)

연도	평균증가율(%)
1784~1850	1.68
1850~1860	0.06
1860~1885	3.50
1885~1925	감소
1925~1970	1.28

출처: Robert Morris(1986). *Rethinking Social Welfare: Why Care for the Stranger?* New York: Longman. p.146.

그러나 빈민법에 중대한 변화가 일어난 것은 1820년대부터 1900년 초였다. 구호물품의 배분(원외구호)의 전통적인 구제방법은 경매처분 대신 국가자선시설(state charitable institutions)인 구빈원에 고아, 노인, 부랑자, 병자, 정신병자 등과 같은 요보호대상자들을 입소시켜 보호하는 시설보호(institutionalization)가 유력한 대안으로 등장했던 것이다. 이런 시설보호가 등장하게 된 몇 가지 요인이 있었다.

먼저 영국의 빈민법에는 두 가지 방식인 빈민들의 생활조건을 압박하는 경향이 있다. 첫 번째로는 생존에 필요한 식량의 증대 없이 인구를 증가시키는 것인데 빈민은 장래의 대책 없이 결혼을 하여 가족을 부양하게 되었다. 결국 빈민을 구호하는 빈민법이 빈민을 창출하고 있이 구빈 혜택을 받는 사람의 수가 줄어들고 교구의 부조를 못 받고 있는 노동자들은 전보다 더 적은 식량을 구입하게 되므로 더 많은 노동자들이 구호를 받고자 하였다. 두 번째로는 사회적으로 가치 있는 곳이라고 볼 수 없는 작업장에서 식량의 상당부분이 소비되어 보다 근면하고 가치 있는 사회성원에게 돌아갈 식량의 몫이 그만큼 줄어들게 되었다. 그리고 그만큼 그들을 의존적으로 만들었다(Rimlinger, 1971).

맬서스는 위와 같은 두 가지 빈민법을 비판하면서 빈민구제가 개인의 근면성, 자유와 독립정신을 파괴시키고 생활수준을 악화시킨다고 보았으며, 인간의 생존권은 노동을 통해서만 획득되는 권리이며, 인간이라면 누구나 가지고 있는 자연권 즉, 자

Point 토머스 맬서스(Thomas Robert Malthus)

영국의 경제학자·인구통계학자. 인구 증가는 언제나 식량공급을 앞지르므로, 엄격하게 산아제한을 하지 않으면 인류의 운명은 나아질 가능성이 없다는 이론으로 유명하다.

맬서스는 부유한 가정에서 태어났다. 그의 아버지는 철학자이자 회의주의자인 데이비드 흄의 친구였으며 장 자크 루소의 열렬한 제자이기도 했다. 그는 루소의 『에밀 (*Emile*)』을 읽고 아들이 자유주의적인 사상을 갖도록 교육시켰던 것 같다. 맬서스는 주로 집에서 교육을 받다가 1784년 케임브리지대학교 지저스 칼리지에 들어갔다. 1788년 대학을 졸업할 때까지 여러 과목을 폭넓게 공부하면서 라틴어와 그리스어 과목에서 상을 받기도 했다. 1791년 석사학위를 받았으며, 1793년 지저스 칼리지의 명예 펠로가 되었고 1797년 목사로 부임했다. 1796년 『위기(*Crisis*)』(미출간)라는 소논문을 썼는데, 그 내용은 구빈원을 세우기 위해 새로이 제출된 구빈법을 옹호하는 것이었다. 그러나 이러한 입장은 2년 뒤 발표한 『인구론』의 견해와는 상당히 어긋나는 것이었다.

맬서스의 이론에는 대체로 아버지의 견해와 프랑스혁명 및 그 지지자들의 사상이 호의적으로 나타나 있다. 예를 들어 급진적인 영국의 철학자 윌리엄 고드윈의 저서 『정치적 정의(*Political Justice*)』(1793)에 나타난 인류의 완전함과 같은 견해를 받아들였다. 그러나 인간의 문제를 이론적인 관점에서 본 고드윈(또는 루소)과 달리 맬서스는 근본적으로 경험주의자였기 때문에 자기 시대의 혹독한 현실을 이론의 출발점으로 삼았다. 현실에 대한 그의 태도는 오늘날 사회학적이라고 평가되는 영국 경제학의 전통을 통해 이루어졌다.

맬서스는 1798년 익명으로 『인구론』의 초판을 출간해서 널리 주목을 받았다. 그의 주장은 간략하고 거칠지만 강렬했다. 인간이 사회적 행복을 끝없이 바라는 것은 인구가 생산 증가를 언제나 앞지르는 것을 감안할 때 헛된 것일 수밖에 없다. 인구는 억제하지 않으면 기하급수적으로 증가하나 식량은 산술급수적으로만 증가하므로, 언제나 인구는 생존의 한계까지 늘어난 다음 기근·전쟁·질병으로 팽창을 멈추게 된다. '악덕'(맬서스에 따르면 피임도 포함), '빈곤', '극기'를 통해서만 이 같은 지나친 인구 증가를 억제할 수 있다.

맬서스는 가난을 인간이 피할 수 없는 운명으로 보는 경제적 비관주의자였다. 맬서스주의자들은 인구 증가는 기하급수적(1-2-4-8-16…)으로 진행되는 반면, 생산의 증가는 산술급수적(1-2-3-4-5-…)으로 밖에 진행되지 않으므로 인구 수와 그들의 생계를 위한 공급 사이의 간격은 점점 더 커져만 간다고 주장하였다. 맬서스는 이런 방법으로 노동자계급의 빈곤과 기아를 정당화하고 전쟁의 필연성을 논증하려 하였다. 마르크스와 엥겔스는 맬서스의 견해를 이론적으로 처음부터 끝까지 반박했으며, 그것이 철저하게 변론의 성격을 가지고 있는 것임을 증명했다. 출처: 야후백과사전유의 권리라고 보았다. 따라서 정상적으로 시장에서 일자리와 먹을 것을 구하지 못하는 빈민을 국가가 구제하는 빈민법은 인간의 자연법칙을 거역하는 것이라 주장하면서 국가의 빈민구제를 부정하게 되고 빈민들은 자신의 생존을 책임져야 한다고 주장하면서 빈민법의 무조건 폐지가 아니라 점진적 폐지를 주장하였다. 그는 빈민법을 폐지하여야만 인구 증가를 억제하고, 자유와 자립정신을 고양할 수 있고, 사회를 도덕적·물질적으로 개선할 수 있다고 보았다. 이와 같이 맬서스주의의 영향을 받아 원외구호 중심의 빈민구제에 대한 부정적 인식이 널리 확산되었다.

맬서스에 의하면 빈곤은 전적으로 개인의 책임이고 따라서 빈민구제는 빈민의 의존성만 키우는 불필요한 제도였다. 넓은 토지를 보유하면서도 노동력 부족 상태에 있던 미국에서 인구 증가로 식량위기를 가져온다는 맬서스의 『인구론』은 크게 호응 받지 못했다. 하지만 그의 자유방임주의 철학은 미국인들에게 빈민을 부도덕한 것으로 간주하고 빈민구제를 불필요한 것으로 인식하는 데에는 크게 기여했다(Trattner, 1999).

미국의 박애사업가들은 맬서스 고전경제학의 영향을 받아 빈곤문제는 대책 없는 결혼, 게으르고, 무지하며 낭비적이고, 전당포·매음굴·도박을 생활의 일부로 삼고 있다고 믿고 있으며, 원외구호 대상자들에게 주어지는 구호물품들이 그들을 가난에서 못 벗어나게 만든다고 생각했다. 비인도주의적인 경매처분과 비능률적인 원외구호에 대한 자각도 한 요인으로 작용했는데, 빈민법 개혁운동가들은 노동능력 빈민과 부양아동을 경매 처분하는 것은 비인도적 처사라고 생각했다. 경매 처분된 사람들이 불결, 무지, 질병 속에서 죽을 때까지 일한다는 사실을 알고 있었다. 그리고 빈민구호 예산이 아동, 노인, 환자 등 요보호대상자를 위해 사용되기보다는 빈민구제 공무원들을 위해 사용된다는 것도 파악하고 있었다. 이들은 빈민을 자선원과 같은 시설에 수용해 보호하는 것이 원외구호에 비해 비용이 덜 들고, 보다 효과적이며, 보다 인간적이란 확신을 갖게 되었다.

식민지 시대에는 지방성부의 권한과 책임이 절내적이었으나, 1800년대 이후 주정부의 권한이 강화되면서 빈민구제행정 권한이 시·군에서 주정부로 이양되기 시작하면서 빈민행정도 변하였다. 이 때문에 주정부가 모든 군에게 자선원을 설립할 것을 요구할 수 있었다.

그 당시 빈민구제 개혁이념을 민간 박애사업가들은 첫째, 노동능력과 근로의지가 있는 모든 성인 남녀들과 청소년들에게는 일자리가 제공되어야 한다. 둘째, 빈민은 근면, 성실, 절약 등을 통해 자립해야만 한다. 셋째, 빈민의 고통은 나태, 방탕, 낭비에 기인한다. 넷째, 조세, 자선 또는 박애를 통해 빈민을 지원하는 것은 빈민들의 나태와 무절제, 나아가 더 큰 고통만 야기한다(Day, 2000)고 생각하였다.

한편 빈민의 무절제와 원외구호에 대한 비난 여론이 거세지자 법원은 1821년 보스턴 시장인 퀸시(Josiah Quincy, 후에 주지사)에게 빈곤에 대해 조사할 것을 명령하였다. 퀸시는 매사추세츠 의회의 자문에 응하기 위해 빈민에 대한 조사결과를 담은 보고서를 발표했는데, 그 내용은 다음과 같다(Katz, 1996). 첫째, 원외구호는 비경제적이며, 비용이 많이 들며, 요구호자들에게도 해가 된다. 둘째, 능력에 따라 일거리를 제공할 수 있기 때문에 작업장을 수반하는 자선원이 더욱 경제적이다. 셋째, 빈민에게는 건강에도 좋고 경제적으로 이익이 되는 농업노동을 시키는 것이 가장 적합하다. 넷째, 시의회가 자선원을 감독하는 것이 좋다. 다섯째, 빈곤의 가장 큰 원인은 무절제(음주)이다.

3. 예이츠 보고서

1823년 구호비용의 증가에 따라 뉴욕 주 상하원은 뉴욕의 복지체계 개선을 위한 목적으로 빈민법의 비용과 운영에 관해 보고하도록 하였다. 뉴욕 주에서는 빈민구제에 대해 본격적인 조사를 1824년에 실시하여 뉴욕 주 장관인 예이츠(John V. N. Yates)가 보고서를 작성하였는데, 이는 1년 동안 정규적으로 구호를 받은 빈민을 영속적 빈민이라 하고, 당해 연도에 부분적으로(가을, 겨울의 몇 개월 동안) 도움을 받는 빈민을 간헐적 빈민으로 구분하여 운영하게 했다. 또한 구호체계의 운영과 관련하여 지적하는 네 가지가 있는데 다음과 같다.

첫째, 빈민이 농가위탁 보호되었을 때는 자주 야만적으로 처우되고 방임되었다.

둘째, 빈민자녀의 교육과 도덕은 거의 방치되었다.

셋째, 근면성의 육성을 위한 빈민고용은 부적절하다.

넷째, 빈민지원을 위해 할당된 공적기금의 배분에는 거의 관심이 없었다.

예이츠 보고서는 미국 최초의 포괄적인 빈민구제에 관한 보고서로 뉴욕 구빈법에 사용되어진 경비와 운영에 대한 보고서로 당시에 뉴욕의 인구문제와 빈곤문제에 대한 말사스류의 비판에 대한 보고서였다. 그는 보고서에서 빈민의 2/3가 무절제 때문에 가난하게 되었고 이로 인해 사회에 의존해서 살아가게 되었다고 주장했다. 다른 주에서도 이 보고서의 영향을 받아 보스턴, 볼티모어, 필라델피아 등지에서도 같은 조사가 행해졌는데, 결과적으로 90% 가까이 되는 빈민법 예산이 빈민을 위한 구호비용이 아닌 빈민의 구호요구를 거절하는 절차에 잘못 사용되고 있음을 발견할 수 있었다. 또한, 그는 경매 처분된 아동들이 착취당하거나 교육도 제대로 받지 못하고 있을 뿐만 아니라, 자선원에 수용되어 있는 정신병자들도 쇠사슬에 매여 비참한 생활을 하거나, 옷이 벗겨진 채 방망이와 채찍으로 구타당하는 등 가혹한 취급을 받고 있거나 대우 또한 제대로 받지 못하고 있다는 사실도 확인했다. 이와 같이 빈민들이 부랑생활이나 걸인행각 등을 하는 것은 오히려 빈민법이 이런 활동을 하도록 부추긴다고 보았다(Day, 2000: 154-155).

이러한 예이츠 보고서는 뉴욕주의 빈민과 구빈사업의 상황을 기술하고 거택구호에서 원내구호로 구빈을 구빈원을 중심으로 할 것, 읍면에 대신해서 군이 중요한 구빈행정기관이 될 것을 제안하고 있다. 이는 영국의 1834년 신구빈법보다 10년이나 빠른 것이다(사회복지용어대백과사전, 2019).

Point 구빈시설과 감화원

- 구빈시설 : 당시만 해도 수용시설은 별로 필요하지 않았다. 죄수는 형이 확정될 때까지만 감옥에 수감되었고 벌금, 매질 또는 사형의 처분을 받았고, 정신병자도 시설이 아닌 가족의 보호를 받아야만 했다. 빈민도 원외구호나 경매처분의 대상이 되었고, 부랑자는 추방당했다(Katz, 1996).
- 감화원 : 보호 처분을 받은 비행소년, 소녀를 수용하여 감화, 선도하기 위한 시설이다.

예이츠 보고서에서 나타난 빈민법 문제의 해결책으로 원외구호의 폐지와 군(county) 단위마다 구빈원의 신설을 제안하였다. 시설보호는 특히 아동에게 필요했다. 구빈원에서는 빈민들을 건설적 노동에 고용하고, 아동들을 세심하게 훈육하여 적정연령이 되면 독립할 수 있도록 했다. 아동을 시설에서 보호하는 가장 좋은 방법으로는 아동의 건강과 교육을 위해서였다. 이런 시설보호를 개선하기 위한 방법으로 첫째, 건강한 걸식자와 부랑자를 수용하여 훈련시키기 위한 작업장 또는 감화원을 부설하고, 둘째, 18~50세까지의 노동능력 빈민에 대한 구호 지원을 제한하고, 셋째, 구빈행정의 단위를 군(country)으로 할 것의 세 가지를 강조하였다(Trattner, 1999: 58). 그 당시 예이츠 보고서에 의한 원내 구빈원 보호는 미국의 빈민구호에 대한 기본적 접근방식을 확립시켰다는 점에서 커다란 역사적 의의를 가지고 있다. 이 보고서에서 이 시대의 뉴욕 주에 30개 구빈원이 건립되어 있음을 알 수 있다. 그리고 그는 빈민행정의 문제점에 대한 해결책의 하나로 빈민구제는 인간적 대우와 돈을 절약하기 위해 민간자선단체에 위임되어야 한다고 제안했다.

영국의 빈곤 책임은 전적으로 개인에게 있다는 맬서스주의자들처럼 퀸시와 예이츠는 빈민법의 완전한 폐지를 주장하지는 않았지만 빈민법의 폐지는 가혹한 조치였고, 미국인의 정서에는 맞지 않았다. 그렇지만 이들은 경매처분, 원외구호, 노동능력 빈민에 대한 빈민구제의 제한, 구걸행각에 대한 처벌, 자선원노동계약제의 폐지와 아동에 대한 교육, 추방 위주 정주법의 완화 등을 대안으로 내세웠다. 경매처분이나 추방과 같은 비인도적인 구빈행정의 중단에 대해 미국이 시설보호를 강화하였다.

그러나 미국이 시설보호를 강화한 목적은 구빈비용을 절약해 납세자들의 부담을 줄이는 경제적인 면과 일부 사회개혁가들의 인도주의적인 사회성을 목적으로 내세움으로써, 원외구호를 중단하는 대신 시설보호를 강화한 것이 진정한 이유였다. 구빈비용의 절약을 선호했다는 점에서 미국의 시설보호 강화와 영국의 신빈민법은 본질적인 개념이 같다.

미국의 근대적인 시설보호의 개척자는 인도적 처우를 추진한 개혁운동가이자 정신건강운동의 선구자인 도로시아 린드 딕스(Dorothea Lynde Dix) 여사였다. 그녀는 40세 때인 1845년 정신장애인 수용시설(asylum)에 주일학교 강사로 초빙되어 갔다가 어두운 감옥소와 같은 곳에서 쇠사슬에 매여 비참하게 지내는 정신질환자를 목격하고 그들에게 제공되는 서비스를 향상시키기 위하여 정신병원을 건립하도록 노력했다. 비행청소년이나 빈곤아동 또는 신체장애인을 위한 인도주의적인 시설의 건립 운동은 딕스 여사의 영향을 많이 받았으며, 일부분의 빈곤이 범죄로 인식되던 시대에 구빈원은 감화원, 비행청소년수용시설, 특수학교(맹인, 농아), 종합병원, 정신병원 등과 같은 공공수용시설 등의 선구자로서 설립과 운영에 큰 영향을 미쳤다(Day, 2000: 161).

그 결과 뉴욕 주에서는 예이츠 보고서의 취지에 따라 빈민법이 제정되었다. 이 법이 제정된 후 미국 각 지방에서는 구빈제도가 개혁되었으며 시설보호의 관념이 현실화되었다. 뉴욕 주의 경우 1857년에는 자선 및 교정시설 방문을 위한 주정부 상원 특별조시위원회(a State Select Senate Committee to Visit Charitable and Penal Institutions)는 구빈원이 55개가 건립되었다고 보고하였고, 매사추세츠 주는 1824년에 구빈원이 83개였고, 1939년에는 180개, 1860년에는 219개로 증가하였다. 구빈원의 수용자 수는 〈표 4-2〉와 같이 1840년에 약 14,300명, 1850년에는 약 37,200명, 1860년에는 약 39,500명, 1870년에 약 64,000명, 1880년에는 약 89,900명으로 크게 증가했다. 이와 같이 구빈원뿐만 아니라 구빈원의 수용자 수도 점차 증가하였다. 이는 다른 주에서도 유사하게 전개되었다.

| 표 4-2 | 뉴욕 주 구빈원 수용자 수와 비용(1840~1880)

구분	구빈원 수용자 수	구빈원 비용(달러)
1840	14,315	269,103
1850	37,203	492,100
1860	39,563	351,820
1870	64,070	1,731,677
1880	89,909	1,712,581

출처: Katz, 1996: 38

이처럼 시설보호인 구빈원은 크게 증가했으나 시설의 처우수준은 개선되지 않아 매우 열악하였다. 시설 근무자의 보수는 음식비, 피복비, 연료비를 낮추어 흑자를 낸 시설도 있었지만, 대부분 시설수용자들이 농장에서 일한 대가와 민간회사와의 계약노동으로 받은 임금에서 충당되었고, 수용자를 위한 물품 조달도 민간인과의 계약으로 충당되다 보니 시설근무자들의 부정부패가 활성화될 수밖에 없었다. 따라서 수용인원의 증가와 감독의 소홀로 구빈원은 더욱 더 상황이 악화되었다. 예컨대, 고아, 기아, 미혼모, 매춘부, 범죄자, 고령자, 병자, 장애인, 구제가치가 있는 빈민 등 모든 사람들이 함께 수용되었고, 위생이나 프라이버시와 거리가 멀었으며, 잡동사니 구빈원(catch-all alms-house)이라는 비난을 받기 시작하였다. 구빈행정 부패도 날로 증가하였지만 시설 수용절차만 더 엄격해졌을 뿐 변화는 별로 없었다.

4. 구빈원 실태조사

남북전쟁 이전 시기에 구빈원 보호가 재평가받게 되었다. 뉴욕 주 상원특별위원회(a State Select Senate Committee to Visit Charitable and Penal Institutions)는 1857년에 관내 구빈원들을 방문한 조사결과에 의하면 숙박시설, 환기 피복, 실내 기온, 음식 등이 감옥보다 더 열악했고, 시설에 수용된 빈민들은 부실하게 건축된 건물에서 난방과

환기도 제대로 안 되는 좁은 공간에서 많은 사람들과 같이 잠을 자거나 1층이 아닌 3층의 침대에서 여럿이 생활하는 등 가축보다 못한 취급을 받고 있는 것으로 나타났다. 이런 환경의 구빈원 시설 안에서 생활은 수용자가 건강을 유지하기에는 거의 불가능하며, 구빈원 내 의료시설은 의사의 보수가 대단히 낮아서 환자에 대한 진료는 형편이 없어서 환자에 대한 처우 또한 건강한 사람에 대한 처우보다 더 열악한 상태였다.

이런 열악한 환경에서의 구빈원 생활은 약 140여 명의 수용자 중에서 1년에 사망자가 36명이나 되는 구빈원도 있었다. 그러나 이들 사망자 중 전염병으로 인한 사망자는 아무도 없었고 대부분은 열악한 처우와 방치로 인한 사망이었다. 남녀를 구분해서 수용할 수 있는 구빈원은 거의 없어 생활의 불편은 이루 말할 수 없었다.

그 결과 시설 안에서의 신생아는 대부분 수용자 남녀 간의 사통의 결과였다. 구빈원에서 가장 가혹한 처우를 받은 사람은 정신병자들이었다. 이들은 침대도 없는 독방과 같은 감옥의 좁은 공간에 수감되어 생활을 하였다. 특히 여성 정신병자들도 때로는 매질이 가해지기도 했고, 남성 감독관의 감시를 받았다(Katz, 1996: 26-31).

딕스는 자신이 목격한 정신장애인에 대한 비인도적인 처우를 다음과 같이 묘사했다.

> 나는 어느새 스스로 할 수 없는 사람, 잊혀진 사람, 정신이 이상한 사람, 백치의 옹호자가 되었다. 이들은 감옥과 구빈원에서 그들이 처한 상황에 대해 아무도 관심을 기울이지 않아 두려움으로 가득 차 있었으며, 비참한 생활을 했다. 정신이 이상한 사람들은 동물우리, 벽장, 지하실에서 수갑에 채워져 옷이 벗겨진 채 방망이와 채찍으로 구타당했다(Dix, 1843).

딕스는 이러한 정신장애인에 대한 비인도적 처우를 목격한 후 1854년까지 미국 전역의 수용시설을 조사하여 정신질환자의 비참한 생활상을 폭로하는 한편, 시설 건립을 위해 노력했다.

매사추세츠 주에서도 공공자선기관을 조사하기 위하여 1858년에 특별위원회가 임명되었다. 특별위원회가 조사한 보고서에 의하면, 1858년 5월 무렵 주정부 내 자선원 수용자는 대략 2,400여 명이나 되었고, 그중에서 청소년이 무려 1,170여 명, 병자가 480여 명, 정신이상자가 200명, 노동능력 가능자는 불과 70여 명으로 조사되었다. 이 시대의 자선원은 환경이 너무 열악하여 수용자에 대한 의료적 처치는 매우 빈약해서 800여 명을 수용한 자선원에서 1년의 사망자가 성인, 아동을 포함하여 약 150명에 이르는 것으로 집계되었다. 안타깝게도 이들 중 대부분이 전염병이 아닌 굶주림에 의한 영양결핍이었다.

따라서 이러한 문제를 해결하기 위해 매사추세츠 특별위원회는, 첫째, 주정부에 상설관청인 자선청(State Board of Charity)을 설치할 것이며, 둘째, 자선청에 시설의 감독과 수용자시설 간 이전, 수용자의 면죄에 관한 권한을 부여할 것이며, 셋째, 지방정부의 시설위탁 및 시설감독 시스템을 구축할 것이며, 넷째, 시설위탁 운영자는 주자선청이 임명하고 위탁운영기간은 5년으로 할 것이며, 다섯째, 해가 없는 정신질환자는 보호비용이 덜 드는 구빈원에 수용 보호할 것 등을 제시했다. 그 외 가정에서는 특히 빈곤가정아동은 학교를 보내서 교육을 병행시키거나 위탁가정에 보내 좋은 행실을 익히도록 하였지만 그 비용은 부모에게 부담하도록 하였다. 그러나 대부분의 시설 근무자들은 수용자들의 보호보다는 자신들의 수입을 좀 더 올릴 수 있는 데 큰 관심을 기울이고 있다는 점도 지적했다. 근무자들의 사고 개념이 변화가 없는 한 구빈원의 환경은 좀 더 나아질 수는 없었다. 정신병원 수용자를 치료할 수 있는 환경 조성은 형편없이 낮았고, 비행청소년과 감옥의 교정시설에서의 재활 기능도 기대할 수가 없었다.

결국 1850년대에는 구빈원을 포함한 수용시설이 대부분 실패로 드러남에 따라 교회와 민간자선단체들은 특정한 요보호대상자들 즉, 여성, 고아, 장애인들을 위해 시설 자체를 신설하기 시작하였다. 민간자선단체들은 공공자선시설이 수용자들에 대해 비인격적인 처우, 시설의 관리·운영을 맡은 정치적인 관료들이 부패하고, 낭비적이어서, 신뢰할 수 없다 하여 공공구제사업을 자신들에게 이양할 것(민영화)을 요구하기도 했다.

빈민법에 근거한 구빈원은 재정난에 허덕이면서 관리가 제대로 이루어지지 않아 수용자에게는 생활 그 자체가 고통스러운 시설로 전락할 수밖에 없을 뿐 아니라, 원외구호 대상자 수를 줄이면서도 수용자의 근면정신과 절제의식을 높이는 데도 실패했다. 결국 재정지원을 하는 사람들이 원하는 목표가 구빈비용의 절감이었는데 목표 달성을 할 수가 없어 실패로 돌아갔다. 구빈원이 여러 면에서 목표 달성을 못해 실패로 돌아갔지만 원외구호가 완전히 사라진 것은 아니었다. 좀 더 발전되고 변화된 모습으로 원외구호도 보다 비용이 덜 들고, 운영하기 쉽고, 가족을 덜 파괴하는 방향으로 발전했다. 특히 남부지역에서는 여전히 도덕적 책무가 상층계급에 잔존하여 원외구호가 유효한 대책으로 간주되었다. 뉴욕에서도 1830년부터 1860년까지 원외구호가 전체 구호비용의 34~50%를 차지했다. 1832년 보스턴에서도 구빈원 수용자가 4,500명이나 되었는데, 원외구호의 대상자도 1,500여 가구나 되었다(Day, 2000: 161). 그리고 뉴욕 주의 경우 〈표 4-3〉과 같이 원외구호 대상자 수와 비용은 1840년대 이후 증가하는 추세로 바뀌었다(원석조, 2009: 81).

| 표 4-3 | 뉴욕 주 원외구호 대상자 수와 비용(1840~1890)

구분	원외구호 대상자 수	원외구호 비용(달러)
1840	11,937	120,159
1850	63,764	314,517
1860	174,403	524,943
1870	105,843	976,560
1880	70,667	749,267
1890	47,399	737,671

출처: Katz, 1996: 38

Point **미국의 구빈원**

구빈원은 미국 공공복지의 근간을 뉴딜 이전까지 이루었으며, 20세기가 되어서도 없어지지 않고 공공 노인복지시설로 탈바꿈하게 되었다. 구빈원이 노인복지시설로 탈바꿈하게 된 주된 이유는 1875년부터 아동을 수용대상에서 제외했기 때문이다. 1990년이 되면서 가난한 고령자가 구빈원 수용자의 85%를 차지하게 되었다(Katz, 1996).

History of Social Welfare

History of Social Welfare

제 5 장

민간활동

05

19C 중기는 스마일즈(S. Smiles, 1812~1904)의 『자조론(*Self-Help*)』(1859)이 지배적인 이데올로기이면서 또한 신흥자본계급의 이익을 대변하는 사회규범이 되었다. 즉 하늘은 스스로 돕는 자를 돕는다는 의미이며, 19C 중엽 빅토리아 중기의 자조시대의 도래를 의미하는 것이다.

봉건사회의 붕괴와 시민사회 형성과정에서 봉건사회의 신분제약이 없어짐으로써 신흥자본계급은 많은 혜택을 취하게 되었으며 또한 이상사회를 건설할 수 있다고 생각하였다. 즉 자유롭고 평등한 시민사회를 실현하기 위하여 노력하였으며 구체적인 사상은 자유방임(laisser-faire)이었다. 국가가 개개인들의 경제활동에 개입이 없으면 이상사회가 건설되리라 믿고 있었지만 이상과 다르게 런던의 이스트엔드(East End) 지역에 거대한 슬럼가가 형성되어 엄청난 규모의 빈곤자가 발생되었다. 이 지역의 빈민생활이 사회조사와 언론기관을 통해 폭로되면서 자유방임사회의 최대 모순이 드러나게 되었다.

이 당시의 빈민법은 국가구제수급 빈민에게 비인간적이고 치욕적 처우를 하여 국가구제를 받는 빈민의 수를 최소한으로 유지하는 것이 의도된 정책목표이었다. 그러므로 열등처우원칙에서 행해지는 포퍼(pauper: 극빈자)들은 국가원조를 받기보다는 낙인을 거부하고 굶주림과 죽음을 선택하는 빈민이 적지 않았다.

이와 같이 빈민법이 빈민의 구제라는 본래 기능을 수행하지 못하는 것을 인식한 사람들은 빈민법과는 별개로 민간차원의 빈곤구제 방법을 개척하게 되었다. 즉 빈민법의 한계를 극복하기 위하여여 민간이 개입할 필요성이 있음을 자각하게 되었다.

민간사회복지사업에 종사하는 사람들은 빈곤문제에 대해 두 가지의 기본 입장을 취하고 있었다. 하나는 빈곤의 원인은 개인의 도덕적 문제 또는 개인적 습관의 문제이므로 국가의 구제보다는 부유층의 자선으로 대처해야 된다는 것이다. 또 다른 입장은 빈곤은 사회문제이므로 국가가 주체가 된 사회개혁조치에 의해서 대처할 수 있다는 입장이다. 그러나 근본적 대책이 이루어져도 오랜 시간이 지나야 해결 가능하므로 즉각적 개입은 사회사업방법일 수밖에 없었다.

1. 자선조직협회(C.O.S: Charity Organization Society)

1) 영국

18세기 후기 박애주의 전통에서 비롯된 자선은 빅토리아 시대의 자선사업의 동기가 되어 19세기 중기에 많은 자선단체들이 난립하게 되었다. 즉 빅토리아 시대 중기에 이스트엔드 지역을 중심으로 빈곤구제, 구걸억제, 빈민 방문 등을 목적으로 하는 많은 자선단체들이 결성되었다. 특히 1860년의 혹한으로 인해 옥외노동이 불가능하게 되어 피구제빈민이 4만 명이나 증가하였다. 그러나 빈민법의 구제를 하나의 낙인으로 보는 많은 노동자들은 구제신청을 거부하고 심각한 어려움 속에 있었으며 심지어는 동사하는 빈민들도 많았다. 이와 같은 상황으로 자선기관의 수는 더욱 증가하였다.

그러나 증가된 자선기관들은 공적인 구빈당국과의 협력이나 연대는 물론, 각 자선단체들 사이에서도 협력과 조정이 이루어지지 않았으므로 무분별한 자선으로 인해 도덕적인 타락이나 자원낭비 등의 문제가 발생되었다. 따라서 자선기관들이 서로 협력하고 정보를 교환하여 활동을 조직적으로 행할 필요성이 제기되어 자선기관의 조직화를 목적으로 설립한 것이 자선조직협회이다.

자선조직협회의 적극적 활동가이자 이론가였던 보산케트(Bosanquet)는 자선조직의 문제들을 다음과 같이 지적하고 있다. 즉, 빈민법 당국과 자선기관들 간의 협력관계 결여, 각 자선기관의 종교적 특성에 의한 협력 결여, 개인의 자선활동에 필요한 정보 부족으로 인하여 구제의 중복과 낭비가 발생하였다. 또한 효과적인 자선의 동기 약화로 불충분하고 무책임한 자선활동이 이루어지고 있으며, 곤궁자를 자립시키기 위한 효과적인 자선 재원의 소실 등을 거론하였다(Bosanquet, 1914).

이와 같은 상황에서 1869년 4월 자선구제의 조직화와 구걸방지를 위한 협회(The Society for Organizing Charitable Relief and Repressing Mendicity)가 조직되었고, 그 후 자선조직협회(COS; Charity Organization Society)로 변경되었다.

1869년 런던에서 설립된 순수민간단체인 COS는 그린(Richard Green) 목사, 보산케트(Charles Bosanquet), 데니슨(Edward Denison), 힐(Octavia Hill), 바네트(Samuel Barnet) 목사 등이 주요 회원이었다. COS의 주요 목적은 첫째, 자선기관과 빈민법, 그리고 자선기관들 사이의 협력, 둘째, 적절한 조사와 모든 사례들에게 알맞은 조치 보장, 그리고 셋째, 빈민의 생활조건을 향상시키기 위한 구걸방지이다(Loch, 1892: 50). 즉, 자선기관들의 통합과 조정을 통하여 중복을 방지하는 것이며, 빈곤한 사람들의 상황을 심도 있게 조사하여 원조가 필요한 사람에게 원조를 제공하여 자립시키는 것이다. 그러나 자선가들이 자선기관들의 통합에 비협조적이었고 빈민들은 빈민들대로 생활실태조사에 비협력적이었으므로 자선기관으로서의 역할만을 수행하였다. 그러나 COS의 활동은 조직적으로 이루어졌으므로 케이스워크의 기초가 되었다.

COS의 기원은 스코틀랜드의 목사인 찰머스(Thomas Chalmers)가 교구에서 행한 지역주민들의 빈곤에 대한 사업이다(Young & Ashton, 1963).

찰머스는 빈곤의 원인은 개인에게 있으므로 개인의 성격을 변화시키지 않는다면 문제는 해결되지 않는다는 생각으로 전 교구민들의 가정을 방문하여 그들의 인격에 변화를 주는 방법을 실시하였다.

COS는 빈민의 상황에 관한 적절한 조사라고 할 수는 있지만 빈곤을 발생시키는 사회적인 요인들에 관한 조사는 제외되었다. COS의 방법과 이념은 빅토리아시대 중산계급의 대다수가 가지고 있던 관념으로 빈곤한 사람들도 근면, 자조, 검약이라고 하는 미덕을 행하면 빈곤을 피할 수 있다는 것이다. 게으름이나 음주 등 무책임한 행동의 결과가 빈곤이므로 빈곤구제의 핵심은 사회개혁이 아니라 빈민의 변화에 있다는 것이었다. COS의 조직을 주도하고 1875년부터 1915년까지 이 협회를 실질적으로 이끈 로크(C. S. Loch)는 자조로서 해결할 수 없는 빈곤은 없다고 하였다. 이는 COS의 상징적인 이념과 방법을 단적으로 표현한 것이다.

이와 같이 COS는 자조의 이념을 추종하였으므로 공공의 구빈정책에 반대하였다. 원조를 받아야 될 사람은 빈민법의 원조보다는 자선기관의 원조를 받는 것이 훨씬 해악이 적다고 로크는 주장하였다. 그러나 사적 자선, 기부 및 자원봉사활동 등의 순수 민간 구세 노력은 지지하였다(Friedlander & Apte, 1974).

COS의 조직은 중앙협의회(the Council)와 그 산하의 다수의 지구위원회(District Committee)로 조직되었다.

각 지구위원회에는 빈민가정을 방문하여 COS가 제공하는 급여나 서비스 수혜자격 여부를 판정하고 대인적 원조를 위해 방문원이 있었지만 방문원의 수가 많지 않았으므로 방문지도를 전문으로 하여 활동하고 있던 자선단체들과 협력하였다.

COS의 중요한 목적 중 하나는 자선기관의 조직화였다. 그러나 자선의 조직화목표는 달성하지 못하고 또 하나의 자선기관에 불과하였다고 평가되고 있다.

COS는 원조할 수 있는 대상을 선정하는 기준을 가지고 있었다. 그러나 그 기준은 도덕적 관점에서 자의적으로 설정된 것이었으므로 그 기준에 의해 부적격자로 판명되면 빈민법에 의한 원조를 받도록 유도하거나 다른 원조기관에 의뢰하였다.

COS의 사례선정기준은 구제가치가 있는 빈민(the deserving poor)과 구제가치가 없는 빈민(the undeserving poor)으로 구분하였다. 그러나 각각의 지구위원회에서는 두 가지 기준에 대해 다양한 해석을 하고 있었다. 구제가치가 있는 빈민이란 좋은 성격, 존경받을 만하고 절약하고 독립적이며 그리고 자활의지가 있는 사람을 의미하며 이러한 평가는 그 지역사회에서 신뢰할만한 사람 즉 목사, 집주인, 고용주 등의 증언을 근거로 하였다.

다만 COS는 이러한 개념이 과거에 그러했다는 것에 판단기준을 둘 것이 아니라, 이러한 조건이 장래에 당사자의 빈곤 예방과 치료에 유효하게 작용하는가 아닌가라는 점을 중시해야 한다고 밝히고 있다.

구제가치가 없는 빈민이란 사기 또는 효과적인 원조를 불가능하게 하는 불량행동자(misconduct)로 규정하고 있다. 불량행동자란 나쁜 성격, 낭비, 비도덕적, 음주, 의존적 속성이 있는 사람들을 의미한다. COS의 사례 판정에서 원조가치가 있는 자는 COS가 담당하고, 구제가치가 없는 자는 빈민법이 담당하도록 상정하였다. 빈민법과의 협력 및 역할분담체계는 1869년 당시 구빈행정기구였던 구빈청장관이었던 고센(G. S. Goschen)이 런던의 각 구빈위원회에 보낸 업무 지시인 고센지침(The Minute for the Relief to the Poor in the Metropolitan, 1869. 11. 22.)에 의해 시행되었다. 이 지침에는 공적 조직인 각 구빈위원회가 사적인 자선기관과 적절한 협력관계를 맺도록 하는 것이었으며 구빈위원회가 원외구호를 받는 사람의 이름, 금액, 주소 목록을 주 1회 발행하여 자선기관에 통보하는 것 등이 포함되어 있었다.

COS는 모든 사례에 대한 조사를 목표로 하였지만 모든 사례등록제도는 다른 자선기관의 협력을 얻지 못해서 실패하였다. 그러나 공적 기구인 각 지역의 빈민법위원회와는 COS의 원조를 제공하고 있는 대상자의 명단을 서로 교환하여 정보 제공 내지 업무협력관계를 맺게 되었다. 이러한 협력활동은 미래의 공사 사회복지관계의 모델이 되었다.

2) 미국

미국은 19세기 중반기에 시민전쟁이 끝나고 흑인노예가 해방되면서 세계의 부강국으로 떠오르던 시기이다. 즉 근대 민주정치 실현으로 공업화가 진전되었으며, 인구 증가로 서부 개척이 가능해졌고, 영토 확장으로 시장이 확대되어 북부 공업이 더욱 발전되었고 독점자본주의가 성립되었다. 그러나 독점자본주의로 인한 부의 편재는 새로운 사회문제를 야기하였고 제2의 산업혁명 및 경제대공황으로 실업자가 증가하기 시작하였다. 실업자들의 낮은 생활수준은 노동운동으로 이어지면서 새로운 사회문제가 유발되었다.

이와 같은 사회적 상황에서 생물학 이론인 진화주의(darwinism)가 사회과학자들에 의해 사회적 진화주의(social darwinism)로 이론화되었다. 자유방임주의는 영국의 스펜서(Spencer)가 이론화한 사회적 다원주의를 수용하여 미국의 지배적인 사상이 되었다. 사회적 진화주의자들은 동물세계의 적자생존은 인간사회에서도 진보와 발전을 위해 필수적이라고 생각하였다(Zastrow, 1990).

스펜서는 빈민, 유색인종, 정신적·정서적·신체적 장애 등 결함이 있는 사람을 돕는 것은 신의 섭리에 어긋나는 것이며 이들의 생명을 인위적으로 연장시키는 빈민법은 사회에 불필요한 것이라고 주장하였다. 또한 빈민에 대한 동정이나 빈민구제는

Point **다윈의 진화론**

찰스 다윈(Charles Robert Darwin, 1809~1882)은 약관 22세의 나이에 피츠로이 선장이 이끄는 10문의 대포를 장전한 영국해군의 측량선 비글호(The Beagle)를 타고서 데븐포트 항구를 떠나 다시 팔마우스 항으로 귀환하기까지 장장 5년간(1831.12~1836.10) 남태평양 일대와 갈라파고스 제도(Galapagos islands)를 항해하였다. 이처럼 긴 여행에서 그는 동식물군이 같은 종류 사이에도 약간씩 차이가 있으며 갈라파고스군도의 인접한 섬에 살고 있는 동식물들이 서로 다르다는 사실에 관심을 기울였다. 그리고 라이엘과 맬서스의 이론을 참고로 하여 생물진화론(biological evolution)의 골격을 만들었다. 이러한 그의 이론은 제일원리(First Principle, 1862), 생물학원리(Principles of Biology, 1864~1867), 그리고 종의 기원(The Origin of Species by Means of Natural Selection, 1859~1872) 등에 발표되었다.

다윈이 주장한 진화론의 요지는 다음과 같다.

- 생물은 필요 이상으로 자손을 낳는다(Overproduction).
- 개체 간에는 변이가 일어난다(Individual variation).
- 이들은 경쟁한다(Competition).
- 환경에 보다 잘 적응하는 개체가 확률적으로 생존한다(Survival of the fittest).
- 자연은 이러한 방식으로 생존력이 강한 개체를 선택한다(Natural selection).

멸시나 격리수용으로 변화되어야 하며, 빈민이나 빈민을 돕는 사람은 비난받아야 된다고 주장하였다.

사회적 다윈주의는 의존성과 부적응자들을 지원하는 사회복지대책은 인류의 약화를 가져올 수 있다고 보았다. 개방사회에서의 개인의 성취와 보다 풍요로운 사회의 가능성에 대한 신념은 개인적인 부의 획득이 적응의 상징이며 도덕적 우월성의 조건이 되었다.

이상과 같은 사회적 진화주의에 입각한 자유방임주의 사상은 그 시대의 사회문제를 해결하기 위해 자선조직협회 활동이 등장하는 계기가 되었다.

사회적 다윈주의는 1869년 영국 런던에서 최초로 설립된 자선조직협회 운동의 이론적 기반으로 빈민을 원조하였으며 이를 과학적 자선이라 지칭하였다.

미국은 그 당시 대량의 실업빈민들은 공적구호가 소극적이고 미흡하자 민간자선단체들로 모여들기 시작하였고 민간자선단체들은 지금까지 무질서하고 비체계적인 구제방식을 반성하게 되었고 자선의 효율화를 위해 영국으로부터 자선조직협회의 방식을 도입하게 되었다. 영국의 자선조직화 활동을 잘 알고 있던 거틴(Humphreys Gurteen) 목사가 1877년 미국 최초로 뉴욕 버팔로에 COS를 창립하였고 1882년에서 미국 내에 22개의 자선조직협회가 창립되었다. 이들은 자선기관에 자금의 낭비와 경쟁 및 사업의 중복을 피하여 효과적인 구제의 목적을 가지고 있었으며 이들은 빈곤의 원인을 개인의 결함과 도덕적 잘못으로 보고 있다.

COS 운동은 단순한 구호활동이 아니라 합리적이고 효율적인 자선, 즉 과학적 자선(scientific charity)을 추구하였으며, 중복 자선을 방지하기 위해 한 지역 안의 모든 자선단체들을 조직화하였다. 따라서 요구호자를 한 곳에 등록하게 하였으며 경찰 및 모든 공공기관들과의 협력관계를 구축하였다. 그리고 구호 신청자들을 체계적으로 조사하기 위해 유급직원(최초의 사회사업가)을 채용하였고, 자원봉사자인 우애방문원이 구호 신청자들을 개별 면접하였으며, 방문한 가정에 관한 보고서를 협회에 올리면, 협회의 위원회에서 이를 근거로 대상자에 대한 지원 여부를 결정하였다. 구호 신청자들에 관한 자료는 개별적으로 작성 및 관리하였고, 수입과 지출 또한 체계적으로 관리되었다. 그리고 COS가 수집한 자료는 빈곤, 실업, 임금, 가정의 수입과 지출, 질병, 근로조건 등에 관한 기초 자료로 활용되었다.

자선조직협회의 활동 양상은 지역여건에 따라서 다양하였지만 협회의 초기 주된 활동은 런던 자선조직협회와 같이 조사, 등록, 협동, 우애방문의 원칙을 기초로 하였다. 또한 자선조직협회에서 빈곤은 빈곤자에 대한 구호품의 분배가 아니라 빈곤자에 대한 개인적 재활에 의해서 해결될 수 있다고 보고 있었다. 그리고 협회의 기본 철학은 빈곤자의 특성을 조사하고 연구하고 빈곤자를 교육하고 개발시킴으로써 빈곤이 제거된다는 것이었다(Haynes & Holmes, 1994). 자선조직협회활동은 그 후 미국의 전문적인 케이스워크와 지역사회조직사업의 기초가 되었다.

자선조직협회가 미국 전국의 주요 도시에서 수적으로 증가되고 그 세력이 증대되면서 협회는 공적복지에 대한 반대 입장을 지속적으로 표명하였다. 1890년 제17차

전국자선 및 교정회의(The National Conference of Charities Corrections)에서 COS 운동의 주역인 로웰(Joshphine Shaw Lowell, 1843~1905)은 공적 구호가 극도의 궁핍한 자에게만 제공되어야 한다고 선언하였다.

자선조직협회는 열등처우의 원칙을 근간으로 하고 있는 영국 개정빈민법의 영향을 받았다. 즉 구호를 받고 있는 사람의 생활은 구호를 받지 않고 일을 하고 있는 사람의 생활보다 열등한 처우를 받아야 한다는 근거 하에 무차별적인 구호 제공은 노동자들의 나태, 사치, 낭비를 조장하므로 모든 공적 원외구호의 폐지를 주장하였다. 자선조직협회는 원조방법으로 우호적인 방문(friendly visiting)을 시도하였고, 빈민을 구제받을 가치가 있는 빈민(worthy poor)과 구제 받을 가치가 없는 빈민(unworthy poor)으로 구별하였으며, 공적인 원외구호(outdoor relief)는 타파되어야 한다고 주장하고, 그리고 인적자원으로는 잘 훈련된 여성 신교도들을 활용하였다. 자선과 복지의 전문가였던 아모스 워너(Amos Warner)는 공적인 원외구호는 정치적 부패와 낭비를 가져오며 더 많은 공적 구호가 주어질수록 더 많은 수혜자들이 일을 하는 것보다는 공적 구호를 선호할 것이라고 주장하였다(Patterson, 1986). 또한 워너는 빈곤의 직접적 원인은 성격의 타락이라고 주장하였다.

공적 원외구호란 빈민들이 자신의 집에서 구호를 받는 현대적 의미의 공공부조이며 미국의 가장 대표적인 공공부조제도였던 AFDC의 원시적 형태이다. 1800년대 말엽 자선조직협회가 성황을 이루고 인기를 누릴 수 있었던 것은 자선조직협회의 기본 철학이 그 시대의 지배적인 이데올로기였던 개인주의를 기반으로 한 자유주의를 근간으로 하였기 때문에 가능했다. 이와 같이 그 시대의 지배적인 사상을 배경으로 하면서 막강한 영향력을 행사하였던 자선조직협회가 미국 사회복지의 기본 방향을 공적인 원외구호의 폐지와 민간주체의 빈민원조로 설정하였기 때문에 중앙정부가 주체가 되는 사회보험이나 공공부조제도는 도입될 수가 없었다.

COS 운동은 19세기 말 미국 사회의 정신을 반영하였다. 즉 미국의 중산층은 합리성, 효율성, 예측 가능성, 계획 등 기업부문에서 비롯된 새로운 가치관을 수용하였으며 COS 운동을 주도한 사람들도 같은 가치관을 공유하고 있었다. 그러므로

COS 운동이 지역사회의 자원을 조직하여 자선의 경제성과 효율성을 높이고자 하는 것은 기업의 독점화나 합병과 유사하며 또한 COS 운동의 주된 후원자들도 기업부문과 전문직 인사들이었다(Trattner, 1999: 94)는 사실을 인식해야 한다.

그러나 사회개혁 성향의 주요 회원들은 COS 운동에 매우 비판적이었다. 헌팅튼(James O. S. Huntington) 목사는 자선조직협회가 기업을 기준으로 개인의 가치를 판단하고 있다고 비난하였다. 작가 존 리드(John Reed)는 자선조직협회가 사람을 메마르게 하고 힘들게 만들며, 필요 이상으로 빈민에게 냉엄하고, 효율성을 목적으로 하지만 많은 빈민들은 원조를 받기 위해 노예로 전락하고, 정신이 황폐화된다고 비판하고 있다(Trattner, 1999).

Point

AFDC(아동부양세대 보조)

미국의 아동 복지제도로 미국의 아동복지는 카두신의 3S 모델에 의해 체계화되었는데, 부모-아동 관계의 긴장 해소를 위한 지지적 서비스, 부모의 역할을 보완해 주는 보충적 서비스, 부모의 역할을 대리해 주는 대치적 서비스가 있다.

지지적 서비스에는 부모의 역할을 지원해 주는 각종 가족서비스, 지역정신보건서비스, 아동학대와 방임에 관한 보호서비스 등이 있다. 보충적 서비스에는 AFDC, Medicaid(의료보호), 탁아서비스 등이 있으며, 대치적 서비스에는 가정위탁, 입양, 시설보호 등이 있다.

2. 인보관 운동(Settlement house movement)

1) 영국

인보 운동(settlement movement)이란 빈곤문제가 심각한 지역사회문제를 해결하기 위해 지식인이 그 지역에 이주하여 함께 살면서 그들의 문제를 해결하려는 운동이며 초기에 인보관(neighbourhood center)을 중심으로 이루어졌으므로 '인보관 운동'이라고도 한다.

19세기 중기는 빅토리아 시대의 절정기로 이 시대의 가치는 자조였다. 중산계층들의 가치도 역시 자조였다. 일부 중산층 사람들은 이스트엔드의 심각한 빈곤의 발생으로 사회가 거대한 빈곤층을 만들어냈음을 인식하게 되었다. 빈곤의 원인은 빈민들 자신의 도덕적 결함에서 비롯됐다고 생각하면서도 다른 한편 자신들의 안락한 생활은 빈곤층의 희생이 전제로 이루어진 것이 아닌가 하는 죄의식을 가지게 되었다. 이로 인해 많은 중산층의 사람들은 빈민구제에 적극적으로 참여하거나 사회개혁으로 빈곤문제를 해결하여야 한다는 원칙을 주장하게 되었다.

대표적 중산층이며 기독교 사회주의자인 데니슨(Edward Denison)이 최초로 이스트엔드 현지에 정착을 하였다. 그는 1867년 이스트엔드에서 빈민들과 함께 기거하면서 빈민의 생활환경을 개선하기 위해 독자적 활동을 시작하였다. 즉 지역의 교구학교에서 아동교육, 민원조사관 역할, 지방법령의 위반사례와 불성실한 의무이행보고, 지역구빈위원회 운영상태 조사, 위생불감증의 악습을 타파하기 위한 캠페인에 의사들을 참여시키고 노동자의 성경교육 등이었다. 그러나 데니슨은 불행하게도 1870년 갑작스럽게 요절하였다. 비록 9개월간이라는 짧은 기간의 빈민들을 위한 활동이었지만 인보관 운동의 기원으로 평가할 수 있다.

이와 같이 인보 운동은 데니슨 목사가 주축이 되어 캠브리지와 옥스퍼드대 학생들과 슬럼가의 노동자들과 함께 기거하면서 빈곤문제를 해결하려는 사회이상주의 운동으로 바네트(Samuel Barnett) 목사가 계승하였다. 바네트 목사는 빈민가에서 생활체험을 통해 다음과 같이 주장하였다.

빈곤은 경제적 문제가 아니라 정신적 문제이므로 교육을 통해 빈민이 자신을 스스로 변화시켜야만 가난에서 벗어날 수 있음을 확신하였다. 또한 빈곤은 부자와 빈민 간의 계급 대립의 표현이므로 인텔리 대학생들이 빈민과 결합함으로써 계급 간의 화해가 필요하다고 주장하였다. 그리고 대학생들이 빈민가에 거주하면서 가난한 노동자들과 그 가족들에게 문화와 교양을 깨우쳐 주어 빈민의 인간적 성장을 돕도록 권장하였다. 이에 공감한 대학생들이 실제로 빈민가에서 인보활동을 전개하였는데, 이들 중 하나가 토인비(Arnold Toynbee, 1852~1883)이다. 토인비는 옥스퍼드 경제학부 조교수로 재직 시 결핵으로 요절하였으므로 그의 열성적 활동을 기려 1884년 런던 빈민지역에 토인비 홀(Toynbee hall)을 설립하였다. 즉 1884년 화이트차펠(white chapel) 구역 내의 옥스퍼드 대학 출신이 토인비를 기념하기 위해 대학 인보관을 세워 토인비 홀이라 명하였으며 이것이 세계 최초의 인보관(settlement house)이다.

Point

토인비 홀

영국의 사회개혁가 아널드 토인비(Arnold Toynbee, 1852~1883)의 이름을 따서 명명되었다. 세인트유다 교회에 다니던 젊은 시절의 바넛은 휴일에 옥스퍼드대학교와 케임브리지대학교의 학생들을 화이트채플의 가난한 노동자 거주지로 초청하여 사회 상황을 배우게 했다. 대학 졸업 후 공업지역에 살면서 현지의 생활개선에 헌신하려는 사람들을 위한 주택 설립 계획을 세워 많은 호응을 받았다. 그는 주로 옥스퍼드대학교에서 모은 자금으로 세인트유다 교회 옆에 가옥을 사서 개조한 뒤 동료들과 함께 지역생활에 참여하여 성인교육의 개발, 사회자료 수집, 지역의 사회적 환경 및 산업환경 개선 등의 활동을 시작했다. 지금도 토인비 홀에서는 지식인들이 런던의 이스트엔드에 거주하도록 유도하고 있다. 또 시민상담소, 무료 법률상담센터, 병든 아동의 보호, 알코올중독자 구제, 노인복지사업과 아동 및 성인을 위한 극장 운영을 하고 있다. 이 밖에도 성인 이주민의 교육을 맡고 있으며 인종차별 반대운동, 지역사회 자원봉사자회, 이스트런던 기술회 등 여러 단체의 본부 역할을 하고 있다.

토인비 홀은 3대 목적을 가지고 있었다. 첫째, 빈민들의 교육과 문화수준을 높인다. 둘째, 빈민들의 생활환경에 관한 정보와 사회적 욕구를 파악한다. 셋째, 빈민들이 지닌 사회문제 및 건강문제 그리고 빈민들을 위한 사회입법에 시민들의 관심을 촉구한다(함세남 외, 1996).

바네트 목사의 지도로 옥스퍼드와 케임브리지 대학의 학생들이 런던의 가난한 이웃과 함께 살면서 인보관을 세우기 시작하여 19세기 말에는 도시빈민가에 약 30여 개가 설립되었으며 1911년에는 46개로 증가되었다. 인보관 운동은 젊은 인간주의자들에게 빈곤과의 접촉의 중요성을 각성시켜 주었으며 개인주의 사상의 오류를 폭로하게 되었다.

Point

페이비언 선언

페이비언주의자들은 자신들이 믿고 있는 다음과 같은 여러 견해들을 널리 알리고, 그와 같은 여러 의견들의 귀결에 관하여 토의할 목적으로 결성되었다.

현재의 정세에서는 불명예를 수반하지 않고는 부(富)를 향유할 수 없고, 부(富) 없이 살아가려고 하면 빈곤이 발생한다. 남녀 누구나 자신의 노동으로 자신의 필수품을 손에 넣는 것은 국가의 각 성원의 의무이다.

국가의 토지와 자본에 대한 종신소유권은 이 나라 안에서 태어난 모든 개인의 생득권(生得權)이며, 이 생득권은 이것을 필요로 하는 사람의 의사에 기초하여 획득되어야 할 것으로, 그 외의 어떠한 사람의 의사에 기초해서 획득되어서는 안 된다.

한쪽 편의 극에서는 왕성한 식욕이 있음에도 전혀 식사를 할 수가 없고, 다른 쪽의 극에서는 풍부한 음식이 있음에도 전혀 식욕이 없다고 하는, 서로 적대적인 두 계급으로 사회가 분열되어 있는 현상은, 국가의 토지와 자본을 사인(私人)에게 맡겨 놓고 있는 현 체제가 만들어 낸 가장 두드러진 결과이다.

사인(私人)이 토지를 가장 잘 활용할 것이라고 기대하여, 국가의 토지를 사인에 맡기는 정책은, 사인이 철저하게 토지를 악용해 왔다는 사실로서, 이제 불신을 받기에 이르렀다. 공적인 의무는 어떠한 형태를 취하든지, 토지를 국유화시킨다는 것이다.

자본주의가 발명(기술혁신)을 장려하여, 가능한 한 공정한 방법으로 그 권리를 분배한다는 주장은, 19세기의 경험에 비추어 볼 때 그 설득력을 잃게 되었다. 국가적 산업을 조직하는 일을 당해 산업에 맡겨 놓고 있는 현 체제에서의 품질의 저질화, 불공정한 거래, 그리고 비인간적 강제는 경쟁의 결과가 가져온 현상이다. 생산자의 경쟁은 명백히 대중에게 가장 만족할 만한 생산물을 보장하는 것이기 때문에 국가는 모든 생산부문에서 전력을 기울여 그와 같은 경쟁을 보장하지 않으면 안 된다.

세입은 직접세에 의해 징수되어야 한다. 또한 중앙관리기구는 자신이 관리하고 있는 산업의 수익 중 어떠한 부분이라도, 국고를 충실히 하기 위하여 빼앗아버릴 수 있는 법적 권리를 가져서는 안 된다.

국가는 아동을 위하여 행복한 가정을 만들고, 모든 아동이 친권자의 학대와 방임에서 보호될 수 있도록 사인(私人)-특히 부모를-과 경쟁하지 않으면 안 된다. 남성은 여성으로부터 자신을 보호하가 위한 특수한 정치적 특권을 더 이상 필요로 해서는 안 된다. 그리고 앞으로는 남녀가 평등한 정치적 권리를 향유하지 않으면 안 된다. 어떠한 개인도 양친, 그 밖의 친족이 국가에 대해서 행했던 공헌에 대한 보답으로써 어떤 특권도 누려서는 안 된다.

국가는 그 모든 구성원에 대하여 자유로운 교육과 국가산업에의 평등한 참여를 보장하지 않으면 안 된다. 현재의 정부가 스스로를 국가라고 칭할 수 있는 권리를 가질 수 없는 것은 마치 런던의 검은 매연이 스스로를 공기라고 칭할 수 있는 권리를 가지지 못한다는 것과 마찬가지이다. 지금과 같은 곤궁의 세기가 또 다시 도래하기보다는 차라리 시민전쟁이 일어나는 편이 나을 것이다.

그 당시 최고의 엘리트 남성들이 주축이었던 영국의 인보관 운동은 박애보다는 법규를 더 중요하게 생각하였으므로 1900년대 초에 이루어지고 있었던 사회개혁에 지대한 영향을 미쳤다. 인보관 운동의 창시자였던 바네트 목사는 비기여연금제도의 옹호자였으며 1902년의 교육법 입법과정에도 관여하였다. 토인비 홀에 참여했던 학생들이 후일 1907년의 사회입법을 초안하였고 1911년의 건강보험법 입법과정에 적극적으로 참여하였다. 이 밖에도 많은 인보관 참여자들이 사회보장을 위한 사회개혁에 참여하였다(Reinders, 1982).

1880년대에는 영국에서 사회주의가 소생한 시기이므로 여러 사회주의 단체들이 결성되었다. 헨리 힌만(Henry Hyndman)은 사회민주연맹(Social Democratic Federation)을 창설하였으며 그리고 자유시장체제로는 빈곤이나 불평등을 감소시킬 수 없다는 것을 인식하여 웹부처(Sidney & Beatrice Webb), 죠지 버나드쇼(George Bernard Shaw) 등을 주축으로 페이비언협회(Fabian Society)가 창설되어 구체적인 사회개혁을 연구하였다.

페이비언협회는 19세기 말기 영국의 공공정책 수립과 노동당에 많은 영향을 미쳤으며 영국복지국가 형성에 기여한 노동당의 주요 인물들도 대부분 페이비언협회의 출신이었다.

1880년대의 불황, 빈곤의 재발견, 사회주의의 소생 등으로 인해 사회문제들이 정치적 쟁점이 되었다. 또한 1880년대의 사회적 위기는 빈곤계층에 대한 중산층의 시각에 변화를 주었으며, 정부가 나서서 사회문제들은 정부가 해결해야 한다는 주장이 제기되기 시작하였다.

2) 미국

미국은 자선조직협회가 결성된 지 30년이 지나면서 쇠퇴하기 시작하였다(Katz, 1986: 81). 1880년대 자선조직협회가 쇠퇴할 즈음 인보관 운동이라는 새로운 시도가 출현하였다. 1886년 코잇(Stanton Coit)이 토인비 홀에서의 경험으로 뉴욕에 근린조합(the neighborhood guild)을 설립하였다. 인보운동 선두자들은 사회보험이나 공공부조제도의 도입을 반대하는 자선조직협회활동에 대하여 매우 비판적이며 스스로 자신들이 사회개혁가라고 자칭하고 있었다. 따라서 이들은 물질적 원조보다는 가난의 근본 원인을 제거하고, 도시생활과 노동조건을 개선하고자 노력하였다.

미국의 인보관 운동은 영국의 영향을 많이 받았으나 영국과는 다른 점이 많았다. 미국과 영국의 인보관 운동의 근본적인 차이점은 두 나라의 사회적 상황에서 비롯되었으며 영국과는 달리 미국의 인보관 운동은 주로 미국생활에 잘 적응하지 못하는 유럽에서 이민 온 사람들을 대상으로 하였다.

유럽이민자들이 도시로 집중되면서 주택문제와 도시 빈민자의 생계문제가 대두되었다. 1860년에서 1900년 사이에 남동부 유럽이민자들은 약 1,400만 명에 이르렀으며 이들은 농장을 구입하거나 공장에 투자할 능력이 없는 아주 가난한 농부들이므로 공장의 비숙련노동자이거나 도시빈민으로 전락할 수밖에 없었다. 따라서 도시과밀, 주택 부족, 주거 위생문제, 저임금 등의 구조적이고 복합적인 사회문제는 피할 수 없는 것이었다. 인보 운동은 이와 같은 사회경제적 조건들을 개선하기 위한 개혁운동에서 출발하였다(Trattner, 1999).

최초의 미국 인보관 개설은 교육받은 사람들이 가난한 이민자들과 삶을 함께 함으로써 건전한 시민을 양성하고자 하는 것이었다.

1889년에는 제인 애덤스가 영국 런던의 토인비 홀을 모델로 하여 시카고에 미국 인보관의 상징인 헐 하우스를 건립하였다. 1900년에는 릴리언 왈드(Lillian Wald)가 의대를 중퇴하고 동료 간호사들과 함께 헨리 스트리트 인보관(the henry street settlement)을 만들어 러시아와 루마니아 이민 여성을 대상으로 간호교육을 실시하였다. 헨리 스트리트 인보관의 영향으로 공중보건활동이 전개되고 또한 1893년에 방문간호사협회(the Visiting Nurses Association)가 결성되었다. 19세기 말에는 100개가 넘는 인보관이 설립되었고, 1910년경 동부와 중서부 도시들에서 4백여 개의 인보관이 활동하고 있었다(Axinn & Stern, 2001).

미국 인보관 운동의 주요 관심은 문화와 교육이었다. 인보관에서는 주로 유럽에서 이민 온 사람들에게 영어교육, 예술전시회 후원, 직업기술 교육을 시켰다. 또한 탁아소를 운영하였으며, 지역사회 공립학교의 환경을 개선하려고 노력하였다. 각 인보관은 소속된 시나 지역사회의 개혁에 관심을 기울였다. 따라서 인보관에서 주로 하였던 사업은 아동노동법, 주택개량, 여성의 노동조건 완화, 공장검색, 여성들의 투표권에 관한 것이었다(Katz, 1986).

미국의 인보관 운동가들은 여성들이 주축이었다. 특히 애덤스는 대학 졸업 후 페스트에 감염되어 건강을 잃어 일하기 어렵게 되어 친구인 엘런과 영국으로 여행 중에 영국의 토인비 홀에 공감하고 귀국한 후 미국에서 인보 운동을 전개하였으며 미국에서 성자로 추앙받았다. 시어도어 루스벨트(Theodore Roosevelt, 1858~1919)는 애덤스의 영향으로 사회개혁운동의 선두자가 되었다. 루스벨트는 미국 26대 대통령(1901~1909)으로 하버드대학 졸업 후 뉴욕 주 하원의원, 해군차관, 뉴욕 주지사를 지냈으며, 1900년 공화당 부통령으로 당선되었다. 1901년 매킨리 대통령이 암살되자 대통령직을 승계하였으며 취임 후 반트러스트법, 기업에 대한 조사와 규제, 자연보호 등 혁신주의적인 개혁을 단행하였으며, 1904년 재선 후에는 철도요금과 식품산업에 대한 규제를 강화하였다. 애덤스는 1931년에 노벨평화상을 수상하였으며, 1935년에 사망하였다. FBI는 그녀를 미국에서 가장 위험한 인물로 간주하였다.

Point **반트러스트법**

시장의 독점을 목적으로 하는 기업 합동을 금지하거나 제한하는 법률. 거대한 독점 기업이 다른 약소 기업의 경제 활동을 제한하거나 그 기업을 지배하는 것은 자유 경쟁에 어긋나며, 국민 경제 전체, 특히 소비자에게도 해가 되므로 이러한 폐해를 방지할 목적으로 제정한다.

이 법의 제정은 기자였던 아이다 타벨(Ida Tarbell)이 당시 미국의 대기업이었던 스탠더드 오일의 음모와 가격전쟁, 마케팅 수법을 실증적으로 서술하는 기사를 냈다. 그녀는 자신의 경험과 아버지의 사업 실패에서 얻은 지식들 토대로 존 록펠러와 그의 파트너들, 스탠더드 오일의 수평적-수직적 계열관계를 낱낱이 파헤쳤다.

또한 헐 하우스의 여성인사인 플로런스 켈리(Florence Kelly)는 사회주의자로서 1891년 헐 하우스에 합류해 노동운동과 정치개혁운동을 전개하였다. 후에는 전국소비자연맹의 총재가 되어 여성의 근로조건, 근로시간, 최저임금의 향상을 위해 헌신하였다(Day, 2000: 211). 그리고 미국 아동국의 고위관료가 된 줄리아 애보트(Julia Lathrop)와 그레이스 애보트(Grace Abbott), 유명한 외과의사이면서 사회운동가인 앨리스 해밀턴(Alice Hamilton), 대표적인 사회사업 교육자가 된 에디스 애보트(Edith Abbott)와 브렉큰리지(Sophonisba Breckinridge)도 모두 헐 하우스 출신이었다. 이들은 여성 사회개혁가들 간의 강력한 네트워크를 형성하였다(Popple & Leighninger, 2002).

엘리트 남성들이 주축인 영국의 인보관 운동가들은 사회보장을 위한 사회개혁 과정에 적극적으로 참여하여 복지국가로의 발전에 기여하였다. 그러나 여성들이 주축이었던 미국의 인보관 운동가들에게는 질병이나 노령으로 인한 소득의 상실에 대한 대책이나 사회보험 프로그램 또는 사회복지행정 등은 주요 관심사가 아니었으며 심지어는 산업재해보험도 가끔 언급될 정도였다. 미국의 인보 운동가들은 보편적인 사회보장보다는 여성과 아동들의 노동문제에 더 많은 관심을 가지고 있었다. 이와 같이 영국과 미국의 인보관 운동은 근본적인 차이점이 있었다. 미국의 인보관 운동은 1930년 대공황이 엄습하기 전까지는 준자선적인 성격을 유지하고 있었으며 영국의 인보관과는 달리 인보관 운동의 목적은 사회정의이지 사회보장은 아니다.

인보사업은 그 당시의 자선조직협회 활동이 우애방문자를 통해 조언하고 지도함으로써 빈곤자를 도덕적으로 향상시키고 자조정신을 갖게 하고자 하였던 것과는 본질적으로 차이가 있다. 인보사업은 자선조직협회와는 다르게 사회문제의 원인을 개인의 나태와 무절제에서 비롯된다고 보지 않고 사회환경에 결정적인 원인이 있다고 보았다. 그리하여 인보사업은 자본주의 틀 속에서 사회연대의식을 기초로 한 사회개량주의의 입장을 취하고 있었다. 따라서 인보사업은 노동조합의 결성을 조장하고 탁아, 교육, 공중위생 등 다양한 분야의 활동을 전개하였다. 이와 같은 인보사업에서 전문사회사업방법론인 집단사회사업, 사회복지조사, 사회복지정책 등의 기초가 싹트기 시작하였다(김만두 · 한혜경, 1993).

Point

헐 하우스

미국 최초의 인보관으로 1889년 제인 애덤스와 엘런 게이츠 스타가 시카고 사우스홀스테드가(街) 800번지의 낡은 집을 빌려 설립했다. 원래 1856년 찰스 G. 헐이 세운 이 집 외에 12채의 큰 건물이 계속 추가되었고, 운동장과 근교에 큰 야영지가 만들어졌다.

애덤스는 대학을 졸업한 뒤 유럽을 여행하면서 여러 나라의 전통·역사·생활방식을 공부했다. 그녀는 항상 인간과 사회복지에 관한 신념을 실천할 수 있는 생활방식을 찾아왔는데, 캐넌 S. A. 바넷이 런던 이스트엔드 빈민가에 세운 최초의 인보관인 토인비 홀을 방문하여 거기서 대학생들이 사회개혁을 위해 헌신하고 있는 모습을 보고 스타와 함께 시카고에도 이러한 인보관을 세우기로 결심했다. 헐 저택의 일부를 임대할 만한 돈을 모은 뒤에 애덤스와 스타는 홀스테드가의 빈민들을 돕기 시작했다.

헐 하우스는 유치원으로 문을 열었으나 곧 일일보육원과 유아보호센터로 확장되었고, 시민의 권리와 의무를 교육하는 야간학교 외에도 중등과정과 대학과정을 개설했다. 기부금으로 건물을 추가로 구입하면서 헐 하우스는 체육관, 사교 클럽, 협동조합, 상점, 어린이집, 운동장 등을 갖추게 되었다. 법률가·예술가·교육자·사회사업가·사업가 등 다양한 자원봉사자들이 헐 하우스에 참여하여 주민들을 위해 교육·미술·음악·레크리에이션 활동을 펼쳤다.

애덤스와 스타를 비롯한 헐 하우스의 회원들은 주(州)아동노동법 및 소년심리원·소년보호기구의 창설에 기여했다. 또 이들은 지역노동조합조직과 사회보장 프로그램, 성인교육반의 발전을 위해 노력했으며, 여성참정권 운동과 세계평화운동에도 기여했다. 1895년에 간행된 『헐 하우스 도해와 평론(*The Hull House Maps and Papers*)』, 애덤스의 『헐 하우스에서의 20년(*Twenty Years at Hull House*)』(1906), 이 외에 엘리스 해밀턴, 플로렌스 켈리, 줄리아 래스롭, 제시 F. 빈퍼드 등 저명인사들의 저서로 헐 하우스에 광범위한 관심이 모아졌으며, 세계 각국의 정부 요인과 과학·교육·노동·사회복지 분야 지도자들의 방문이 줄을 이었다.

1961년 1월 일리노이대학교의 교성을 넓히기 위해 헐 하우스를 철거한다는 공고가 시카고 시 당국에 의해 발표되었다. 헐 하우스와 그 인근의 보호를 위한 투쟁에 실패하자 1963년 헐 하우스 이사회는 재산을 매각하고 시의 다른 지역에 분산된 형태로 새로운 인보관을 운영한다는 계획을 세웠으며, 원래의 헐 저택과 부속건물의 대식당이 헐리고, 대신 박물관이 세워졌다.

출처: 브리타니카사전

인보 운동은 제1차 세계대전을 거점으로 쇠퇴하기 시작하였다. 많은 인보 운동가들은 미국의 참전에 찬성하였으나 제인 애덤스, 그레이스 애보트, 릴리언 왈드 등 평화주의적인 주요 지도자들은 전쟁참여에 반대하였다. 이와 같이 인보 운동가들의 입장 차이로 인해 인보 운동에 대한 시민들의 지지가 약화되어 시민들로부터 재정적 지원을 받기가 점점 더 어려워지기 시작하였다. 종전 후 사회가 보수화·우경화되면서 개혁지향적인 인보 운동의 입지는 더욱 줄어들었다. 그리고 도시의 중산층들이 도시외곽으로 이주를 하고 도시에는 흑인, 라틴 아메리카인, 푸에르토리코인, 인디언 등이 슬럼가를 형성하게 되어 백인들로부터 유색인종 도시빈민을 위한 모금을 기대하기가 어렵게 되었다. 그리고 20세기 초에 사회사업이 전문화기로 접어들면서 전문 기술을 보유하지 못한 인보 운동가들은 비전문적 활동가로 전락하였지만 인보 운동이 완전히 소멸한 것은 아니었다. 1920년대에는 인보 운동은 교육 및 레크리에이션 프로그램과 집단사회사업을 중시하게 되었고, 도시민의 변화보다는 도시민에게 봉사하는 조직으로 변신하였다(Trattner, 1999).

제 6 장

빈곤관의 변화와 사회조사

06

1. 빈곤관의 변화

19세기 말 영국은 자유방임적인 빈곤관에서 복지국가적 빈곤관으로의 전환기였다. 빈곤 실태에 대한 인식이 바뀜에 따라 자유방임의 이념과 개인주의적 윤리가 쇠퇴하고 보다 적극적인 국가의 행동과 사회개량이 요구되었다. 빈곤은 사회의 경제적 구조 속에 근본 원인이 있는 사회문제이므로 국가의 개입에 의해서만 해결될 수 있다는 것을 인식하기 시작하였다(George, 1973: 16). 자유방임주의적 빈곤관(the laissez-faire standard toward poverty)에서의 빈곤이란 도덕적 문제이다. 따라서 빈곤은 인간생활에서의 불가피한 조건이며, 인간의 현재 생활상태는 자신의 도덕성의 반영이며, 그리고 정당하다고 인정받을 수 있는 빈민에 대해서는 사적 자선(private voluntary charity)이 최상의 수단이다. 그러므로 사적 자선원칙이 빈민법보다 우선하고 실제에서도 보다 효과적이라고 인식되었다(Woodard, 1962).

이와 같은 빈곤관에서의 빈민이란 원래부터 근면과 절약의 덕을 가진 존경받을 만한 시민의 자질을 갖추지 못한 자로서 자립생활에 실패하고 공공의 구제를 받는 자를 의미한다(Tawney, 1909).

영국 자본주의의 번성과 자유방임의 원리는 1873년의 대공황과 함께 새로운 조류와 국면을 맞이하게 되면서 사회개량주의(social reformism) 사상이 도래하게 되었다. 또한 19세기 말엽 산업혁명 이후에 영국사회는 열악한 노동조건으로 질병, 빈곤, 빈민가의 발생, 범죄, 비행증가 등의 사회문제가 발생하게 되었다. 따라서 빈곤에 대한 국민의 태도가 변화하기 시삭하볐나.

특히 국민의 주요 관심은 빈곤과 불결 등의 문제이었고 최초의 사회연구는 채드윅(Edwin Chadwick)이 빈민법위원회의 서기로 재직 시 노동계층의 건강문제와 위생상황에 대한 사례연구로 1892년 출판되었다. 이 보고서는 공중보건운동(public health movement)의 시발이 되었다. 또한 1839년 메이휴(Henry Mayhew)의 런던 「모닝 크로니클(London Morning Chronicle)」에 실린 기사로 '런던의 노동과 런던의 빈민'에서 사회적인 양심을 일깨웠다.

Point

윌리암 부스(William Booth)

구세군의 창설자·대장(1878~1912).

건축가의 아들로 태어나 전당포에서 견습 생활을 했다. 15세 때 종교적 회심을 체험하고 부흥설교사가 되었다. 1849년 런던으로 간 그는 전당포 일을 혐오하면서도 집으로 돈을 보내야 했기 때문에 런던의 월워스에 있는 전당포에서 일했다. 이 무렵 평생의 반려자가 된 캐서린 멈퍼드를 만났다. 1852년 개혁 감리회의 정식 설교자가 되었고, 1855년 캐서린 멈퍼드와 결혼했다. 9년간 전도활동을 한 뒤 개혁감리회와 관계를 끊고 독립적인 부흥사로 일하기 시작했다.

그는 회개하지 않는 사람은 영원히 형벌을 받게 된다는 단순한 신앙을 강조했다. 버림받은 자에 대해서는 깊은 연민을, 더러움·추함·고통에 대해서는 증오심을 가졌다. 1864년 런던으로 가 천막과 야외에서 집회를 인도했으며, 화이트채플에 '그리스도교 선교회'라는 단체를 세웠다. 1878년 구세군으로 바뀐 이 단체는 모든 회심자로 하여금 공생활 및 사생활에서 '날마다 그리스도를 증거하는 자'가 되게 했다. 그는 영국 군대의 계급과 규율을 모방하여 구세군의 성직체계와 규율을 만들었다. 구세군의 초기 운동은 격렬한 반발을 일으켰다. 집회를 방해하기 위해 해골군대가 조직되었고, 수년 동안 부스의 추종자들은 평화의 교란자로 몰려 벌금형과 징역형을 선고받았다. 1889년 이후에는 이런 혼란들이 거의 사라졌다. 구세군의 활동범위는 1880년에는 미국, 1881년에는 오스트레일리아, 그 후에는 유럽 대륙과 인도, 실론, 그 밖의 다른 지역으로 확산되었다. 그는 실로 지칠 줄 모르는 여행가·조직가·웅변가였다.

1890년 『칠흑 속의 영국, 그리고 탈출구(*In Darkest England, and the Way Out*)』를 발표했는데, 이 책에서 부스는 윌리엄 토머스 스테드를 지지했다. 그는 다음과 같이 빈곤과 악습을 철폐하기 위한 10가지 방법을 제안했다. ① 시 실업자 구제기관, ② 농촌 실업자 구제기관, ③ 해외 실업자 구제기관, ④ 가정 구조대원, ⑤ 매춘부들을 위한 구제의 집, ⑥ 술주정뱅이 구제, ⑦ 교도소 방문대원, ⑧ 빈민은행, ⑨ 빈민들을 위한 변호사, ⑩ 해안가에 화이트채플 건립 등이 그것이다. 많은 사람이 구세군에 기부금을 내 이 계획의 대부분이 실현되었다. 부스의 활동은 처음 몇 년 동안은 반대와 조롱을 받았지만 19세기말에 이르러 사람들이 그의 천재성과 그가 행한 일의 결과를 충분히 인식하게 되면서 폭넓은 공감을 얻었고, 구세군 운동도 더욱 확산되었다. 그가 이룩한 변화를 가장 상징적으로 보여주는 것이 영국 왕 에드워드 7세의 적극적인 격려였다. 1902년 부스는 에드워드의 초청으로 그의 대관식에 참석했으며, 1905년에는 영국 전역을 돌아다니며 여러 도시의 시장과 단체장의 영접을 받았다. 미국과 다른 나라 정부에서도 그의 활동을 진심으로 격려해 주었다. 그는 노인이 되어서도 열정적으로 활동해 영국인의 생활에 영향을 끼치는 중요한 인물이 되었다.

출처: 다음백과사전

특히 1883년 10월에 먼즈(Andrew Mearns) 목사에 의해 발행된 팸플릿 「집 없는 런던 사람들의 비통한 절규-극빈자의 생활상태에 관한 조사」는 영국 슬럼지역에 관한 냉혹한 사실을 밝히면서 빈민의 도덕적 타락은 그들의 열악한 주거환경이라고 주장하였다. 이로 인해 1884년 3월에는 노동자계급의 주택에 관한 왕립위원회(Royal Commission on the Housing of the Working Classes)가 설치되었다(Hennock, 1976). 이 팸플릿에서 제기한 문제는 다음과 같다. 첫째, 새로운 측면에서 부각되고 있는 빈곤문제는 박애주의적인 또는 종교적인 자선으로는 대처할 수 없으므로 국가의 개입이 필요하다. 둘째, 빈곤문제 해결에의 국가개입에 대한 구체적인 시책은 슬럼정화 작업이 아니라 슬럼주민 거주조건의 개선이라고 하였다.

또 구세군의 창설자인 윌리암 부스(William Booth)는 『암흑의 영국과 그 출구』에서 빈곤문제에 대한 빅토리아 중기의 처방 즉, 노동자의 근검절약에 의한 빈곤 예방에 결정적인 비판을 가했으며, 부와 문명 속에 상존하는 어두운 면을 폭로하였다. 이와 같은 노력에 의해 사회적·물질적 환경이 인간의 운명에 결정적인 역할을 하는 것에 대한 인식은 증가되었지만 빈곤이 얼마나 광범위하게 잔존하고 있는가에 대한 명확한 자료와 증거는 없었다. 이에 대한 과학적·통계적 분석을 통한 정확한 자료를 제시한 것이 찰스 부스(Charles Booth)와 벤자민 시봄 라운트리(Banjamin Seebohm Rountree)의 빈곤조사였다. 이와 같은 빈곤조사는 자유방임주의적 빈곤관에 대해 결정적 타격을 주어 영국의 사회 상황에 변화를 유도했다(Stevenson, 1984). 이들 조사에 의하면 영국에 엄청난 규모의 빈곤이 존재한다는 것과 그 빈곤의 원인은 개인의 도덕적 결함에 의한 것이 아니라 저임금이나 실업 등 경제체제의 결함에 있다는 것을 보여주었다.

2. 사회조사

리버풀의 선박회사 소유자인 부스와 젊은 실업가 라운트리의 빈곤조사는 영국의 빈민상태에 대한 통계적·과학적 분석을 통한 정확한 자료를 사용하여 빈곤문제를 명확히 해명하였다. 또한 두 조사결과로 그 당시 빈곤에 대한 일반시민들의 편견을 수정하는 데 영향을 미쳤으므로 사회복지역사에 매우 중요한 의미를 부여하고 있다. 이 두 조사에 의해 빈곤은 노령, 질병, 실업, 낮은 교육수준 등에 의해 비롯된다는 것이 확인되었고, 빈곤자의 성격적·도덕적 결함의 결과로 믿어 왔던 시민들의 사고가 편견임이 드러났다. 그러므로 빈곤에서 벗어나려면 빈곤자들의 사회환경을 변화시켜야 된다는 인식의 전환이 일어났다. 또한 이 두 조사는 사회과학적 조사방법론의 효시가 되었다.

1) 부스의 런던조사

부스의 조사는 1886년부터 개시되어 1889년 『런던 사람들의 생활과 노동(*Life and Labour of the people in London*)』의 제1권의 출간 이후 1903년까지 이루어졌으며 후에 전부 17권에 달하는 저작으로서 완성되었다. 그리고 이 저서들은 다양한 사회개량정책들이 전개되는 데 영향을 미쳤다(Mcgregor, 1957).

부스는 1886년부터 런던의 이스트엔드(East End) 지역 빈곤조사를 시작하여 점증적으로 대상지역을 확대해 나갔으며, 최종적으로는 런던의 전 지역 즉 400만 명 이상의 인구, 100만 세대에 달하는 모든 주민을 대상으로 하였으며, 노동자의 직업, 노동조건, 생활, 작업시간과 임금 그리고 실업에 관한 조사였다.

부스는 과학적인 방법을 사용하여 조사하고자 하였고 자료의 수집은 1881년, 1891년의 센서스를 이용하였으며 자세한 정보가 필요하면 해당 지역의 사정에 밝은 학교의 교직원들에게 자신과 보조원들이 몇 시간동안 질문하여 자료를 수집하였다. 이와 같은 조사결과를 기초로 부스는 〈표 6-1〉과 같이 런던시민은 8개의 계급(class)으로 분류하였다(Booth, 1889). A계급은 최저계층으로 임시노동자, 부랑인, 준범죄자 등이고, B계급은 비정규적인 직종에 종사하는 극빈자(very poor), C계급은 일시적인 정규노동이나 계절적 정규노동자로 빈곤자(the poor), D계급은 정규적 노동을 하는 사람들로 저소득자인 빈곤자(the poor)이다. E계급은 정규적 표준소득자로 빈곤선 이상이며, F계급은 상층노동자(higher class labour), G계급은 중산계급하층이며, H계급은 중산계급상층이다.

| 표 6-1 | 런던시민의 8계급

A	최저계층: 임시노동자, 부랑인, 준범죄자 등	0.7%
B	일고노동자: 극빈자(very poor)	7.5%
C	부정기적 소득자 빈곤자(the poor)	C+D 22.3%
D	정규적이지만 저소득자	
E	정규적이지만 표준소득자: 빈곤선 이상	E+F 51.5%
F	상층노동자(higher class labour)	
G	중산계급하층	G+H 17.8%
H	중산계급상층	

〈표 6-1〉과 같이 A계급에서 D계급까지 빈곤자가 전체인구의 30.7%로 1,292,737명에 이르고 있어 그 당시 영국사회에 충격을 주었다.

부스는 A계급과 B계급을 최하층민(the residuum)이라 하면서 A계급은 각 지역으로의 분산정책, B계급은 노동교육기관의 설립 등을 대책으로 제시하였다. C계층은 계절적 또는 일시적인 정규노동을 하는 사람들로 음주와 무절제한 생활태도로 인해 가난해진 사람도 포함되어 있다. D계층은 정규적인 노동을 하는 사람들로서 자립심과 자녀양육에 대한 책임의식을 가지고 있었다.

A계급에서 D계급까지의 빈곤계층은 개인적 빈곤요인이 없는 자로서 저임금과 불안정한 일자리가 빈곤의 주요 요인으로 나타났다.

부스의 빈곤조사에 대한 평가는 다음과 같다.

첫째, 빈민의 수가 엄청나게 많은 수이므로 빈민구제는 개인적으로는 대처될 수 없다는 사실을 영국인 대부분에게 납득시킨 것이다(Gilbert, 1966).

둘째, 사회문제에 대한 국가의 개입에 어느 정도의 영향력을 행사하였는지를 측정할 수는 없지만 영국 사회에 하나의 혁명적 전환을 가져 왔다는 평가도 있다(Rodgers, 1968). 그러나 그 어떤 연구자도 그 빈곤조사가 빈곤은 광범위하게 존재하는 현상이라는 것, 그리고 빈곤이 개개인의 결함 때문이 아니고 사회의 구조적인 결함의 결과라는 것을 명백히 밝힌 것에 의의가 있다는 것을 의심하지는 않았다.

2) 라운트리의 요크시 조사

빈곤관의 전환에 영향을 주었던 빈곤조사 관련 연구자들은 대개 부스와 라운트리를 함께 언급하고 있지만 조사방법의 측면에서는 라운트리가 높이 평가받고 있다. 쿠츠(R. Cootes)는 영국복지국가발달사에 관한 자신의 저서 『*The Making of the Welfare State*』(1966)에서 라운트리의 빈곤조사의 중요성을 강조하고 있으나 부스의 빈곤조사에 관해서는 거의 언급하고 있지 않는 것이 한 예이다. 라운트리의 영향력은 현대의 빈곤개념이나 공식적인 빈곤선의 규정에서 매우 크다고 할 수 있다.

라운트리는 제과사업을 하는 사업가 집안에서 태어나서 퀘이커교도의 가정 분위기 속에서 성장하였다. 그의 부친은 상당한 규모의 사업을 하면서도 빈곤아동을 위한 학교사업과 병원사업, 퀘이커교도를 위한 성인학교에 지원을 하고 있었다. 라운트리가 성인학교 교사가 되어 노동자들과 친밀한 접촉을 하게 되면서 노동자의 생활이나 그들의 빈곤문제에 자연스럽게 관심을 가지게 되었다. 부스의 빈곤조사 결과가 처음으로 발표되었을 때 그의 나이는 18세였으며 그는 부스의 조사방법에 매료되었고, 런던과 같은 대도시의 빈곤 실상이 자신이 사는 인구 7만 명의 요크 시에도 있는 것이 아닌가 하는 의문에서 출발하여 독자적으로 빈곤조사를 하였다.

1899년 라운트리는 요크(York) 시의 빈곤상태 조사를 시작하였다. 라운트리는 부스와 교분을 가지고 있었고, 그의 계획에 대하여 의견 교환도 하고 있었으므로 부스의 경험으로부터 많은 것을 배우고 있었다. 그는 부스보다 좁은 지역을 조사하였기 때문에 질문 전체에 관하여 훨씬 고도의 정확도를 기할 수가 있었다(Rodgers, 1969).

라운트리의 조사는 유명한 빈곤선 설정방법이었으며 또한 몇 십년 간의 시차를 두고 세 차례 이루어지면서 조사방법도 더욱 세련되었다.

라운트리는 필요 칼로리에서 식비를 계산하여 여기에 최저생활을 영위하는 데 필요한 여러 가지 경비를 포함시켜 최저생활비를 도출해 내었다. 이것이 바로 이론생계비 방식이다. 이 계산에 의해 그는 빈곤을 1차 빈곤(primary poverty)과 2차 빈곤(secondary poverty)으로 분류하였다. 자신의 수입을 매우 현명하고 주의 깊게 사용한다 할지라도 최저생활의 욕구를 충족시킬 수 없는 세대를 1차 빈곤에 포함시켰으며, 또 2차 빈곤에는 그 수입을 현명하게 사용하면 빈곤선 이상의 생활을 영위해 나갈 수 있는 세대가 포함된다고 하였다. 그의 계산에 의하면 요크시 노동자계층의 9.91%가 1차 빈곤상태에 있었고, 17.93%가 2차적 빈곤상태에 있었다(이영찬, 2000).

Point

- **1차 빈곤**

  영국의 라운트리는 1897년 이후 3회에 걸친 빈곤조사를 행하여 「빈곤-소도시생활의 연구」를 발표하였으나, 그 속에서 사용된 개념이다. 노동자가 스스로 육체적 능률을 유지하기 위한 필요한 최저한의 생활수준을 제1차 빈곤선이라고 하며, 그 이하의 상태를 제1차 빈곤이라고 한다.

- **2차 빈곤**

  네 가지 기초 생필품을 구입할 능력은 있지만, 소득의 일부를 다른 용도로 사용하여 빈곤해지는 경우를 말한다. 장애로 인한 치료비 및 교통비로 빈곤해지는 경우를 들 수 있다.

〈표 6-2〉에서 빈곤의 원인으로서 저임금이라는 요인이 높게 나타나고 있으며 빈곤요인 분석에 의하면 개성, 성격 또는 약한 자제심 등으로 인한 빈곤은 전혀 존재하지 않았으며 빈곤 원인의 약 52%가 저임금으로 나타났다. 이것은 노동자 인구의 절반이 빈곤자라는 것을 의미하고 있다. 이와 같은 분석에 의하면 빅토리아 시대의 미덕의 하나였던 검약으로 빈곤을 면할 수 있다는 생각은 설득력이 거의 없다. 사람들이 이 수준에서 생활을 하면 식비 지출에 급급하여 저축은 할 수가 없기 때문이다.

| 표 6-2 | 빈곤의 원인(라운트리의 분석)

원인	비율
1. 정규노동에 종사하고 있으나 저임금	51.96
2. 대가족(자녀 4인 이상)	22.16
3. 주임금 소득자의 사망	15.63
4. 주임금 소득자의 노령 혹은 질병	5.11
5. 불규칙적 노동에 종사	2.86
6. 주임금 소득자의 실업	2.31

부스와 라운트리의 사회조사는 당시의 여론에 충격을 주었다. 즉, 두 사람은 빈곤의 주된 원인이 노령, 질병, 실업, 낮은 교육수준 등에 기인하며, 노동자들이 서로 경쟁해야 하는 불리한 조건에 있다는 사실을 발견하였다.

세계 제일의 공업국가로서 번영을 지속하고 있었던 영국의 전체 인구 중 10%가 최저수준 이하의 생활을 하고, 또 30.7%가 빈곤에 처해 있다는 것은 빈곤의 재발견이며, 나아가서 이러한 대량의 빈곤을 발견한 것은 자선조직협회 혹은 민간 사회사업으로는 빈곤에 대응할 수 없기 때문에 어떠한 형태로든지 국가정책에 의한 제도적 대응이 필요함을 입증한 것이었다. 그러나 그러한 국가의 개입은 당시 자유주의의 기본 입장과는 배치되는 주장이다. 그러나 라운트리의 조사결과는 1906년 자유당정부의 사회입법에 상당한 영향을 미쳤다(박병현, 1994).

Point

사회개혁입법(1908~1914)

신자유주의의 기본은 자유주의적이지만 인간관 및 사회·경제적 문제에 대한 처방, 그리고 개인과 사회의 관계 설정에서는 사회성(sociability)을 강조하는 이념이다.

신자유주의자들은 사회문제를 단지 사회 속에서 발견되는 문제라거나 특정 개인이나 계층만의 문제가 아닌 사회 속의 모든 개인과 연관된 전체의 문제로 인식했다.

신자유주의자들은 당시 영국 사회의 여러 병폐들은 그 성격에서 사회적이고, 사회문제의 핵심은 본질적으로 경제적이며, 그것의 해결 방안은 정치적 차원에서 모색되어야 한다고 보았다.

이처럼 사회문제의 상호 연관성을 인식하고 있었던 신자유주의자들은 사회문제 해결의 이론적 방안으로는 분배 정의의 확립을 내세웠고, 구체적인 실천의 차원에서는 진보적인 사회개혁 정책을 법제화하려는 노력을 기울였다. 특히 그들이 분배 정의의 실현과 관련하여 강조하였던 것은 국가의 역할이었다. 그들은 자유방임주의적인 소극적 국가론의 한계를 지적하면서 국가의 시장경제에의 개입은 윤리적으로 정당할 뿐만 아니라 경제적으로도 필요하다는 점을 역설하였다. 그들은 국가 개입의 정당성을 원리적으로 제시하였을 뿐만 아니라, 국가가 적극적으로 추진해야 할 구체적인 정책까지도 제시하였다. 그것은 대체로 다음과 같이 정리할 수 있다.

첫째, 소득의 많고 적음에 따라 차별적으로 과세하는 누진세 제도를 도입함으로써 일부의 고소득 계층과 불로소득 계층이 독점하고 있는 부가 보다 평등하게 분배될 수 있도록 국가는 적극적인 조세정책을 수립하도록 한다.

둘째, 사회구성원의 최소한의 생계를 보장해 주는 최저임금제, 양로연금제 등과 같은 복지정책을 수립하도록 한다.

셋째, 일부 기업에 의한 사적 독점의 폐단을 막기 위해서는 토지, 운송수단, 에너지원 등과 같은 주요 기간산업을 공적 소유로 한다.

넷째, 사회적 약자들에게 기회의 평등을 보장해 줄 수 있는 방향으로 공교육을 확충한다.

신자유주의는 국가를 사회개혁의 도구로 보고, 사본주의적 사적 소유권까지도 제한할 수 있는 부의 공정하고 합리적인 분배를 통해서 전체 사회구성원의 발전을 지향한다는 점에서, 갈등과 대립이 민주적 제도 내에서 극복할 수 있다고 보았다.

이들은 급격한 혁명적 개혁이 아니라 점진적이며, 전면적인 개혁을 추구하였으며, 자유주의의 원리와 사회주의적 윤리를 혼합한 중도적인 이념이다. 신자유주의는 온건한 사회주의적 요구를 내세우는 노동운동과 사회주의 세력과 소유와 부에 대한 민주적 통제를 내세우는 진보적 자유주의 세력의 연대를 구축하여 실질적인 사회개혁을 성취하려는 실천적 노력의 이념적 대응물이다.

출처: 제3노동 총동맹

History of Social Welfare

제 7 장

사회보장

07

사회보장기본법 제3조 제1호에 의하면, "사회보장이란 출산, 양육, 실업, 노령, 장애, 질병, 빈곤 및 사망 등의 사회적 위험으로부터 모든 국민을 보호하고 국민 삶의 질을 향상시키는 데 필요한 소득·서비스를 보장하는 사회보험, 공공부조, 사회서비스를 말한다."라고 정의하고 있다.

즉, 사회보장이란 국민이 안정적인 삶에 위험 요소인 빈곤, 질병, 생활불안 등에 대하여 국가적인 공공부조 또는 사회보험방식으로 예방하는 사회안전망을 말한다. 그 대표적인 사회보험은 독일의 비스마르크 사회보험입법이 그 시작이다.

1. 비스마르크의 사회보험입법

빈민법이 봉건적인 사회복지정책이라면 사회보험은 자본주의적인 사회복지정책이다. 사회보험은 지금은 농민이나 도시자영업자를 포함시킴으로써 전 국민을 대상으로 하고 있지만, 그 시행 초기에는 임금노동자, 특히 육체노동자(프롤레타리아트)가 주된 대상이었으며, 자본제적 생산양식에서 발생한 문제인 사회적 위험(social risks, 산업재해, 실업, 질병, 정년퇴직 등)에 대한 대응책이고, 노동자와 자본가가 그 재정을 공동 부담한다는 점에서 그렇다. 그럼에도 19세기 말 당시 가장 선진적인 자본주의 국가인 영국에서 사회보험이 출현한 것이 아니라 후발 공업국인 독일제국에서 세계 최초로 탄생하였다. 1880년대에 잇따라 법제화된 비스마르크 사회입법이 그것이다(원석조, 1996).

프로이센의 국왕 빌헬름과 비스마르크 재상은 1866년대 오스트리아 전쟁과 1870년대 프랑스 전쟁에서의 승리를 통해 독일을 통일하는 데 성공하였다. 이런 정치적 대승리를 발판으로 봉건적인 대토지를 소유한 융커계급(그 정점인 빌헬름 황제와 이익의 대변자인 비스마르크)은 신흥 부르주아지들의 거센 도전, 즉 권력 분점 요구를 억누르고 정치적 헤게모니를 유지하는 데 성공하였다. 그러나 제국 내부에서는 노동자계급과 사회주의자들의 세력 확대와 정치적 진출이 두드러져 융커계급과 신흥 부르주아지 등 지배층들이 위협을 느낄 정도였다. 비스마르크는 영토 통일에 이어 독일 민족의 내부적 통일, 즉 사회통합의 필요성을 통감하고 이른바 '채찍과 당근' 정책에 착수하였다. 채찍이란 사회주의자들에 대한 직접적인 탄압책인 '사회주의자 진압법'을 말하고, 당근이란 노동자계급을 국가 내로 통합시키기 위한 일정한 양보책인 '사회보험'을 의미한다.

비스마르크는 먼저 산재보험에 큰 관심을 두었다. 1880년 그는 제국 상무장관에게 명하여 산재보험법의 초안을 작성하게 하고 그 집행기관으로 제국보험공단을 설립하도록 하였다. 여기서 그는 강제보험, 제국보험공단의 중앙집중식 통제, 사보험회사의 배제, 국가 보조금의 지급이라는 분명한 방침을 세웠다. 비스마르크는 이 중에서 국가 보조금을 가장 중시하였다. 그리하여 그의 지시에 따라 만들어진 산재보험법의 초안(1881)에 의하면, 연소득 750마르크 미만의 노동자는 보험료가 면제되고, 연소득 750~1,500마르크의 노동자는 보험료의 1/3, 연소득 1,500마르크 이상의 노동자는 보험료의 1/2을 부담하였다.

그러나 그의 법안은 좌우 양쪽에서 격렬한 비난에 봉착하였다. 노동계의 좌파 지도자들은 산재보험이 노동운동의 자유에 강철 족쇄를 채우려는 것이라고 비난하였고, 사회주의자들은 노동자를 국가복지의 노예로 만들려는 병영사회주의라고 산재보험을 맹공격하였다. 반면에 보수적인 자유주의자들은 비스마르크의 사회보험이 국가의 권력 강화와 관료화를 초래할 것이라고 우려했으며, 국가 보조는 그만큼 노동자들의 부담을 더는 대신 자본가의 부담이 늘어나는 것이라고 하여 이를 거부하고 나섰다. 결국 이 법안은 부르주아지들이 장악한 의회를 통과하는 데 실패하고 말았다. 이로써 비스마르크는 국가의 중앙집중식 통제와 국가 보조를 포기할 수밖에 없었다.

원래 비스마르크는 노동자도 보험조직의 일정한 관리 책임 권한을 공유하기를 원했다. 그는 국가가 직접 통제하고 모든 생산적인 계급들이 참여하는 조합주의 조직(corporative organization)을 만들길 원했는데, 이 조직은 점진적으로 의회를 대신하거나 의회와 함께 입법권을 공유하는 대의기구로 발전시킬 수 있었다고 여겼기 때문이다. 이렇게만 되면 국가는 손쉽게 모든 계급을 통제할 수 있다. 비스마르크의 이런 의도를 간파한 의회가 이를 찬성할 리가 없었던 것이다.

그리하여 1884년에야 제국의회를 통과한 산재보험법은 노동자들을 완전히 배재한 채 자본가들이 산재보험의 조직을 장악하도록 만들어져 있었다. 대신 자본가들은 제국보험공단의 운영비를 제외한 모든 비용을 부담해야만 했다. 그래도 그들이 가장 중시한 산재보험에 대한 통제권만큼은 확보할 수 있었다.

한편 비스마르크와 의회 간의 논쟁에 의해 산재보험법의 통과가 지연되자 산재보험에 비해 늦게 입안된 의료보험법이 1883년에 의회를 먼저 통과하였다. 이로써 산재보험을 제치고 의료보험이 세계 최초의 사회보험이 되고 말았다. 사실 비스마르크는 의료보험에 대해서는 큰 관심을 두지 않았다. 의료보험은 단기보험이므로 국가와의 연대를 강화하는 데 효과가 별로 없다고 보았기 때문이다. 따라서 의회가 원하는 대로 별다른 마찰 없이 쉽게 의회를 통과하였다.

이 법에 의해 중앙집중식 관리 기구를 두는 대신에 이미 질병급여를 제공하고 있었던 기존의 길드, 공장, 기업 및 상호부조 조직(공제조합 등)을 중심으로 질병금고(sickness funds, 직장 및 직종 의료보험조합)를 만들었고, 이와 별도로 자영업자인 소매업자를 위한 지역질병금고(local sickness funds, 지역의료보험조합)와 여기에 가입할 수 없는 사람들을 위해 교구금고(parochial funds, 지역의료보험조합)를 만들었다. 보험료는 통상 노동자가 2/3, 사용자가 1/3을 분담하도록 했다. 그리고 모든 금고는 해당 조합원들의 대표자들이 통제하도록 했는데, 노동자와 사용자는 분담 비율만큼의 대표를, 교구금고는 지역에서 선출된 대표를 보내 관리하였다.

다음은 연금이었다. 연금은 의료보험과 달리 장기보험이다. 따라서 비스마르크는 연금에 관심을 두지 않을 수 없었다. 비스마르크는 연금, 즉 노령폐질보험에서 다시 한번 자신의 의도를 관철시키고자 했다. 그는 적은 금액이지만 국가의 연금을 수령하는 국민들이 많다면 이들 국가에 대한 충성심을 이끌어 낼 수 있다고 생각했던 것이다.

그러나 1889년 제국의회를 통과한 노령폐질보험에서도 비스마르크는 자신의 의지를 완전히 관철시키지 못했다. 즉, 직접적인 국가 보조에는 성공했지만(제국 재무성이 지급하는 50마르크의 정액기초연금), 전술한 조합주의적인 조직을 강화하는 데는 실패하였다. 노령폐질보험은 노동자와 사용자가 파견하는 동수의 인원으로 구성된 위원회의 통제를 받는 관리기구가 운영하도록 되어 있었다. 그리고 재정은 노사 양측이 각각 반씩 부담하는 것으로 정해졌다(원석조, 1993).

2. 사회보험제도의 확산

독일은 기본적으로 통합적 사회관계망(social network) 형성을 목적으로 사회보험의 체계 하에서 전반적인 사회서비스를 제공하고 있다. 질병보험(건강보험), 재해보험, 연금보험, 실업보험, 수발보험 등의 사회보험과 육아보조금, 주택보조금 등 각종의 서비스들이 통합적으로 제공되고 있다.

| 표 7-1 | 사회보장체계에 대한 조망

생명의 위협	질병/노동/능력부재/임신/기타	직업병 환자	노인/생계-직업능력 없음	실업	수발의 경우	특수한 피해로 건강침해를 입은 경우	기타 부담
담당 보험	건강보험	재해보험	연금보험	실업보험	수발보험	원호담당 행정부서	여러 종류의 행정부서
실시 연도	1883년	1884년	1889년	1927년	1995년	각 내용에 따라 다름	각 내용에 따라 다름
부서 활동 업무	치료와 보조수단, 재가간병, 환자 생계비	재활, 치료 후 직업을 구하기까지의 보조금, 연금, 수발	재활, 연금, 퇴직자연금	재활, 직업 교육 및 새 직업을 얻을 때까지 보조, 실업수당 및 실업보조금	수발 및 가사에 관한 일정 보조	재활, 치료, 환자 생계비, 치료 후 직업을 구하기까지의 보조금	주택관계 보조금, 육아보조금 세금감면 등
해당법	사회법V	제국보험 규정	사회법VI, 농민을 위한 노년구호법	근로지원법	사회법XI	연방원호법	주택관계보조금법, 육아 보조금법, 소득세법
재원	각 해당자의 보험료와 세금					세금	

* 이러한 조치로도 구제되지 못하는 경우 〈표 7-2〉의 사회부조에서 보조를 받는다.

| 표 7-2 | 사회부조

전 제	충분치 못한 소액 소득과 소액 재산, 무직, 부양자 없음
활동업무	생계비 보조, 특별한 상황(수발, 노년)에 대한 보조
해당법	연방사회부조법
재 원	세금(각종 단체 후원금)

출처: Klie, 2001

독일에서 실시하고 있는 사회보험의 주 분야를 살펴보면 다음과 같다.

1) 질병보험

(1) 조직과 가입조건

공적 성격의 건강보험을 담당하는 기관은 질병보험조합(Krankenkasse)으로서 각각의 행정자치권을 갖는 공법상의 단체다. 질병보험조합은 피보험자와 사용자에 의한 자치운영의 원칙에 따라 조직·운영되고, 부분적으로 국가의 감독을 받는다.

건강보험 피보험자는 원칙적으로 지방자치단체 단위(예: Bexirk, Kreisfreie Stadt, Landes-kreis)로 설립되어 지역질병보험조합(예: Allgemeine Ortskranknkasse)에 가입된다. 물론 피보험자는 최소한 법정급여에 상응하는 급여를 제공하는 대체(代替) 질병보험조합(Betriebskrankenkassen)에 선택적으로 가입할 수 있으며, 또 특수직종 종사자들을 위한 질병보험은 그 조직이 독립되어 있다.

보험조합의 조직은 이사진(vorstand)들과 대표자회의(Vertreterversammlung)들로 구성되는데, 피보험자와 고용주 측에서 각각 같은 수만큼 동등하게 선정된 인원의 대표자 모임에서 건강보험의 정관이 결정된다. 정관은 보험료의 금액 수준을 정하고 그 밖에 추가비용을 규정하고 있다.

공적 질병보험은 여덟 가지 서로 다른 종류의 보험으로 구성되어 있으며, 보험의 의무를 가진 피보험자들이 어떤 보험에 가입해야 하는지에 관해서는 법규에 규정되어 있다. 다만 특별히 다른 규정사항이 없는 경우에는 일반적으로 지역건강보험이 그 업무를 담당한다. 공적 건강보험의 대상자들은 피고용자·연금수급자 및 그 가족들이며, 그 외에도 1972년부터는 자영농민과 농업에 종사하는 가족성원들도 해당된다.

의무피보험자들은 피고용자(노동자·사무직원), 취업을 하고 있는 장애인, 농업·임업 경영자와 그들과 함께 같은 분야에 종사하고 있는 가족구성원, 자영업에 종사하는 몇몇의 소그룹, 연금수급자, 사회재활을 위한 직업훈련에 참여하고 있는 사람들, 실업자 등이다.

의무가입자에서 제외되는 경우에도 역시 법률에 의해 규정되며, 제외요건에 해당하는 경우에는 의무가입 제외신청을 통해서 그 자격에서 벗어날 수 있다. 즉 어떤 특정 조건에서, 대형 농업경영자나 고소득의 사무직·연금수혜자·재활자·대학생, 시설에 수용되어 있는 장애인 등은 이들이 사적 질병보험에 가입해 있는 경우에 공적 건강보험의 의무에서 면제될 수 있다. 사적 보험인 자유보험은 그 대상이 고소득직의 유가족·이혼한 처 또는 외국에 있는 가족 등에 해당되는데, 공적 질병보험에 가입할 권리가 있지만 자유의사에 따라 결정하는 것이다.

(2) 급여내용 및 재정조달

공적 질병보험제도는 가입자에게 직접 현금을 지급하는 현금급여와 현물급여가 있지만 일반적으로는 현물급여원칙에 준한다. 현물급여에는 질병의 조기발견책과 예방책, 의사나 치과의사의 치료, 의약품, 질병치료를 위해 사용되는 직접·간접적인 모든 기구의 공급, 병원이나 요양소, 특수시설에서의 치료, 재가방문간호, 가사원조, 출산조력 등이 있다. 그리고 현금급여에는 질병수당금, 출산보조금, 장례보조금 등이 있다.

독일의 법정 질병보험에서는 의료수당을 지급할 의무가 있는데, 의사의 진단서가 발부되면 의료수당은 건강보험조합과 고용주에게 자동적으로 전달된다. 즉, 질병기간 6주간은 임금연계지불법에 의해 고용주가 임금을 지불하지만, 6주 이상 병상에 있을 경우에는 건강보험에서 지급하며, 질병에 따라 결손될 수 있는 생활대책을 보장해 주는 제도가 바로 의료수당이다. 의료수당금은 같은 병에 대하여 3년 이내 최고 78주 동안 지불되며, 8세 이하의 자녀 중에서 누군가 아프다고 할 때 아픈 자녀를 돌볼 다른 가족구성원이 없는 경우, 주중에서 5일 동안 휴무를 할 수 있으며, 이 기간 동안의 결근에 대한 보조금으로 의료수당금을 받을 수 있다.

건강보험의 재정조달은 보험에 가입한 사람들의 보험료에 의해 운영되며, 국가의 지원은 극히 소규모 정도에 국한된다. 보험료는 사용자와 피사용자(피보험자)가 각각 50%씩 부담하며, 수입에 대한 특정한 비율을 보험비로 정하고 있다. 봉급에 대한 보험비의 비율은 각 금고가 정관에 규정하고 있는데, 그 수준은 건강보험마다 다르며, 분포도도 차이가 크다. 일반적으로 봉급의 9.0~14.2% 사이에 걸쳐 있으며, 2000년 최고 수준이 13.5%였다(Alber, 203).

(3) 질병보험의 개혁 동향

지금까지 진행된 건강보험 개혁은 총 5단계 정도로 요약할 수 있는데, 제1단계는 1989년 의료개혁법의 의료비 상승억제 대책, 제2단계는 1992년 의료구조법의 의료비 상승억제 대책, 제3단계는 1997년 신질서법의 건강금고 간의 경쟁 도입, 제4단계 2000년 의료보험개혁법의 의료전달체계의 강화 및 병원진료비 지불 개편(DRG)과 함께 2003년 의료보험현대화법으로서 건강보험 재정 개혁인 5단계 개혁이 진행되었다.

그러나 지금까지 개혁들이 의료수요 억제를 위한 대책 중심이었다면, 2003년 개혁은 비용억제 대책뿐만 아니라 새로운 재정방식을 도입하여 재정안정을 모색하고 있다는 특색을 보여주고 있다. 특히 과거의 건강보험 개혁들이 의료비 상승을 억제하기 위해 주로 의료의 공급과 이용에 대한 통제를 위주로 하였던 것에 비해, 최근의 다섯 번째 개혁은 의료 이용 및 의료비 상승억제 대책 외에도 건강보험의 전통적 제정방식의 수정을 시도한다는 점에서 주목할 만하다.

물론, 보험의 혜택 중에는 병원에서의 진료 및 치료가 가장 큰 부분을 차지하고 있고 의약품, 안경, 의치(저소득층인 경우), 의족, 정형외과 보조수단 등은 물론 심지어 장기이식까지도 의사의 처방이 있으며 100% 건강보험에서 지불하게 되어 있었다. 그러나 1989년 1차 건강보험 개혁 이후 1993년 그리고 1997년 개혁을 통해 보험료부담경감법의 재정 절약들이 실시되었다. 개혁의 주된 사항들은 1997년부터 보험료율은 0.4% 인하하고, 약제 급여비의 일부 부담액을 인상한다는 것이다. 또한 안경테의 법정급여 삭제나, 노인이 주로 활용하여 왔던 요양치료를 법정급여로부터 삭제하고, 장기 질병수당금의 급여율을 임금의 80%에서 70%까지 인하한다는 것이다.

문제는 각종 개혁정책 가운데 국민 대부분이 가입되어 있는 건강보험의 개정을 놓고 사회 각계각층에서 열띤 논의가 펼쳐지고 있지만 합의 도출이 쉽게 나타나지 않고 있다는 점이다. 그동안 세계적 모범 사례로 꼽혀 왔던 독일의 건강보험은 국민 누구나가 연령이나 성별 수입에 관계없이 혜택을 받아왔던 것이 사실이다. 그러나 이 제도가 앞으로도 계속 유지되기 위해서는 효율적이고도 경제적인 운영이 필수적이라는 어려움에 봉착하게 되었다. 2004년 기준으로 건강보험료도 매년 140Miliarden유로가 징수되는데, 이는 다른 사회보험에 비해 상당히 높은 부분을 차지하는 금액이다. 그럼에도 국제 비교에서 독일 의료의 질이 지출에 비해 보통 수준이며 평균수명도 다른 유럽국가보다도 결코 높지 않은 것으로 나타났다.

따라서 높은 비용에 따른 지출에 비해 비효율적이고 비경제적으로 운영되고 있는 현 보건제도의 개혁이 필수적이라는 운명에 처하게 되었다. 그런데 이런 문제들은 독일 병원과 의사 그리고 의약업계가 상호 관계 없이 개별적으로 활동하는 데서 기인했다는 연구 결과에 상당한 설득력을 얻고 있다. 따라서 위에서 제기한 문제점들은 더 이상 방치할 수 없다는 정부 당국자의 입장에서 정부 주도로 질병보험의 개정을 위한 대국민 캠페인을 2003년 봄부터 시작하였다. 이후 건강복지부장관과 각 정당 대표 및 주정부 대표들이 모여 독일 질병보험 개정안에 대하여 합의안을 도출하기에 이르렀다.

또한 지금까지 사용되던 건강보험카드는 2006년부터 인텔리 건강카드로 대체하여 카드 가입자의 요구에 따라 응급 상황에 필요한 환자의 건강 관련 정보가 입력된다는 것이다. 더욱이 보험 가입자는 예방 건사나 예방 프로그램에 참가 시 경제적 보너스를 받을 수 있도록 하고 있다.

주치의제도의 경우 주치의와 전문의, 병원 협력이 유기적으로 협조될 수 있도록 체계적 작업에 착수한 점은 다행스러운 부분이다. 이는 전문의의 진료비가 높기도 하지만, 각 병원과 의사들이 상호 연관 없이 진료할 경우 환자가 수시로 병원과 의사를 바꾸어 불필요한 검사가 반복될 수 있기 때문이다. 주치의 제도를 통해 환자에게 꼭 필요한 검사만을 실행함으로써 비용을 절감하려는 데 상당한 효과가 있을 것으로 전망되고 있다. 특히 만성 환자는 주치의제도를 통해 반복 검사를 줄일 수 있기 때문에 모든 보험 가입자가 주치의의 진료를 먼저 받을 경우 경제적 보너스의 혜택이 가능하도록 선택권도 남겨주도록 했다.

다만 주치의 소개(ueberweisung)를 통해 종합병원 통원치료와 치과의사의 진료를 받을 경우 환자가 부담해야 할 추가비용이 없으나, 주치의 소개 없이 진료를 받는다면 1/4분기당 진료 시 10유로(약 13,000)를 본인이 부담하도록 하였다. 물론 본인이 부담해야 할 부가 비용은 1년 총수입의 2%까지이며, 만성 환자의 경우 1%를 넘겨서는 안 되도록 하였다. 이와 같은 독일 정부의 변모는 '의료 남용 차단', '비용에 대한 의식' 등이 수식어로 쓰이고 있지만, 결국은 재정의 압박이 직접적 원인으로서 노인 건강보장에 대한 사회보장 축소의 위급으로 여겨진다(박동석 외, 2003).

(4) 우리나라의 국민건강보험

1963년 의료보험법 제정, 1988년 5인 이상 사업장 의료보험적용확대, 1997년 국민의료보험법 제정, 1999년 국민건강보험법 제정, 2000년 국민의료보험관기공단과 직장의료보험조합 통합(국민건강보험공단 출범), 2011년 사회보험 징수통합, 2015년 간호·간병통합서비스 보험급여 적용은 물론 2019년 외국인 지역가입자 당연적용을 실시하고 있다.

국민건강보험은 질병이나 부상으로 인해 발생한 고액의 진료비로 가계에 과도한 부담이 되는 것을 방지하기 위하여, 국민들이 평소에 보험료를 내고 보험자인 국민건강보험공단이 이를 관리·운영하다가 필요시 보험급여를 제공함으로써 국민 상호

간 위험을 분담하고 필요한 의료서비스를 받을 수 있도록 하는 사회보장제도이다.

국민건강보험은 사회보험방식으로 운영되는 국민건강보험은 사회적 연대를 기초로 의료비 문제를 해결하는 것을 목적으로 하므로 소득수준 등 보험료부담능력에 따라서 보험료를 부과한다. 국민건강보험의 기능은 다음과 같다.

① 의료보장 기능

건강보험은 피보험대상자 모두에게 필요한 기본적 의료를 적정한 수준까지 보장함으로써 그들의 의료문제를 해결하고 누구에게나 균등하게 적정수준의 급여를 제공한다.

② 사회연대 기능

건강보험은 사회보험으로서 건강에 대한 사회공동의 책임을 강조하여 비용(보험료) 부담은 소득과 능력에 따라 부담하고 가입자 모두에게 균등한 급여를 제공함으로써 사회적 연대를 강화하고 사회통합을 이루는 기능을 가지고 있다.

③ 소득재분배 기능

질병은 개인의 경제생활에 지장을 주어 소득을 떨어뜨리고 다시 건강을 악화시키는 악순환을 초래하기 때문에 각 개인의 경제적 능력에 따른 일정한 부담으로 재원을 조성하고 개별부담과 관계없이 필요에 따라 균등한 급여를 제공하여 질병의 치료부담을 경감시키는 건강보험은 소득재분배 기능을 수행한다.

2) 재해보험

(1) 조직과 소속

독일의 재해보험은 크게 산업별, 직종별 및 지역별로 여러 운영주체들에 의해 구축·운영되고 있다. 특히 산업(공업)부문별로 구축된 산업동업자조합과 정원업종사자의 동업자조합을 포함한 농업경영동업자조합 그리고 연방, 주(州) 및 기초자치단체

단위의 공공부문 종사자조합 등 주요 운영주체들로 나누어져 있다. 이들 상위 운영주체들에 의한 재해보험은 내부에 또 다시 세부업종별 그리고 지역별로 하위의 단위 재해보험을 구축하고 있다.

각 단위 재해보험은 자치운영의 원칙에 따라 자체적으로 선출한 노·사의 대표에 의해 자율적으로 운영되며, 자치 운영기구로 대의원총회와 이사회가 있다.

대의원총회에서는 재해보험의 정관, 법 규정 및 예산안을 심의 또는 의결하고 조합의 행정업무를 총괄하는 조합장과 이사회의 임원을 선출하거나 해임하는 역할이 주어져 있다. 이사회 역시 각 단위 재해보험의 예산안을 수립하고 행정업무를 총괄하며, 모든 행정업무상 조합을 대표하는 기능을 갖고 있다(윤선오, 2005).

(2) 도입과정과 재정

1884년 사회보험방식으로 제정된 재해보험은 산업재해 위험에 노출되어 있던 근로자들이 재해의 위험에 대한 불안감을 제거하고 생산활동에 매진할 수 있도록 구축된 보험이다. 당시 연간소득이 2천 마르크 미만의 광산·공장·건설업 등에 종사하는 근로자들을 의무가입의 대상으로 하였다. 이 보험은 노동재해와 직업병에서 근로자를 보호하고, 사고 발생 시 사고 당사자의 치료와 재활에 역점을 두고 있으며, 그 기간 중에서 당사자와 가족의 생계비 및 치료와 재활에 드는 비용을 지불하여 근로자들의 생활을 안정시키는 것을 주목적으로 하고 있다.

독일은 19세기 말 산업화가 꾸준히 진행되었던 당시 열악한 노동환경과 재해에 대한 예방조치가 극히 미비한 상황에서 새로운 생산방식의 근로로 인한 사망자와 장애인의 수를 급격히 증가시켰다. 이러한 상황을 개선하기 위해서 고용주의 책임으로 산업재해가 발생하였을 때 근로자가 당한 산업재해를 고용주가 책임지도록 한 배상책임법(Haftpflichtgesetz)을 강화하고자 하였다. 그러나 동법에 의존할 경우 원인규명에 대한 지루한 재판절차나 기업주의 재정적 어려움 등으로 인하여 사회보험방식의 재해보험을 시급하게 도입해야만 될 상황에 처했던 것이다. 이러한 이유들로 업무상의 재해는 아니지만 출·퇴근 시 발생하는 재해도 바로 재해보험에 포함시키는 등 광범위한 범위를 설정하여 출범하게 되었다.

이러한 이유들로 재해보험은 재활이 불가능하거나 사망했을 경우 재해연금 또는 유가족 연금을 지불하게 되어 있고, 혹시 재활이 가능하더라도 작업능력이 20% 이상 손상되었을 경우에는 재해연금을 받도록 되어 있다. 연금의 액수는 작업능력 손상이나 사고 이전의 소득 정도에 따르고, 물가변동과 정상적인 승진에 따른 소득인상도 참작된다.

재해보험의 재원은 사용주(고용주)가 100% 부담하며, 그 액수는 연간 임금지불과 사고위험의 정도에 따라 산정된다. 따라서 피가입자는 직접적인 보험금지불과 무관하며, 아동과 학생 등도 이 보험에 가입되어 있지만 본인들은 물론 그 보호자도 보험금 납부의 의무가 없다.

1963년과 1997년 재해보험은 대대적인 개편과 수정을 통해 초기의 적용대상인 산업현장 근로자의 순수 산업재해보상보험 성격에서 비산업 분야의 다양한 영역으로 그 범위를 확대 적용하기에 이르렀다.

(3) 우리나라의 산업재해보상보험

산재근로자에게 확실한 생활을 보장하기 위하여 국가가 책임을 지는 사회보험으로 사용자의 산재근로자에 대한 근로기준법상 형사책임과 보상책임을 담보하기 위한 제도이다. 사업주로부터 소정의 보험료를 징수하여 법령이 정하는 바에 따라 산재 근로자에게 보상을 하며, 1953년에 근로기준법의 제정으로 사업주의 개별보상책임제를 시행하였으며, 1964년에 사회보험제도 중 가정 먼저 도입(법 1963년 제정)되었다. 산업재해보상보험은 개정을 통해 적용 대상과 급여 수준이 확대되고 있다.

급여의 종류는 요양급여, 휴업급여, 장해급여, 간병급여, 유족급여, 상병보상급여, 장의비, 직업재활급여, 그 외의 급여 등이 있다.

3) 연금보험

(1) 역사

독일의 노후보장제도들은 법적으로 규정되고 보험이 의무화되어 있어 법적 연금제도(GRV)로 분류하고 있다. 이 연금제도를 구성하고 있는 세 가지 지류는 바로 노동자연금보험(ARV), 사무원연금보험(AnV), 광산근로자연금보험(KnRV)들이다. 물론 사회복지 차원의 노후보장을 위한 제도로서 농민을 위한 노후보조, 수공업자를 위한 노후보장, 관리의 연금, 자유직업 종사자들을 위한 노후보장제도 등도 있다. 그리고 독일의 노후보장은 공공기관에 근무하는 사람들을 위한 추가보험과 여러 가지 기업 차원의 계획들 및 부채탕감 등을 통해서도 이루어지고 있다.

물론 노후대책이 충분히 않은 사람들을 위한 지원들은 사회부조나 전쟁희생자 생활보장 및 주택보조금 등을 통해서도 가능하다. 이처럼 직업과 생활형편에 따른 분화는 노후보장제도의 역사적 발전 양상에 그 뿌리를 두고 있다. 그에 따른 시초는 비스마르크에 의한 양로-폐질보험법(Rentenversicherungagesetz)으로 1889년에 시작되었다. 이 보험의 역사에서 중요한 계기들은 1911년 제정된 제국보험령(RVO)과 1945년 사무원보험법 및 연금개혁, 1951년 농민을 위한 노후보장책, 1972년 자영업자 및 고소득자들의 경우 임의가입을 허용한 것 등을 들 수 있다.

처음 제정 당시의 연금보험은 제국(帝國)의 관리나 몇몇 지종의 도제를 제외한 연간소득 2천 마르크 미만인 모든 근로자를 강제가입의 대상으로 한 의무보험이었다. 그 당시 40년 이상 일한 사람일 경우에만 70세부터 연금을 수령할 수 있었는데, 수령자는 4.4%에 불과했다. 그 후 1911년부터는 연금이 과부나 고아들에게도 지불되었고, 1916년부터는 65세로 연금 지급연령이 낮아졌고, 1972년 10월 16일 연금법 개정 이후에는 특정한 조건이 인정될 경우 63세 또는 62세에도 조기연금을 받을 수 있도록 하였다.

퇴직에 이르러 연금수혜 연령에 달하지 않았더라도 직업상 근로능력의 상실이나 저하로 정상적인 생계유지 능력이 없거나 부족한 경우에는 그 이전에도 연금을 수령할 수 있고, 본인이 사망했을 경우에는 그 가족에게 유족연금이 지불되도록 했다. 물론 유가족 중에서 일정수준 이상의 생계를 유지할 수 있는 부양자가 있을 경우에는 연금지불이 소득에 따라 줄거나 소득이 많은 경우에는 지불되지 않을 수도 있다. 이러한 혜택을 받기 위해서는 보험 가입기간이 최소한 60개월 이상이어야 하고, 180개월 이상 보험에 가입해 있을 경우 의료부조와 근로장려보조금 지불의 혜택도 주어지고 있다. 또 그 기간 동안 해당자의 부양가족이 있을 경우에는 생계비 지불도 가능하다.

그런데 1975년까지 유지되었던 적립방식을 10년 수지균형 적립방식으로 전환하게 되었는데, 그 이유는 전쟁과 인플레이션로 기금이 바닥난 상황이었기 때문이다. 그리고 1969년 수정적립방식에서 완전부과방식으로 전환되면서, 적립기금이 3년 연속으로 지난해 지출의 3개월분에 미치지 못할 경우 보험료를 인상할 수 있도록 했다. 이를 위해서 15년 단위의 장기 재정추계를 매년 실시하고 3년마다 보고서를 발간함으로써 연금재정의 안정화를 위한 정책 판단자료로 활용하도록 했다.

1970년대 후반 들어 실업의 증가와 인구구성 비율상의 일시적인 악화가 겹치면서 1976년 이후 연금재정의 적자가 발생하고 적립금이 급감하자, 연금 지출을 억제하고 보험료를 인상하는 한편, 연금수급자의 건강보험료 부담을 일부 개인부담으로 변경했다. 1980년대 후반부터 인구의 노령화와 경제성장의 한계 등으로 장래연금재정에 대한 문제가 더욱 심각하게 토론되었고, 1992년 실시를 목적으로 1989년 또 다시 개혁이 이루어졌다. 개혁에서는 60세 이상의 가입자가 신체적 여건과 본인의 희망에 따라 근로시간을 단축할 수 있도록 하면서, 이에 따른 소득의 상실부분은 연금으로 보전해 줌으로써 가급적 조기퇴직을 선택하지 않을 수 있도록 유도했다. 그러나 1992년 발효된 독일 연금개혁이 2010년을 전후하여 완전히 정착되는 경우 근로소득 대비 연금급여의 하락이 불가피하다는 문제점이 제기되기에 이르렀다. 더구나 독일의 경우 세금공제 혜택이 높은 정부 차원의 특별한 개인연금 상품이 없어 연금 가입에 대한 유인책이 충분하지 못한 실정이다.

(2) 연금보험체제

독일의 노후보장체계는 공적연금을 중심으로 이루어져 있으며, 공적연금의 체계는 다양한 계층에 대한 각각의 제도를 둠으로써 매우 복잡한 양상을 띠고 있다. 특히 급여는 기본적으로 노령연금, 장애연금, 유족연금, 재활급부 등으로 구분되는데, 각 제도나 가입자에 따라 급여 종류 및 조건 등은 약간의 차이가 있다. 그리고 연금제도의 관리운영체계는 자치주의의 원칙에 입각해서 독립적으로 운영되고 있다. 이에 따라 개별 제도의 자율권은 최대한 보장되고 국가는 단지 제도 운영의 적법성과 공정성 여부에 한해서 감독권을 행사한다. 연금보험에 대한 독일의 국가 개입은 영국이나 미국 등에 비해 강한 것이 특징이다. 또 민영화를 추진하지 않고 기존의 틀을 유지하고 있다는 점도 다르다.

연금제도의 특징이라면 우선 전 국민에 대한 적용을 원칙으로 하는 보편주의가 아니라 선별주의에 입각하여 발전해 왔다는 점이다. 그러면서 산업별, 직종별로 상이한 연금보험 시스템을 채택하고 있다. 이를테면 공공부문의 근로자는 공무원연금제도의 적용을 받으며, 민간부문의 노동자는 그 직종에 따라 노동자연금보험(공장직원)과 직원연금보험(사무직원), 광산근로자연금제도 그리고 농민노령부조의 적용을 받는다. 이 외에도 수공업자 및 기타 자영업자에 대해서도 별도의 연금제도를 두고 있다. 이와 같이 독일의 연금제도가 각 사회계층의 특수성을 고려한 개개의 입법으로 다양하게 형성된 것은 앞장에서 살펴본 것처럼 역사적으로 그들의 생활환경에 깊이 뿌리내린 길드(Gilde-Guild)라는 직업상조조합의 전통에 그 원인이 있다. 따라서 각 경제활동 계층에 대한 연금제도의 도입 시기도 상이하여 보험의 재정 통합이 쉽지 않다.

연금제도의 또 다른 특징이라면 다른 나라보다 상대적으로 부담도 높고 아울러 급여수준도 높으며 속지주의(屬地主義)를 택하여 독일 내에 거주하는 사람들 모두에게 적용된다는 점이다. 그 밖에도 추가적인 부가보장으로 공직 일반근로자에 대한 부가보장과 노사 간 완전자율에 의해 시행되고 있는 기업연금, 그리고 민영보험(개인연금) 등으로 연금 시스템이 유지되고 있다. 독일의 연금제도는 공적연금이 중심인데, 그 구성에 있어 전체 경제활동인구의 92%가 공적연금제도에 가입하고 있으며, 재정 지출 규모는 독일 GNP의 약 12%에 이르고 있다. 반면 기업연금은 1960년대 이후 꾸준히 증가하고 있음에도 불구하고 약 7.3%의 미비한 수준을 유지하고 있다.

(3) 문제점

독일의 연금보험은 고령자의 증가와 1960년대부터 감소되고 있는 출생률 저하로 노년층 인구비율이 증가하면서 여러 가지 위험에 처해 있다. 1957년 이래로 자연스럽게 전제되었던 연금보험의 '세대 간 계약(generationenvertrag)'이 이젠 종전처럼 지켜지지 않을 수도 있다는 불안감이 생긴 것이다. 이론적으로 설명하면 일할 수 있는 세대가 총수입의 20% 정도(2005년 기준 19.5%)를 연금보험에 지불함으로써 연금수급자들에게 생활비를 지급하는 방식이다. 즉, 현재의 연금수급자들은 과거에 일을 함으로써 당시 연금수급자들의 생활을 유지시켰다. 따라서 이를 세대계약으로 표현하면 서로 도움을 주고받았던 것이다. 물론 근로세대와 비근로세대가 비슷한 비중을 차지하는 동안에는 이 원칙이 잘 유지되었다. 그러나 독일의 인구구조가 점점 고령화됨에 따라 비근로자 수가 근로자 수에 비하여 지속적으로 커지고 있다는 데 문제의 심각성이 내포되어 있다. 새로운 인구조사 수치에 따르면, 2010년에는 100명의 근로자에 대해 65명의 연금수급자, 2020년에는 100 : 76, 2030년에는 100 : 96으로 상승하여 2030년에는 100 : 102로 근로자보다 연금수급자가 더 많아질 것으로 전망되고 있다. 이러다 보니 연간 수십억 유로에 달하는 연금부족액을 조충하기 위해 독일 정부가 즉각적으로 시행하고 있는 몇 가지 대책과 중장기적 대책은 바로 문제의 심각성에 대한 현주소라고 할 수 있다. 다행히 아젠다 2010 개혁 프로그램에 따라 2004년 7월 현재 연금은 더 이상 증가하지 않고 있지만, 2005년부터 새롭게 도입된 연금계산방식으로 연간증가분 산정방식이 변화, 실시되고 있다. 독일 정부에서 기대하고 있는 장기적 연금요율은 2020년까지 적어도 20% 이상은 오르지 못하도록 하면서 2030년까지 22% 이하로 유지하겠다는 것이다(http://www.bundesregierung.de).

그러나 통독으로 인한 연금수혜대상자 급증과 계속되는 국가재정의 고갈 등 여러 가지 사정으로 연금보험의 혜택범위가 축소될 수밖에 없었다. 이러한 현상에 따라 독일 국민들의 심리적 불안감은 바로 민간 생명보험이나 기업연금, 기타 고정자산을 보유하려는 경향이 증가하는 추세를 보여주고 있다(Belardi et al., 1999).

이처럼 벼랑 끝에 몰려 있는 연금보험의 문제점을 개선하기 위해서는 급여수준을 점차 축소하자는 주장과 부과 연금방식을 부분 적립방식으로 전환시키자는 논의까지 진행되기에 이르렀다. 마침내 연간 4,400억 달러(약 506조 원)에 이르렀던 사회보장 지출을 400억 달러(약46조 원) 수준으로 대폭 줄이자는 '아젠다 2010'에 따르면 정년퇴직 연령을 기존의 남자 63세, 여자 60세를 남녀 모두 65세로 높이기로 방향을 선회하였다(박동석 외, 2003). 즉, 법에 규정되어 있는 65세 은퇴연령을 더 올릴 계획은 없지만, 2006년 사이에는 신뢰를 유지하면서 사실상의 은퇴연령을 60세에서 63세로 단계적으로 올릴 예정이라는 것이다. 그러나 2007년 65세에서 67세로 연금지급개시 연력이 상향조정되었으며, 2012년부터 2029년에 걸쳐 점진적으로 상향조정 하였다.

결론적으로 이제 독일에서는 조기은퇴를 위한 인센티브는 폐지되었으며, 고령자 취업을 어렵게 하는 노동 및 임금 관련 규정들도 폐지하여 결국 연금수령이 그만큼 미루어짐에 따라 노인들의 소득보장은 갈수록 열악한 상황에서 개인 스스로 노후를 감당하는 것으로 바뀌고 있다.

(4) 우리나라의 국민연금

국민연금은 국민의 노령, 장애, 사망에 대하여 급여를 실시하여 생활안정과 복지증진을 위하여 실시하는 사회보험이다. 가입대상은 국내에 거주하는 국민으로 18세 이상 60세 미만인 자로 공무원연금법, 군인연금법 및 사립학교교직원연금법을 적용받는 공무원, 군인 및 사립학교교직원 제외한 모든 사람을 대상으로 한다. 가입자의 종류는 사업장가입자, 지역가입자, 임의가입자, 임의계속가입자가 있으며, 급여는 노령연금, 장애연금, 유족연금, 반환일시금, 사망일시금 등이 있다.

국민연금의 특성은 다음과 같다.

① 사회보험적 성격으로 강제가입 및 기여금을 바탕으로 소득재분배기능

② 예방적 소득보장제도로 노령, 폐질 및 사망으로 개인과 가족구성원의 빈곤화를 예방

③ 가장 안정적이고 효율적인 사회보험(국가가 지급 보장)

④ 물가상승률을 반영하여 연금액의 실질가치를 보장

⑤ 노령연금 이외에도 장애연금, 유족연금 등 다양한 연금 혜택

4) 실업보험

(1) 출현배경과 취지

독일에서 실업보험(Arbeitlosenversicherung)이 체계적으로 정립된 과정은 대체적으로 다음과 같은 4단계의 시기로 구분하여 설명이 가능하다(정창화, 2005).

첫째, 1879년 독일서적출판조합(Deutscher Buchdrucker-Verband)에서 장기조합원으로 재직했던 근로자가 실직할 때 제한된 기간 동안 지역조합금고(otliche Verbandkasse)에서 재정지원을 하던 시기

둘째, 1927년 고용보험 관련 최초의 법률인 취업알선 및 실업보험법에 관한 법률(AVAVG)이 제정된 시기

셋째, 1952년 취업알선 및 실업보험을 담당하는 연방사무소 설치에 관한 법이 제정된 시기

넷째, 1969년 노동촉진법(Arbeitsf)이 제정된 시기

이처럼 1927년 제정된 실업보험법은 1969년에 노동촉진법(Arbeitsf rderungsgesetz)이 주 담당기관이다. 연방노동공단은 자치행정조직을 갖추고 연방과 직결된 공법상의 단체로서 노동 및 사회조정(Bundesministerium Fur Arbeit und Sozialordnung)의 감독 아래에 놓여 있다. 한편, 노동촉진법의 목적은 완전고용의 보장, 직업교육 및 재교육을 통해 최소한의 고용기회보장, 실업 및 조업중단으로 인한 사회적 지위의 저하와 경제적

악화를 방지하는 것이다. 이후 1969년 직업교육법(Berufsbildungsgesetz), 1970년 연방직업교육촉진법(Berufsbildungsoderungsgesetz)이 독일실업보험제도의 핵심 역할을 하면서 오늘까지 유효한 기능을 유지하고 있다.

(2) 적용대상과 재정

독일에서 실업보험은 위에서 언급한 다른 사회보험과 달리, 소득수준에 따라 가입의무 여부를 정하지 않고 공무원을 제외한 모든 피고용자들에게 가입을 의무화하고 있다. 따라서 농업근로자 및 직업훈련생을 포함하여 소득을 갖는 모든 근로자, 즉 육체노동자와 사무직 종사자를 모두가 포함된다. 또한 병역의무자나 가내근로도 적용대상자이며, 연방고용청에서 지원하는 직업교육 참가자도 실업보험이 적용되고 있다. 다만 자체적인 보상체계를 갖고 직업에 종사하는 공무원, 판사, 직업군인이나 연간 취업 근로시간이 2개월 또는 50일 미만인 자, 부업노동자, 노령연금수급자 및 학생 등은 그 대상에서 제외되고 있다.

실업보험의 혜택은 실업자를 위한 실업수당·실업보조금·도산수당 등이 있지만, 보험 수혜의 정도와 기간은 실업 전의 근무일수와 근무 당시의 소득 및 가족사항에 따라서 달라진다. 즉 기본실업수당은 임금의 68%이며, 실업 전에 최소한 3년간, 241일을 취업했을 경우에는 78일분을, 실업 전 4년 동안 1,081일을 취업했을 경우에는 312일분의 수당을 받을 수 있었다. 그러나 지난 2001년부터 시작된 '아젠다 2010'은 기존의 실업수당과 사회자금 운영을 통합하여 관리의 효율성을 높인다는 개혁 프로그램이 발표되어 그 방향성에 관심의 초점이 보이고 있다. 실업보험을 수령하려면 우선 65세 미만이면서 재취업의 의사를 가지고 직업소개에 대기해야 한다. 근무일수는 실업 전 3년간 26주 또는 6개월 이상 보험료 납부 실적이 있어야 하고, 노동공단에 실업상태를 신고할 경우에 한해서 실업수당을 받을 수 있다. 만약 이 조건을 충족시키지 못했을 경우, 즉 실업자가 실업수당을 받기 위해 요구되는 시간을 채우지 못했거나 또는 다른 조건이 불충분하여 실업수당을 받지 못할 경우 취업 시 임금의 58%에 해당하는 실업보조를 받을 수 있다. 그런데 실업보조는 사회부조 또는 복지사업의 성격을 띠고 있기 때문에 연방노동공단에서 지급하고 있는 실업수당과는 달리 그 비용이 연방예산에서 지급된다. 기간은 원칙적으로 1년이며, 그 기간이 지나면 다시 신청하여 이에 대한 재심을 거쳐서 연장 여부가 결정된다. 보조금은 원칙적으로 신청자가 실제로 곤궁하여 보조금을 필요로 할 경우에만 가능하며, 역시 가족사항에 따라 달리 지급된다. 이에 따라 실업상태라고 하더라도 이런 저런 일로 일주일에 18시간 미만이라 하더라도 실업수당과 그 외 소득의 총계가 이전소득의 80%를 넘어설 경우 역시 실업수당 수혜의 자격을 상실한다. 결국 실업기간에 얻은 소득은 모두 실업수당과 실업보조금의 계산에 포함되며, 재산과 배우자의 소득 역시 실업수당이나 실업보조금에 포함된다.

실업보험에 대한 재정조달은 원칙적으로 근로자와 사용자가 각각 50%씩 부담하도록 되어 있지만, 피보험자의 수입이 일정한 수준에 미달될 경우에는 본인의 보험료가 면제될 수 있다. 일례로 군대 의무복무자의 경우 연방정부가 그 비용을 대신 납부할 의무를 갖고 있으며, 실업보조를 포함한 고용촉진 비용의 일부와 실업보험에서 발생하는 적자도 연방정부가 지불하도록 규정되어 있다.

(3) 우리나라 고용보험

고용보험은 실업의 예방, 고용의 촉진 및 근로자의 직업능력 개발과 향상 도모하기 위해 국가의 직업지도와 직업소개 기능을 강화함으로써 근로자가 실업한 경우 생활에 필요한 급여 실시(근로자의 생활안정과 구직활동 촉진)하는 사회보험이며, 노동시장 정책의 수단으로 활용하고 있다.

급여의 종류는 고용안정사업, 직업능력개발사업, 실업급여, 육아휴직급여 및 출산전후휴가급여 등이 있다. 고용보험은 실업급여 부분만 근로자와 사용자가 50%씩 부담하고 고용안정직업능력개발사업 무문은 사용자가 부담한다.

5) 수발보험

(1) 출현 배경과 취지

사회복지가 일찍부터 발달된 독일의 경우 기존의 복지 시스템으로는 노화와 관련된 신체적 어려움에 대한 정부 차원의 뒷받침에 한계가 있다는 판단 하에 새로운 법적 제도장치를 강구하게 되었다. 그것이 지난 20년에 걸친 긴 토론 끝에 기존의 질병보험, 재해보험, 연금보험, 실업보험에 이어 1995년 출현시킨 제5의 사회보험이라 불리는 '수발보험(Pflrgeversicherung)'이다.

질병보험과 밀접한 관계가 있는 수발보험을 건강보험에 포함시키지 않은 것은 독일의 공적 건강보험 자체에서 노인성 만성질환을 일반적 의미의 '병'이 아니라 신체기능의 저하에 따른 자연적 현상으로 간주하여 건강보험급여에서 제외하려 했기 때문이다. 그렇지만 수발보험에 필요한 업무는 건강보험에서 함께 다루고 있는데, 그 이유는 보험료 산정과 수발 단계의 판정 등 건강보험의 업무와 밀접한 관계가 있기 때문이다. 이러한 논리는 노인에 대한 시각, 노화에 대한 생각과 결부될 때 중요한 것이다. 즉, 노화를 질병과 같이 비정상적 현상으로 보지 않고 누구나 거치는 자연현상으로 봄으로써 노령화에 부가되어 있는 부정적 이미지를 씻을 수 있는 것이다. 하지만 다른 한편으로 기존이 건강보험체계로는 광범위한 노인수발을 감당할 재정적 능력이 한계에 이르렀다는 현실적 배경도 읽을 수 있다.

독일 정부가 역설한 수발보험의 유용성과 필요성은 대략 네 가지 정도로 요약할 수 있는데, 첫째, 수발로 인한 당사자와 그 가족들의 과중한 부담을 덜 수 있다. 수발이 필요하게 될 경우, 해당자는 물론 가족들에게 물리적·정신적·재정적으로 커다란 부담이 되며, 많은 경우 개인들의 능력 범위를 넘어선다는 것이다. 둘째, 수발보험법의 의의를 설명하는 것으로서 가장 획기적인 것인데, 수발을 요하는 사람을 돌보느라 정상적인 생계활동을 하지 못하는 사람들에 대한 사회적 보장이 필요하다. 수발을 요하는 사람은 일상생활을 하는 데 불가피한 일들을 스스로 해결하지 못하기 때문에 다른 사람의 도움을 필요로 하는데, 우선적으로 이들에게 도움을 줄 수 있는 것은 역시 가족이다. 그런데 가족이 이러한 일을 전담하거나 분담할 경우, 이 일을 맡은 사람은 다시 정상적인 생계활동을 할 수 없게 되고, 따라서 수발이 장기화될 경우에는 그 개인의 일신상이나 재정적으로 상당한 희생이 따르게 된다는 것이다. 나아가서 이러한 희생은 이들의 사회적 보장, 특히 그들의 노후생활보장에서 희생으로까지 연결되기 때문에 희생을 대체해 줄 수 있는 보장을 수발보험에서 제공해 준다는 것이다.

현실적으로 수발시설에 위탁되는 노인들의 수가 증가했던 것도 이러한 문제와 관련이 있다. 그런데 시설수발은 그 비용이 다시 문제가 되는데 일반적으로 이러한 비용을 스스로 해결할 수 있는 경우는 일부에 불과한 것이 현실이다. 이것이 수발보험법의 필요성에 대한 세 번째 근거다. 즉, 사회부조금을 받아야 하는 수발대상자들의 비중이 높은 것은 독일 사회보장제도의 기본 틀에 어긋난다는 것이다. 원칙적으로 사회복지제도들에서 충분한 보호행위를 제공하지 못하고 그에 필요한 재원을 제공할 수 없는 예외적인 경우에 그 위기를 해결해 주는 것이 사회부조의 의미이고 목적인데, 수발시설에서 수발을 받는 이들의 대다수가 지속적으로 사회부조를 받는다는 것은 예외적인 경우에도 또 한시적인 경우에도 부합되지 않는다. 그리고 무엇보다 중요한 것은 이처럼 제도에 위배되는 재원 충당은 사회부조의 지속적인 지출 증가를 초래하게 되었고, 이는 다시 사회부조를 담당하는 창구의 재정능력, 특히 지역사회 기초단체의 재정능력을 약화시키게 되었다. 따라서 이러한 재정의 약화를 막고 또 개개인의 수발을 받는 사람들도 사회부조에 매달리지 않고 떳떳이 본인부담의 보험에 의해 수발을 받도록 한다는 것이다(Jurgend, 2000).

(2) 수발보험의 정책적 배경

독일의 경우 수발보험이 제정되기 이전에도 비록 충분하지는 못했지만, 수발과 관련된 급부가 각종 사회보험방식을 통해 어느 정도 보장되어 왔다. 사회부조법상 수발대상자 또는 수발요원에 대한 급부 이외에 연방부조법 및 그 밖의 사회적 희생자 보상에 관한 여러 법률에도 시설수발과 재가수발에 관한 급부 등이 규정되어 있었다.

또한 소득세법에 의한 소득공제제도도 있었고, 보험료가 다소 비싸고 고용자는 고용주에게 아무런 보조도 받을 수 없다는 단점만 제외한다면 민간수발 대책으로, 민간건강보험과 민간생명보험 등도 있었다. 그런데 독일이 굳이 수발보험법을 새로이 제정하여 실행하게 된 정책적 배경은 크게 다음과 같이 두 가지로 집약될 수 있다.

첫째, 지금까지의 정책들이 수발의 충분한 대책이 되지 못했다는 데 있다. 독일 인구의 고령화 현상으로 수발대상자의 수가 갈수록 증가하고 있고, 특히 시설에 거주하는 노인들의 경우 수발비용을 본인의 연금이나 저축된 재산만으로는 더 이상 충당이 불가능하다는 사실이 끊임없이 지적되었다.

둘째, 선거 전략과 사회보험 재정의 고갈을 들 수 있다. 당시 집권여당이었던 기민/기사련(CDU/CSU)은 1990년 연방의회 선거를 앞두고 선거공약으로 수발보험 제정을 내걸었다. 따라서 1994년 주의회 선거와 유럽의회 선거 그리고 10월 연방의회 선거를 앞두고 선거전략 차원에서라도 1994년 초에 수발보험 문제가 어떻게든 해결되어야 했던 것이다. 게다가 위에서 언급했듯이 사회보험 재정의 고갈이 갈수록 심해져, 정부나 지방자치단체 차원에서 근본적인 대책을 마련하지 않을 수 없었던 것이다.

1990년 10월 베를린 장벽이 무너지고 난 뒤 독일의 각 정당은 통일이 사회 분야에 가져올 충격을 사회보험이라는 수단을 통해서 완화해야 한다는 데 의견을 일치하였다. 그리고 이러한 사회복지정책은 국가가 변혁과정을 주도하면서 시도한 케인스식 수요창출 프로그램에 기여했고, 고용주들도 임금협상을 통해 수요를 창출했다. 그러나 근로소득세와 사회보험 지불액을 포함한 근로자 소득의 총 부담액은 1990년 30.4%에서 1994년 34.2%로 매년 거의 1%씩 증가했고, 구 서독도 사회보험에 대한 각종 보험료 지불 총액이 임금의 36.5%(1992)에서 40.9%(1996)로 매년 1.1%씩 증가했다.

이처럼 수발보험과 관련한 정책적 논점이 수발보험 책임권자와 수발보험 재원의 충당문제로 좁혀지게 되면서 여러 주장들이 제기되었다. 물론 수발보험료 책정에서도 많은 논란이 있었고, 심지어 여권 정당 연합에서조차 의견이 분분했다. 연정의 한 축을 이루고 있던 자민당의 경우 기업의 임금 외 비용을 경감시켜 주기 위해서

월급대비 보험료 비율을 1.5%로 하자는 의견이었지만, 기민련과 기사련에서는 늘어나는 노령인구와 감소되는 노동인구의 추세를 감안할 때 수발보험의 비중이 2000년부터 벌써 1.87%까지 늘어나야만 하는 상황을 들어 반대했다. 결국 여당 내의 다수 의견에 따라 1%로 결정되었고, 2007년 현재 수발보험료는 월급의 1.7%에 해당하며, 사용자와 근로자 양측에서 똑같이 50%씩 부담하고 있다.

(3) 운용과 적용대상

독일의 수발보험은 법에 의해 의무적인 사회보험과 민간보험이라는 두 개의 축으로 나뉘어져 있다. 수발보험은 강제성을 띤 사회보험에 속하기 때문에 법적 건강보험에 가입된 사람이면 누구나 보험에 들어야 한다는 점에서 의무적인 보험이다. 민간건강보험에 가입한 사람이라 하더라도 이 의무에서 제외되진 않는다.

수발보험의 급여는 재가수발서비스와 시설수발서비스로 구분되며, 현물급여와 현금급여가 제공되고 있다. 급여는 수발행위로 발생하는 비용의 일부를 부담하는 것을 원칙으로 한다. 재가수발은 가족이나 친지 혹은 방문수발요원을 활용하고 이에 소요되는 비용을 수발보험사가 지원함으로써 전체적인 비용부담을 줄이고 나아가 가족구성원 간 연대의식을 제고하고자 하는 데 주된 목적이 있다. 가족에 의한 수발행위는 수급자의 심리적 안정뿐만 아니라 시설수발에 비해 비용을 절약할 수 있다는 두 가지 장점을 지니고 있다.

수발서비스 수급자는 일상활동 및 사회활동에 상당한 제약을 받으며, 타인의 도움을 필요로 하는 사람을 대상으로 한다. 그러나 이러한 도움은 환자에 대한 치료 또는 의료 차원의 보호와는 달리, 수급자의 일상생활 및 사회활동능력을 지원하기 위한 기초수발서비스를 의미한다.

한편, 수발보험 대상이 될 수 있는 수발상태란 다음과 같은 사항에 해당될 때 인정된다. 고령자들이 육체적·정신적·정서적 질병이나 장애, 기능상실 저하로 인해서 자립적인 일상생활을 유지할 수 없어 다른 사람의 도움을 필요로 하는 경우를 말한다. 그 원인이 되는 노화, 질병, 장애 등은 첫째, 지지 및 거동기관의 상실, 마비 또는 기타 기능장애가 있고, 둘째, 내과기관이나 감각기관의 기능장애가 있으며, 마지막 셋째는 중추신경계나 심리적 장애, 노이로제 및 정신적 장애 등이 있다.

이러한 장애나 노화로 인해 자립적인 생활을 하는 데 불가피하게 다른 사람의 도움을 필요로 하는 사람들을 집에서 수발하는 것이 바로 재택수발활동이다. 그리고 재택수발을 제공하는 사람을 수발요원이라 한다. 수발보험법에 따르면, 이러한 재택수발활동을 지원하고 수발활동으로 인해 자신의 생계활동을 전적으로 또는 부분적으로 포기해야 하는 수발요원에 대해서도 보다 나은 사회보장을 제공하고자 한다. 수발요원들이 제공하는 수발활동을 인정받기 위해서는 주당 최소 14시간 이상의 수발행위가 확인될 수 있어야 한다. 수발을 담당하고 있는 사람들은 주로 가족, 이웃, 자원봉사자 그리고 전문인력 등이다. 일반적으로 가족구성원 중에서 노인과 아동은 의존적 가족원으로 분류된다. 따라서 전통적으로 이들에 대한 보호는 가족이 맡아왔는데, 어떤 특정한 수발대상자의 중점적인 보호는 자기 자신의 일과 생활에 손실을 가져온다는 것을 의미한다. 많은 경우 심신의 피로가 누적되기도 하지만, 다른 한편으로 재정적으로도 부담이 되어 힘들어지기 마련이다.

한편, 수발활동자로 인정을 받은 사람이 가족을 위한 수발활동으로 말미암아 주당 30시간 이상의 생계활동을 하지 못하는 경우에는 연금보험과 산재보험의 보험료를 수발보험사에서 지불하게 되어 있다. 지불되는 금액 정도는 수발의 정도와 그에 따른 수발활동의 범위에 따라 달리 산정된다. 그밖에 수발행위로 인한 보호자의 정신적·육체적 부담을 감안하여 연간 4주 이내의 휴가를 보장하고 있다(김근홍, 1999).

(4) 우리나라의 노인장기요양보험

우리나라는 65세 이상의 고령자가 전체인구에서 차지하는 비중은 1970년 3.1%, 2000년 7.2%, 2012년 11.8%를 차지하였으며, 2030년 24.3%, 2050년 37.4%로 전망되는 등 급속한 인구의 고령화로 2007년 4월 27일 법 제정, 2008년 7월 1일부터 시행하고 있으며 처음에는 서비스를 3등급까지 실시하였으며, 2014년 7월부터 5등급으로 변경되었다.

노인장기요양보험의 등장 배경은 인구의 고령화, 치매 및 만성질병의 증가로 노인의료비의 증가, 독거노인의 증가, 여성의 고학력화와 경제활동인구 증가, 가치관의 변화, 가족의 핵가족화, 복지분야 재정 지출 증가 등을 들 수 있다.

2014년 7월부터 실시되는 5등급인 치매특별등급은 수급자에게는 인지기능 악화 방지·잔존능력 유지를 위해 인지활동형 프로그램을 주 3회 또는 월 12회 이상 제공하고, 가족들에게 연간 6일 단기보호급여를 추가 이용할 수 있도록 하는 '치매가족휴가제'를 실시하고 있다.

그리고 2018년 1월부터 인지지원등급 신설되어 신체적 기능 상태와 관계없이 모든 치매질환어르신까지 장기요양서비스 대상자가 될 수 있도록 개선되었으며, 2018년 8월 장기요양 본인일부담금 감경대상자 확대하여 저소득계층 수급자의 경제적 부담 완화하려는 노력을 계속하고 있다.

노인장기요양보험의 이용자는 매년 증가하고 있으며, 2019년 10월 31일자로 노인장기요양보험 이용자 현황은 다음과 같다.

|표 7-3| 노인장기요양보험 이용자 현황

신청자	인정자						
	계	1등급	2등급	3등급	4등급	5등급	인지지원등급
1,099,093	752,606	44,802	86,728	223,850	313,592	68,969	14,665

노인장기요양보험의 서비스의 확대 및 대상자의 확대로 제정은 악화되고 있다. 국민건강보험공단의 최근 10년간 '장기요양보험 재정 · 보험료 추이' 통계자료에 따르면 2018년 노인장기요양보험 재정수지 현황이 수입은 6조 657억 원, 지출은 6조 6758억 원으로 당기수지가 6101억 원의 적자를 보였다.

2014년 3040억 원, 2015년 909억 원의 당기수지 흑자였던 노인장기요양보험은 2016년부터 적자로 돌아섰고 2018년 12.7%, 2019년 15.3% 보험료 인상을 시도했지만 적자폭과 규모는 시간이 지날수록 더 심해지고 있다.

2016년 432억 원 적자가 2019년 7,530억 원으로 재정 적자 폭이 약 17배 상승하였다. 이에 노인장기요양보험율은 국민건강보험에 연동하여 2010년부터 2017년까지 6.55%를 유지하다가 2018년 7.38%, 2019년 8.51%로 2년 연속 인상됐으며, 지속적으로 인상될 예정이다.

6) 기타 사회보험 및 주택관계보조금

일반적으로 선진 사회보장국가의 대표적인 판별 기준은 한 나라의 사회보장이 얼마나 목적론적 급여에 비중을 두고 있는가 하는 점이다. 그런 점에서 노인, 장애인, 아동 등 신체적 및 정신적 상황 때문에 특별한 수요를 야기하는 집단에 대한 보호가 상대적으로 중요한 위치를 차지하고 있다. 사회보장에서 선진국인 국가들은 이러한 인구집단에 대해 사전기여를 전제하지 않고 보호하는 제도가 있는데, 유아보조금(kindergeld) 또는 양육수당(erziehungsgeld) 등을 그 예로 들 수 있다. 일례로 자녀를 둔 독일 가정은 1998년 기준으로 첫째 유아의 경우 월 114유로, 그 다음 자녀는 154유로의 유아보조금을 일괄적으로 지급받을 수 있었다. 그러나 2002년부터 첫 번째 자녀부터 세 번째 자녀까지는 매 자녀마다 154유로를 지급받고 네 번째 자녀는 179유로까지 상승된 금액을 수급할 정도로 혜택폭이 커졌다. 재정은 연방정부가 74%, 주정부가 26%를 부담하며 일반적으로 고용사무소의 가족창구(familienkasse)에서 지급되는데, 이로써 4년 전에 비해 자녀당 40유로 이상 상승된 유아보조금을 지급받을 수 있게 되었다. 이는 뒤에서 구체적으로 언급하겠지만, 사람들을 도와주고자 종교적 전통에서 시작된 사회부조(sozialhilfe)의 경우 대상자가 어려운 상황에 처했으면서도 정부의 공적 사회보험 혜택으로 적절한 삶을 누리지 못할 때 누구나 신청하여 혜택을 받는 제도라 하겠다.

이 밖에 목적론적 급여에 속하는 대표적 제도로 가족의 주거 수요를 충족시키기 위해서 지급되는 주택관계보조금(wohngeld)제도도 있다. 독일은 제2차 세계대전을 치르면서 많은 공공건물과 주택이 전소 또는 파손(약 22%)된 데다, 다시 전후의 경기침체로 인한 주택건설의 부진과 일명 '베이비 붐'에 의한 인구의 급증 등으로 주택이 크게 부족한 상태였다. 즉, 주택난의 해결을 위해 특별한 정책적 배려가 요구되었고, 그 뒤에 건축되어 보급하기 시작한 사회주택시설은 바로 이러한 정책에 따른 것이다. 사회주택은 저소득층을 대상으로 저렴하게 주택을 공급하기 위한 주택시설이고, 저소득층의 안정된 주거생활을 보장하기 위해 정부 재원에서 지불하는 보조금이 바로 주택관계보조금이다.

주택관계보조금은 1960년도부터 지급되기 시작하여 1963년 주택관계원조법(Gesetz üer Wohnbeihilfe)으로 확충되었고, 다시 1965년과 1970년 두 차례에 걸쳐 주택관계보조금법으로 발전하여 사회보장제도의 한 자리를 차지하게 되었다. 즉, 1970년에 제정된 주택관계보조법에 의하면, 규정 이하의 수입을 가진 사람이 저렴한 가격의 주택을 얻지 못했을 경우, 신청에 의하여 주택관계보조금을 받을 수 있다고 명시되어 있다. 물론 입소(수용)시설법에 의하여 입소시설에 사는 사람도 주택관계보조금을 신청할 수 있다.

주택관계보조금법은 각 가구마다 가구원 수에 합당한 주택에서 생활할 수 있도록 필요한 경우 보조금을 주는 법이다. 이에 따라 주택관계보조금은 세를 들어 사는 사람들의 집세에 관계되는 임대료 보조금과 기타 자기 집을 지어 사는 사람들을 위한 부담금 보조로 구분된다. 주거시설을 임대하여 사는 사람의 소득수준이 임대료에 미치지 못할 경우 그 부족한 부분을 지원해주는 것이 바로 임대료 보조금이다. 이는 신청한 달부터 1년간 지급되며, 그 후 사정이 변하지 않았을 경우 다시 신청한 다음에 심사를 거쳐 연장된다. 이 경우 보조금의 액수는 동거하는 가족의 구성원 수와 연령, 가족 전체의 소득수준 그리고 임대료 및 부대비용 등에 따라서 결정된다(Belardi et al., 1999).

한편, 1998년 기준으로 4인 가족의 경우 월평균 110유로였지만 2005년 현재 약 160유로까지 지급받고 있다. 이처럼 주택관계보조금은 사회보험과는 달리 재원을 보험금이 아닌 세금으로 충당하면서, 소득수준이 낮은 사람들에게 완화된 기준을 적용한다는 특징 때문에 경제적 소득이 부족한 사람들에게 요긴한 소득보조수단으로 활용되고 있다. 특히 노인의 경우 오랫동안 살아왔던 주거지를 떠나는 것이 젊은이에 비해 어렵고, 물가변동에 따라 주거비도 오르기 마련이지만 소득은 그에 비례하여 늘어나지 않는 것이 일반적이기 때문에 주택관계보조금 혜택을 가장 많이 필요로 하기 마련이다. 독일 연방통계청 자료에 따르면, 65세 이상 노인 중에서 주택관계보조금 수혜의 실질적 대상자는 약 40%에 달하고 있다(Klie, 2001). 주택관계보조금은 연방과 주가 각각 50%씩 나누어 조달하며, 운영비는 주와 시에서 부담하며, 그 운영은 시·군의 행정단위에서 신청을 받아 운영하고 있다. 아젠다 2010 개혁 프로그램의 일환으로 그동안 지자체에서 관리하던 사회부조(sozialhlife)제도를 사회자금(sozialgeld)으로 이름까지 바꿔 가파른 작업을 진행 중에 있다. 일례로 주택관계보조금(wohngeld)과 출산지원 장례비 지원 등을 대폭 삭감하거나 또는 아예 없애버리는 부분도 있다. 더욱 내집마련보조금(eigeneheimzulage) 제도도 폐지하고, 남은 재원은 교육과 연구 그리고 어린이 보육환경 개선에 투입한다는 계획을 세워두고 있어 그 방향의 향배가 주목되고 있다.

History of Social Welfare

▍제 8 장▍

영국의 국민보험

08

1. 자유당 정부와 사회개혁

1) 자유당 개혁 전 조사활동

1906~1914년까지 자유당의 개혁은 복지제도에 커다란 변화를 가져 왔다. 이 기간 중에 근로계층의 정치적 압력은 지속적으로 증가하였다. 물론 조직화되지 못한 근로계층의 영향력이 어느 정도인지, 실제로 어느 정도 이 시기의 개혁에 영향을 미쳤는지는 논란이 많지만 하나의 요인으로 추정되고 있다. 그리고 정치 엘리트들은 국가의 효율성을 증진하기 위하여 개혁조치가 필요하다고 인식하고 있었다. 즉 경제성장은 건강하고 교육받은 노동력에 달려 있다고 판단하였으며 제국의 미래와 영국 국민의 자유 및 사회적 진보는 군대를 강력히 하는 것이 아니라 아동을 튼튼하게 길러 생활의 전쟁을 잘하도록 해주는 것이라 판단하였다. 또한 부스 및 라운트리의 빈곤조사와 보어(Boer) 전쟁의 징집자에 대한 신체검사 등의 경험적 자료는 빈곤이 상상한 이상으로 심각한 상태이고, 건강한 자들의 빈곤이 도덕적 타락 때문이 아니라는 것도 보여주었다. 또한 개인의 자유를 해석할 때도 전통적 의미로 억압이 없는 신체적 자유가 아니라, 경제적 자유뿐 아니라 경제적 보장을 확보해주는 적극적 자유를 위한 수단도 포함되어야 한다고 해석하게 되었다. 즉, 국가의 사회개혁에 대한 적극적 역할을 주장하였다.

자유당의 개혁은 중앙정부의 업무를 대상으로 이루어졌다. 지역적 불균형을 반영하는 지방정부의 업무를 대상으로 이루어졌다. 지역적 불균형을 반영하는 지방정부의 재정을 개혁하여 지방의 수입을 증가시킬 수도 없었고, 지방에는 빈민법의 운영에 따라 기득권층이 존재하는 까닭에 이들의 반발을 의식하여 빈민법 외의 영역을 대상으로 하였다. 여기서는 빈곤에 관한 개인연구자들의 조사활동, 보어전쟁 징집자들의 신체검사 결과에 대한 부처간위원회 활동 및 빈민법 개혁안의 연구를 먼저 본 후에 자유당의 개혁안을 살펴본다.

(1) 빈곤조사

당시 사회조사는 서술적이고 주관성이 강하였으며, 단순히 발견한 것을 증빙할 만한 자료들을 취합하여 목록화하는 수준이었고, 데이터분석 및 처리기법들이 개발되지 않았다. 1801년에 처음 실시된 전국 인구 조사와 1836년의 출생·사망 및 혼인등록법(the Registration of Birth, Deaths and Marriages Act of 1836)이 제정된 후 전체 인구에 관한 통계적 정보를 획득하게 해주었으나 빈민에 대한 사회조사는 서술적 수준을 벗어나지 못하였다. 당시 사회는 빈민을 사회의 주된 구성원이 아닌 이방인 또는 약탈자로, 자선가들은 길을 잃고 무기력하게 된 사람들로, 우생학에서는 이들을 유전적으로 열등하다고 보았다. 이와 같은 주장들은 빈곤 원인에 대하여 과학적이라 할 만한 자료를 제공해주지 못하였다.

이런 상황에서 찰스 부스(Charles Booth)는 빈곤에 대한 수량적 조사를 실시하였다. 보수주의자로 리버풀 지역의 사업가인 그는 좌익인 사회민주연맹이 1883년 이전에 런던에 거주하는 근로계층에 대해 조사를 실시한 후 약 25%의 근로계층이 빈곤상태라고 한 결론이 과장되었다고 생각하였다. 그는 25%를 반박하기 위하여 기초자료를 살펴본 후 조사대상의 설계가 엉성하고 수집정보의 분류항목도 시기별로 변화되었다는 이유로 결과의 신빙성을 의심하였다. 부스는 대규모 사회조사로서는 처음으로 조직적이고 통계적인 새로운 기법들을 사용하였다. 부스의 주요한 발견은 1889년에 네 권의 『빈곤조사(*Poverty Inquiry*)』로 출판되었다. 그는 25%가 과장된 것이 아니라 오히려 너무 적다는 사실을 발견하였다. 런던 인구에 대한 조사결과는 30.7%가 빈곤상태였다. 인구 분포를 보면 유형 A(부랑자, 술주정뱅이, 유사 범죄자) 0.9%, B(겨우 입에 풀칠하고 사는 사람) 7.5%, C~D(계절적 혹은 하찮은 정규 임금노동자) 22.3%, E~F(정규직이거나 꽤 많은 급료를 받는 자) 51.5%, G(하급 중산층)~H(상급 중산층) 17.8%였다. 실업과 직업이 있어도 계절적이거나 임금이 낮은 점이 빈곤의 주요한 원인이었다. 그는 가치가 없는 집단, 즉 술주정뱅이, 범죄자, 창녀들은 추위와 배고픔으로 죽지 않을 정도의 고통을 겪어야 한다고 하면서도, 빈곤이 단순히 개인의 책임이 아니라 사회조직의 실패라는 것을 확신하게 되었다. 그는 자본주의에 대한 신념을 변경하여 소외된 사람들이 자본주의사회에서 생존할 수 있도록 복지서비스를 통하여 도와주어야 한다고 생각하였다.

그러나 그의 조사는 몇 가지 한계점이 있었다. 즉, 조사범위가 명백히 지정되어 있지 않아 조사는 동부 런던지역에 집중되었고 점차 수도권의 다른 지역에까지 범위를 넓혀 나갔지만 런던의 전 지역을 조사한 것은 아니었다. 또한 빈곤선(poverty line)이 정확하지 못하여 보통의 가정(moderate family)은 주당 21실링이 빈곤선이라고 하면서 여건에 따라 변한다고 하였으나 가족구성원의 연령 및 가족규모에 따른 변화는 연구하지 않았다.

찰스 부스의 작업에 가장 영향을 많이 받은 사람은 시봄 라운트리(Seebohm Rowntree)로 요크지역의 초콜릿 공장 사장이었고 퀘이커교도였다. 그는 찰스 부스의 조사가 자신의 도시인 요크지역에서도 나타나는지 알아보려 하였다. 요크가 영국을 대표하는 지방도시는 아니었지만 1899년에 조사를 시작하였다. 조사결과인 『빈곤 도시생활의 연구(*poverty: A Study of Town Life*)』는 1901년에 출판되었다.

라운트리는 빈곤의 유형을 1차 빈곤(primary poverty)과 2차 빈곤(secondary poverty)으로 분류하는 등 정교하게 발전시켰다. 1차 빈곤은 가족의 소득이 생물학적 효율성(biological efficiency)을 유지시킬 수 있는 기본 필수품(basic necessities), 즉 식료품·연료·주책과 의복 등 4개 항목에 전부 투입하더라도 모두 구입할 수 없을 정도인 경우를 의미한다. 2차 빈곤은 가족의 소득이 위 4개 항목을 구입할 수 없을 정도인 경우를 의미하고, 그 소득 중 일부를 다른 정도에 소비함으로써 빈곤해지는 경우를 의미한다. 이는 음주, 도박 등에 낭비될 수 있으며, 가옥이전, 직장까지의 교통요금 혹은 가족 중 불행한 사람에 대한 지원에 사용될 수가 없는 거의 초인간적 에너지와 지능이 필요한 수준이다. 체력을 유지하기 위하여 섭취하여야 할 식사량과 최소 식사에 얼마의 비용이 소요되는지를 알기 위하여 당시 건장한 구호수습자들이 받을 수 있는 것보다 더 낮은 식사의 기준을 사용하였다. 요크의 뒷골목에서 그 지역의 집세와 싼 옷가게의 옷값 그리고 연료비를 조사하였다. 라운트리는 빈곤선이 가족 상황에 따라 변하는 것을 감안해 가족규모와 아동의 연령을 고려하였다.

그의 결론은 요크에서 비숙련노동자에게 지급되는 임금수준은 단지 물리적인 효율성을 유지하면서 보통의 가족을 유지할 수 있는(to maintain a family of moderate size in a state of bare physical efficiency) 수준에도 미달된다는 것이었다. 그의 계산에 의하면 요크의 근로계층 중 9.91%는 1차 빈곤에서 살고 있었고, 17.93%는 2차 빈곤 속에 있었다. 이 규모는 기준과 정의가 다르기 때문에 부스의 규모와 직접적으로 비교할 수 없으나 27.84%는 대중에게 충격을 줄 정도로 부스의 숫자와 극히 가까운 규모였다.

그리고 라운트리는 빈곤순환(poverty cycle)을 연구하였다. 가족은 상대적으로 빈곤 및 번영의 기간을 경험한다. 즉, 부부는 아이들이 어릴 때는 빈곤 또는 빈곤 언저리에서 살아가다 아동이 근로할 연령이 되면 임금을 가져오므로 상대적 풍요를 누리고, 이들이 집을 떠나 독립가계를 꾸릴 때쯤 다시 가난해지고 이윽고 노령에 이르면 일을 계속할 수가 없게 된다. 그동안 그들 자녀들은 결혼하여 빈곤, 상대적 풍요, 다시 노령에 이르렀을 때 빈곤상태가 되는 순환이 계속된다. 이 가설은 기여제 노령연금과 아동수당의 필요성을 증명해 주는 것이었다. 라운트리는 부부와 자녀 3명의 가족이 1차 빈곤을 벗어나기 위하여 주당 21실링 8펜스가 필요하다고 추정하였는데, 부스가 추정한 21실링과 유사한 수준이었다.

그리고 부스와 같이 빈곤의 주요 원인이 개인적 문제가 아니라 많은 근로계층이 처한 불리한 상태 때문이라고 주장하였다. 계절적 실업 및 비자발적인 실업의 결과로 소득이 일정치 않기 때문에 빈곤해진다는 것을 발견한 부스의 의견을 더욱 강화시켜 주었다. 부스의 결론이 런던뿐 아니라 요크에서도 존재하고 나아가 전국에 존재한다는 것을 거의 확실하게 보여주었다.

그러나 라운트리의 척도는 너무 자의적이고 정밀하지 못하다고 비판을 받았는데, 그가 사용한 식사수준은 근로원에서 제공하는 것보다 훨씬 열악한 것이었기 때문이다. 라운트리의 인간요구에 맞는 식사(human needs diet)는 거의 먹을 수 없는 것이었다. 주로 귀리죽(porridge), 오트밀(oat-meal), 콩(pulses), 청어(herrings)로 구성되었다. 그러나 라운트리는 근로계층이 이런 열악한 수준(stringent level)에서 살아야 한다고 주장하지는 않았다. 그는 동료 실업가들에게 현재의 급료로는 근로자들이 생물학적인 효율성도 유지하기 어렵다는 것을 증명하기 위하여 이 기준을 사용하였다. 너무나 열악해서 이 기준으로 사는 가족이 가난하지 않다고 아무도 주장할 수 없었기 때문이었다. 그가 묘사한 기근에 대한 설명의 일부를 보면 다음과 같다.

> 이러한 기준액이 허용하는 정도의 삶을 사는 가족은 철도나 버스요금으로 한 푼도 사용해서는 안 된다. 그들은 걸어가지 않는다면 지방에 갈 수가 없다. 그들은 결코 50펜스짜리 신문을 구입해서는 안 된다. 그들은 멀리 있는 아이들에게 편지를 써서도 안 되는데 이는 우표를 구입할 돈이 없기 때문이다. 그들은 저축할 수도 없고 상병조합(sick club)이나 노동조합에 가입할 수도 없는데 회비를 납부할 수가 없기 때문이다. 아이들은 인형이나 구슬, 사탕을 살 수 있는 용돈도 가질 수 없다. 아버지는 담배를 피울 수도 없는데 회비를 납부할 수가 없기 때문이다. 아버지는 담배를 피울 수도 없고 맥주를 마실 수도 없다. 어머니는 그 자신을 위해서 예쁜 옷을 사서도 안 되고 아이들이 질병에 걸리면 구빈구의 의사에게 가야 하고 사망하면 구빈구 묘지에 매장해야 한다. 마지막으로 임금소득자는 단 하루라도 직장에 결근해서는 안 된다.

(2) 부처간위원회 신체 열악 원인 조사

1899~1902년간 지속된 보어전쟁으로 징병제가 처음으로 영국에 도입되었다. 그러나 징집대상자의 약 40%가 신체검사 결과 복무에 부적합한 것으로 판명되었다. 이 당시 전쟁은 기술이 아닌 인력의 싸움이었으므로, 병약한 영국의 젊은이들이 창끝같이 뾰족한 헬멧을 쓴 독일병사와 맞서서 제국을 유지해 나갈 수 없으리라는 위기감 때문에 대책을 서두르게 되었다. 신체 열악에 관한 부처간위원회(the interdepartmental committee on physical deterioration)가 1904년에 설치되었다. 부처간위원회는 왕립위원회(royal commission)보다 조용하고 훨씬 빠르게 진행되었다. 위원은 보통 특정부처의 대표인 고위공무원이었고, 업무의 일부로서 회의를 하며, 원칙에 관한 사안보다는 주로 방법과 수단, 즉 어떻게 일을 수행하는가에 관심이 있었다. 이 위원회는 신체 열악의 특별한 원인을 발견하지 못하였으나 최종보고서에서는 상당

수의 보건, 주택, 모성 및 아동에 관한 조치를 건의하였다.

그리고 유아사망률은 감소되기 시작하였다. 1870년과 1872년간에 조출산율(crude birth rate)은 인구 천 명당 35명, 유아사망률은 태어난 천 명당 150명이었고, 최악의 해인 1899년에는 출생인구 천 명당 163명이었다. 그러나 1900~1902년에 조출산율은 인구 천 명당 142명이었다. 높은 유아사망률은 조금 감소한 출생인구 천 명당 142명이었다. 높은 유아사망률은 불결한 가정, 임산부의 영양부족과 임신에 관한 무지, 무지한 산파의 역할, 빈약한 아동급식·아동보고에 관한 지식과 보호결핍, 질병인 유행성 설사 때문이었다. 가정을 방문하여 건강을 지도하는 보건방문사업(health visiting)은 19세기 중반 이후 일부 도시에서 시작되었고 아동 진료수준도 향상되었다. 산파의 기술향상을 위하여 1902년에 산파법(the Midwives Act)이 제정되었고, 중앙산파부(Central Midwives Board)가 신설되어 교육을 담당했으며 지방정부는 등록된 산파를 감독하였다.

(3) 구민법 왕립위원회의 활동

1905년에 5년 임기의 구민법 왕립위원회가 구성되었다. 빈민구호는 지원가치가 있는(deserving) 사람만 골라서 지원해야 한다고 주장하는 자선조직협회 소속의 위원과 사회주의 계열인 페이비언협회(fabian society) 소회는 나중에 노동당의 핵심 연구조직이 되었는데 1884년에 혁명보다는 혁신적 방법을 통한 변화를 신봉하여 창설되었고, 그 이름은 천천히 서두른다(hasten slowly)는 로마장군의 이름(Quintus Fabius Maximus)에서 따온 것이었다.

20세기 초 구민법상의 구호수급자는 약 90만 명으로 리버풀 인구규모와 유사하였다. 그중 27.6%는 남성, 43%는 여성, 29.4%는 아동이었다. 연령 구분을 보면 15~24세의 구호자는 천 명당 33명, 25~34세는 66명, 65~74세는 163명으로 점차 높아지고, 75~84세는 275.9명, 85세 이상은 353.1명이었다. 구호자들은 자립능력이 없는 사람이 대부분이었다.

위원회는 다수파인 자선조직협회 측과 소수파인 페이비언협회의 의견이 부딪혀

합의점을 도출하기는 어려웠다. 이 결과 공식적인 빈민법 왕립위원회 보고서의 끝부분에 작은 문자로 소수파인 페이비언 사회주의 위원의 의견이 명시된 채로 제출되었다.

다수파의 주장은 고센비방록의 원칙이 지켜져 단지 기초적인 최저수준만을 지원해야 하며, 자립가능한 지원가치가 있는 자에게 더 많은 도움을 주어야 한다는 것이었다. 빈민법상 문제점으로 신빈민법에 따라 여러 구빈구를 통합한 구빈연합체의 관할구역(union area)이 좁고, 구빈체계가 지방정부와 분리되어 있으며, 빈민법 집행 감독 인력 및 통제가 부족하다고 지적하였다. 그래서 첫째, 중앙조직인 지방정부부(local government board)를 장관(secretary of state)급으로 격상시키고, 둘째, 지방의 업무는 주(county, county borough)에 의해 이루어져야 하며, 셋째, 명칭을 '빈민법'에서 '공적부조(public assistance)'로 변경하고, 넷째, 근로원은 '가능한 치료적이면서 재활적인(curative and restorative)' 기능을 수행하여야 하며, 이 일은 지원단체에 의하여 집행되어야 한다고 건의하였다. 이 건의는 1930년의 빈민법에 의하여 일부 실현되었다. 지방정부에 공적부조위원회(public assistance committee)가 창설되어 전문화된 공적부조서비스를 제공하게 되었으나, 지원할 가치가 있는 자와 없는 자를 구별하고, 이 업무를 지원단체들이 담당하게 해야 한다는 건의는 채택되지 않았다.

소수파는 빈곤은 개인의 잘못이 아니며, 자본주의체제에서 생성된 것이므로 빈민상태(pauperism)를 문제로 취급하지 말고, 빈민법 체계의 전면적 폐기를 주장하였다. 그들은 첫째, 능력 있는 빈민(able-bodied poor)과 무능력한 빈민(impotent poor)의 문제는 분리한다. 둘쌔, 무능력한 빈민들은 지방정부가 전문지을 통해, 즉 아동은 교육위원회, 질병 또는 장애아동은 보건위원회, 정신질환 및 정신지체는 정신병위원회에서 책임을 맡도록 한다. 셋째, 능력 있는 빈민의 경우 스스로 직장을 찾을 의무보다 국가에서 직장을 주는 책임을 더욱 강조한다. 노동력 교환·무역·유지 보수 및 훈련·산업규제·인민·통제정보조직을 가진 노동부(ministry of labour)를 설치하고, 10년 주기의 경제계획을 추진하여야 한다. 넷째, 근로와 자립이 국민의 기본적 의무이므로 의도적인 게으름뱅이는 내무부가 운영하는 교정식민지(reformatory colony)로 보내야 한다고 권고하였다. 소수의견은 『구민법 철폐와 근로원의 폐쇄(*Break up the Poor Law and Abolish the Workhouse*)』란 명칭으로 별도 출판되었고, 대중연설 등을 총하여 거리에서 홍보를 시작하였다. 소수의견은 거의 40년 후인 1945년에 노동당 정부가 복지국가의 입법 기초로 일부를 반영하였다. 그러나 왕립위원회가 논쟁을 하는 동안 자유주의자들은 권력을 잡았고 다른 방안을 가지고 개혁을 준비하고 있었다.

2) 자유당 정부와 사회개혁

1906년 총선에서 토리당을 누르고 집권에 성공한 자유당은 이전의 빈민법과는 질적으로 다른 일련의 사회복지정책들을 도입함으로써 영국복지국가의 기초를 닦았다.

1906년의 교육법을 필두로 고용주의 산재보상 책임을 규정한 1907년의 노동자보상법, 1908년의 아동법, 보호관찰법, 국가가 전국적인 직업소개소망을 갖도록 규정한 직업소개소법, 최초로 노인들에게 무갹출연금을 지급하도록 한 1908년의 노령연금법, 그리고 의료보험과 실업보험으로 구성된 영국 최초의 사회보험인 1911년의 국민보험법 등이 개혁의 산물들이었다.

그밖에 노동일과 최저임금에 관한 의미가 있는 법도 이 시기에 만들어졌다. 1908년 내무성은 광부의 8시간 노동일을 규정하였다. 이는 성인 남자의 노동일에 대한 최초의 국가 규제로서 노동당 하원의원들의 압력이 큰 영향을 미쳤다. 당시 내무장관인 처칠이 주도적으로 만든 1911년의 상점법은 1주일에 한 번 반나절 동안 상점문을 닫도록 규정하였다. 더 중요한 것은 영국노총(TUC)이 줄곧 요구해 온 법정 최저임금제를 일부 수용한 1909년 상무성법이었다. 이 법도 처칠이 주도하였는데, 고용주, 노동자, 중립인사가 동수로 참여하고 중립인사가 의장을 맡는 위원회를 두어 일부 산업에 한해 최저임금을 협의하도록 했다. 최저임금 협의대상은 여성과 이민 노동자가 많고 또 소규모로 운영되어 노조를 조직하기 힘든 봉제업계와 같은 중노동업체였다. 후에 최저임금제는 탄광에서부터 확립되었다.

그중 가장 대표적인 것이 1911년 국민보험이다. 국민보험은 사실상 2개의 사회보험, 즉 의료보험과 실업보험이 동시에 제도화된 것으로 당시 자유당 정부 내에서 개혁을 주도했던 로이드 조지와 윈스턴 처칠의 합작품이었다. 이들은 사회보험이 사회주의에 대한 방파제가 된다고 확신하였다.

사회보험의 반사회주의적 성격을 가장 잘 간파한 자유당 각료가 처칠이었다. 그는 사회보험의 도입 필요성을 역설하면서 독일의 비스마르크 사회입법이 사회주의를 부드럽게 죽이기 위해 마련되었다는 점을 강조하였다. 그는 사회보험을 포함한 자유주의적 사회개혁이 부자와 빈민 사이의 양극화를 막아주어 사회를 공고히 하는 피라미드와 같은 역할을 한다고 주장하였다(원석조, 1996).

자유주의 개혁파인 이들에게 사회보험은 급여 측면에서도 자신들의 관념과 잘 부합되었다. 즉, 피보험자가 갹출한 돈으로 급여 혜택을 받는다는 것은 자신의 노력으로 급여 권리를 획득한 것이나 같으므로 떳떳하다는 것이었다. 이는 전통적으로 자유주의자들이 선호해 온 빅토리아적 자조의 미덕에 합치되었다. 로이드 조지는 사회보험을 강제된 자조(compulsory self-help)로 간주했다. 따라서 급여수준은 인간다운 생활을 유지할 만큼 충분해서는 안 되었다. 국가 부담도 적어야 했고, 재정은 노동자와 그 고용주가 주로 부담해야만 했다.

국민보험 법안을 만든 실무자였던 브레이스웨이트(W. J. Braithwaite)는 "노동자도 기여를 해야 한다. 그럼으로써 그들은 자존심을 살릴 수 있다"라고 주장했다. 윈스턴 처칠도 피보험 노동자들이 사회보험급여의 권리를 자신의 힘으로 획득하게 된다는 점을 강조하면서 보험원칙을 엄격히 적용해야 한다고 다음과 같이 말했다. "보험 자격은 보험회계적으로 정해져야 한나. 자격을 얻으려면 기여를 해야 한다. 자격이 없으면 급여 혜택도 없다. 이렇게 하는 것이 가장 안전하고도 간단한 기금 운용방식이다." 그는 피보험자가 기여를 통해 급여 자격을 갖게 되면, 그의 곤궁이 그 자신의 책임이든 아니든 상관없다고 생각했다. 로이드 조지도 같은 생각이었다. 그는 브레이스웨이트에게 지시하여 국민보험법에 "질병의 원인이나 성질에 관계없이 진료 받을 수 있다"라는 문장을 삽입시켰다. 양자 모두 사회보험에서는 빈민법에서 중시되었던 구제가치가 있는 빈민(deserving poor)의 개념이 필요치 않았던 것이다(원석조, 1996).

2. 의료보험과 실업보험

1) 의료보험

국민보험의 제1부이자 로이드 조지가 '앰뷸런스'라고 부른 의료보험은 공제조합, 보험회사, 의사 등과 같은 강력한 기득권 집단들과의 장시간 협상을 거쳐 탄생하였다. 이미 조합원들에게 의료급여를 제공하는 프로그램을 운영하고 있었던 공제조합은 같은 사업 영역을 놓고 국가와 경쟁하기를 극구 거부하였다. 결국 정부는 이들 공제조합에게 의료보험의 운영을 맡김으로써 이들을 포섭할 수 있었다.

공제조합에서 의료보험의 운영권을 부여하자 유사업체인 보험회사에서 가만히 있지를 않았다. 사실 보험회사의 수많은 인력은 의료보험을 운영하기에 충분했고, 보험회사는 의료보험을 참여함으로써 새로운 고객을 확보하는 데 유리하였다. 국가 입장에서도 이들 보험회사를 끌어들인다면 의료보험의 운영을 위해 별도의 운영기구를 만들 필요가 없었다. 보험회사들은 로이드 조지에게 실업보험상의 미망인급여와 고아급여를 폐지해 줄 것을 요구하였다. 이들 급여가 보험상품의 하나인 사망보험과 경쟁관계에 놓일 것을 우려했기 때문이었다. 결국 로이드 조지가 이를 수용함으로써 보험회사의 반대를 달랠 수 있었다.

의사들도 목소리를 냈다. 항상 공제조합과 계약하여 진료서비스를 제공하고 있었는데, 항상 공제조합은 진료비를 깎으려 했고, 이에 대한 의사들의 불만이 적지 않았다. 그러므로 국가가 관장하는 의료보험을 거부할 이유가 없었다. 그러나 국가 의료로 편입되고 싶은 생각은 추호도 없었다. 영국의학협회는 의료보험의 대상은 빈민법 대상 이상에서 일정 소득(연소득 100파운드) 이하인 사람으로 제한할 것을 요구하였다.

여하튼 협상 끝에 연소득 250파운드 이하 16~70세의 모든 육체노동자와 연소득 160파운드 이하의 비육체노동자가 의료보험의 대상자가 되었다. 보험료는 주당 피용자가 4펜스, 고용주가 3펜스, 대장성이 2펜스를 부담하고, 운영은 공제조합 중 정부가 인정한 공인된 조합(approved societies)이 맡고, 피보험자에게는 조합 선택권을 부여하였다. 가입은 의무적이었고, 국가는 감독권을 행사하였다. 말하자면, 국가가 국민들에게 의료서비스와 질병급여를 직접 제공한 것이 아니라 자신들의 힘으로 의료서비스와 질병급여를 받도록 강제한 셈이었다. 상병수당은 주당 10실링, 장애수당은 5실링, 출산수당은 30실링이었으며, 피보험자(가입자 본인, 부양가족은 제외)는 지역보험위원회에 등재된 의사명단에 있는 의사를 선택하여 무료로 진료 받게 되었다. 의사들은 자신의 명부에 등록된 피보험자의 수에 비례하여 진료비(a capitation fee)를 받았다.

2) 실업보험

1920년의 실업보험은 1911년의 법보다 적용대상을 확대하여 더 많은 근로자에게 적용하였고, 부양가족에 대해 수당(dependents allowance)을 지급하였다. 그리고 수급권이 소멸된 사람에게도 나중에는 잠정급여(transitional benefit)로 불린 '비정식 급여(uncovenanted benefit)'제도를 도입하여 저율로 일정 기간 동안 추가적으로 지급하였다. 이는 보험의 원칙을 깨뜨린 조치였다. 전후인 1921년 갑작스럽게 실업이 증가하였다. 1921년 말에는 보험가입 노동력의 약 14%가 실업상태에 있었고, 적립 기금의 규모는 1백만 파운드까지 떨어졌다. 이에 대처하기 위하여 1920년부터 1931년까지 여섯 번이나 근로자의 기여금, 고용주의 부담금 및 재무장관의 보조금과 급여가 변경되었다. 근로자의 기여금은 1920년의 4펜스에서, 이듬해 7월에 7펜스, 11월에는 9펜스로 인상되었다가, 1926년에는 다시 7펜스로 인하되었고, 1931년에는 10펜스로 인상되었다. 고용주의 부담금도 4펜스에서 시작하여 8펜스, 10펜스, 다시 8펜스 및 10펜스로 변화되었으며, 재무부장관의 부담금은 2펜스에서 3펜스로, 다시 6펜스로 되었다가 7.5펜스로 낮아지되 다시 10펜스로 인상되었다. 급여는 15실링을 유지하다가, 1931년에는 15.3실링으로 낮아졌다. 점차 보험은 단기 실업에는 대응이 가능하지만 장기 또는 대량의 실업에는 무의미하다는 것을 이해하게 되었다. 원칙적으로 보험급여가 종료되면 빈민법상 지원이 박탈되어야 하나 실업자들을 빈민법에 의한 구제로 빠지지 않도록 하는 조치가 이 시기에 등장하였다.

1921년에 재무장관인 에릭 게데(Eric Geddes)의 이름을 딴 '게데의 도끼(Axe)'는 교육 등 공공부문 지출과 국가보조금을 축소한 정책의 이름이었다. 즉, 예산상 지출을 수입과 균형을 맞추기 위하여 750만 파운드를 국방, 교육, 주택, 공중보건 및 교사 인건비 등에서 삭감시켰다. 직장이 있는 사람은 임금이 삭감되었고, 기혼여성은 직장에서 퇴직하여 남편에게 의존토록 유도하고, 노령 근로자들은 젊은이에게 일자리를 물려주기 위하여 직장을 그만두도록 장려하였다. 1926년에는 광산주들이 임금의 삭감과 근로시간을 연장시켰으며 비용절감을 위하여 안전 규정을 무시하였다. 이에 대한 광부들의 저항이 '총파업'으로 발전하였다. 또 지방에서 런던의사당까지 수만 명이 몇 주간을 행진하여 항의하는 '굶주린 자의 행진들(hunger marches)'이 '전국실업자운동연맹'에 의하여 추진되었다.

1925년에 실업보험의 재검토를 위한 블랜스버러(Blanesburgh)위원회가 설치되었고 1927년에 보고서가 발간되었다. 이 결과 표준급여(standard benefit)는 기여금 납부기록이 있는 자에게 무기한 지급하고, 잠정급여(transitional benefit)는 보험제도의 최소요건을 만족시키지 못하는 사람에게 지급하되, 직업을 열심히 찾고 있는(genuinely seeking work) 경우에 권리로서 지급토록 하였다. 이 두 급여는 모두 보험기금에서 지급되었다. 이전 같았으면 구민법에 지원을 받았어야 하나 이 조치를 통하여 근로할 수 있는 실업자들은 구민법의 지원에서 벗어나게 되었다. 공적부조위원회(public assistance committee)가 1929년 이후 이 책임을 담당하게 되었고 1934년부터는 실업지원부가 담당하였다. 1930년부터는 급여를 보험기금이 아닌 정부의 모든 수입이 입금되는 통합기금(consolidated fund)에서 지급하고 일거리를 열심히 찾는다는 조항을 완화한 결과 잠정급여를 받는 사람이 두 달 내에 2배나 증가하였다.

다시 경제위기가 닥치자 경제적 위기를 극복하고 실업을 축소하기 위하여 케인스와 자유당은 공공지출의 확장을 주장하였고, 맥도널드 수장 및 스노우든 재무장관은 전통적 경제학의 주장에 따라 지출삭감, 균형예산, 정부차입 축소를 주장하여 전통적 경제학 주장자들이 승리하였다. 재무위원회 소속 메이위원회(the may committee)

는 어떤 대가를 치르더라도 예산은 균형적이어야 하며, 국가부채를 계속 상환해야 한다고 공공지출의 삭감을 건의하였다. 실업급여의 삭감은 불가피하였다. 17실링을 15실링(76펜스)으로 10% 삭감하고, 표준급여의 지급기간을 26주로 한정시켰으며, 잠정급여의 행정비용은 통합기금이 아닌 공적부조위원회에서 부담하였다. 그러나 1921~1931년 동안에 소비재 상품의 가격은 28%나 하락하였고, 식량·의복·육류는 더 큰 폭으로 하락하여 급여가 하락하여도 실질급여는 하락한 것이 아니었다. 1931년부터 공적부조위원회는 일거리를 열심히 찾으라는 조건을 더욱 엄격하게 적용하였고, 잠정급여 지급 시에는 빈민법의 가구자산조사(household means test)를 적용하기 시작하였다.

1930년에 그레고리(Holman Gregory)를 위원장으로 한 왕립위원회가 설치되어 2년 뒤에 보고서를 냈다. 이들은 블랜스버러보다 더 명확한 정책을 제시하였고, 1934년의 실업법(Unemployment Act of 1934)은 이를 반영하여 제정되었다. 이 법은 실업보험에서 장기실업자를 지원하기 위한 조치를 완전히 분리하였다. 실업보험의 적용범위를 더 많은 근로자에게 확대시키고, 급여는 1931년 이전의 수준으로 향상시키며, 기여금은 근로자·고용주·국가가 1/3씩 부담하도록 하였다. 딩시 실업보험은 1,800만 명의 노동인력 중 1,250만 명이 가입하였다. 1931년 말에 약 273만 명이 실업급여를 받았고, 53만 명이 잠정급여를 최고 100주까지 추가적으로 지급받고 있었다. 보험원칙이 유지되려면 적합한 기여금 납입실적을 가진 사람에게 급여를 제한해야 한다. 보험적용이 안 되거나 기한이 지난 자는 실업지원부(unemployment assistance board)를 설치해 1934년에 실업지원(unemployment assistance) 급여를 주고, 급여는 요구(need)에 기초하되 가족 상황을 고려하도록 하였다. 실업지원부는 그 자체의 지급 기준과 자산조사방법을 개발하였는데, 급여지급 기준이 공적부조의 급여보다 실질적으로 낮은 수준이었고, 가혹한 가구자산조사로 근로하는 아동 및 늙은 부모의 수입을 포함한 전체 가구원의 소득을 계산에 포함시킴으로써 원성이 크게 늘어났다. 성인자녀들은 그들의 소득이 가구수입에 포함됨으로써 급여가 공제되기보다는 다른 곳으로 이사를 갔고, 늙은 연금생활자는 연금액 대부분이 실업지원급여로부터 공제 계산되어 자녀들의 가정에서 환영받지 못하는 등 가족을 갈라놓은 결과를 초래하였다.

그러나 제2차 세계대전 전인 1930년대 후반에 군비 재무장을 통한 공공투자가 이루어지기 시작하였고 광산·조선소·제분 공장 및 제철소는 다시 바빠지기 시작하였다. 케인스(Maynard Keynes)는 1936년에 『고용·이자 및 화폐에 관한 일반이론(*General Theory of Employment, Interest and Money*)』을 출판하였다. 이에 의하면 공동투자나 실업은 승수효과를 가지고 산업에 영향을 미치는데 공공지출은 유효수요를 창출하여 실업극복에 도움을 준다고 주장하였다. 당시 공공투자는 이 이론을 실증해주는 조치였다.

3. 자본 노동과 지주의 입장

20세기 초까지도 영국에는 공식적인 전체 고용주 조직이 없었다. 영국의 고용주들은 자신들의 조직을 필요로 하지 않았다. 문제가 발생하면 고용주들은 항상 개별적으로 대처했다. 파업이 발생하면 파업 파괴자를 침투시키거나 법적으로 대응하였다. 그리고 영국의 고용주들은 미국의 고용주들에 비해 노조에 대해 덜 공격적이었고, 다소 수동적이었다. 노조에 대해 공격과 방어를 구사하는 데도 덜 적극적이었다.

영국의 기업들이 자본가 조직을 만드는 데 소극적이었던 이유는 가족회사가 많았고, 회사 수 자체가 많았으며, 무엇보다도 상대 회사에 대해 매우 경쟁적이었다는 데서 찾을 수 있다. 고용주들은 의회를 통해 자신들의 이익을 지키는 데도 별 관심을 두지 않았다. 그러나 1890년대부터 1914년까지 구제경쟁이 치열해지고 노조의 압력이 강화되자 서서히 고용주들도 자신들을 조직화하기 시작하였다. 또 제1차 세계대전을 겪으면서 정부가 사업에 미치는 영향이 대단히 크다는 사실을 깨달은 다음에야 비로소 1916년 영국산업연맹(the federation of british industry)을 결성하였다. 1900~1917년까지 영국의 자본가계급은 개별적·비공식적으로 정부정책에 영향을 미쳤을 뿐이며, 개별 자본들이 사회보험과 같은 국가정책에 대해 한 목소리를 내기는 어려웠다.

그런데 1905~1906년에 있었던 노령연금의 논의과정에서는 별다른 관심을 표명하지 않았던 자본가들이 사회보험에 대해서는 상당한 관심을 나타냈다. 특히 독일과 관련이 있는 기업인들, 예컨대 독일에서 태어났거나, 독일에서 교육을 받았거나, 독일에 사업체를 두고 있거나, 독일을 여행한 경험이 있거나 한 기업인들이 비스마르크 사회보험의 영향을 받아 사회보험의 도입에 관심을 기울였다고 한다. 그리고 버밍엄 상공회의소도 독일식 개혁정책에 큰 관심을 둔 자본가 조직이었는데, 이들도 20세기 초 독일의 사회복지에 대해 깊이 연구·검토하였다.

그러나 앞서 말한 이유로 자본가들은 사회보험에 대해 통일된 입장을 갖지 못했다. 일부 자본가들은 로이드 조지의 독일식 사회보험에 대해 반대하였다. 우선 그것이 독일제였기 때문에 탐탁하지 않았다. 반대의 가장 큰 이유는 비용 부담, 복잡한 관료조직, 산업 간 불평등한 비용 배분 등이었다. 그중 탄광과 같이 노동집약적인 산업이 특히 반대한 입장이었다. 탄광산업은 임금이 생산비의 거의 70%에 달했기 때문에 사회보험의 직접적인 영향을 받을 수밖에 없었고, 따라서 사회보험의 비용이 매우 부담스러웠던 것이다.

사회보험에 대해 가장 크게 반발한 집단은 의회에서 국민보험법에 대항하기 위해 1911년 12월 창립된 고용주의회협회였다. 여기에는 주로 랭커셔, 요크셔, 미즈랜드 등 직물공업 지역 출신들이 참여하였다. 그러나 이들의 영향력은 별로 크지 않았고, 별다른 성과도 거두지 못했다. 다만, 자본가계급이 자신의 이익을 지키기 위해 정부에 압력을 가하려면 자체 조직이 필요하다는 것을 개별 자본가들에게 자각시켰다.

그런 반면, 외국 기업들과 심각한 경쟁 속에서도 체제에 대한 근본적인 도전을 잠재우기 위해 복지가 필요하다는 점을 인정하고, 그 비용의 일부를 부담할 각오가 되어 있던 자본가들도 있었다. 1900년 한 익명의 자본가가 타임지에 기고한 글에서, 정부가 후원하는 독일식 복지입법은 노조 지도자들의 조합원들에 대한 장악력을 분쇄한 한 방법이 될 수도 있다고 하였다. 여기서 영국의 일부 자본가들도 사회보험을 비스마르크식으로 인식하고 있었다는 사실을 확인할 수 있다. 또 일부는 조건부 찬성의 입장을 취하였다. 즉, 사회보험을 인정하되 그것이 노동 동기를 강화시키고(바로 이것이 독일식 사회보험의 매력으로 인식되었다), 보험방식을 통해 노동자도 개혁의 비용을 분담해야 한다고 주장했던 것이다. 이들은 그 비용을 생산성의 향상을 위해 상쇄할 수 있을 것으로 생각했다.

지방 상공회의소는 비교적 온건하게 비판한 입장이었다. 버밍엄과 웨이크필드의 상공회의소는 노동자보상법과 의료보험을 통합하는 게 바람직하다는 입장을 취했다. 예를 들어, 한 노동자가 산업재해를 입으면 먼저 노동자들이 갹출료를 부담하는 질병 및 장해기금으로부터 보상을 받고, 재해 정도가 심할 경우 고용주가 전약 갹출한 재해기금의 혜택을 받도록 하자는 의견이었다.

전국 수준의 자본가단체에 가깝다고 볼 수 있는 영국 상공회의소협회는 독일과 오스트리아에서 하고 있는 것과 같은 국민보험이 필요하다는 회원들의 강한 압력을 받았다. 독일과 오스트리아식이란 노동자들의 노동시간은 상당히 긴 반면 임금수준은 낮고 또 그 부담을 소비자에게 간단히 전가시킬 수 있는 상황에서 기업들이 사회보험 갹출료를 부담한다는 것을 뜻했다.

국민보험에 대해 TUC(영국노총: Trades Union Congress)의 주류는 대체로 찬성하는 입장이었다. 20세기 초에 자조 등 중산계급의 가치관을 수용한 노조 지도부와 노동운동가들(그리고 고임금 기능직 노동자들)은 사회보험에 대해 긍정적이었다. 이들의 입장은 1908년 12월 TUC회장인 쉑클턴(D. J. Schackleton)이 독일 사회보험을 시찰하고 난 후 TUC에 제출한 보고서에서 노동자들을 위한 국가보험은 독일의 노조에 나쁜 영향을 미치지 않았다고 보고한 데서 드러난 바 있다.

당시 일부 노조는 국가와 고용주의 도움 없이 자체적으로 갹출금을 받아 노동자의 질병과 실업문제에 대처(일종의 공제조합기능)하고 있었다. 대체로 봉급수준이 높은 노동자와 숙련공들의 노조들이 그런 프로그램을 운영하고 있었는데, 이들은 별도로 공제조합의 질병과 장해보험에 가입하고 있기도 했다. 그러므로 국가보험이 시행되면 노조의 재정적 의무가 경감될 터였다. 반면에 저임금 반숙련, 미숙련노동자들은 노조에 그런 갹출금을 낼 능력이 없었다. 기껏 노조는 조합원들에게 장제비 정도만

지원하고 있었다. 그러므로 노조가 해결할 수 없는 질병과 실업문제에 대처하는 국민보험을 특별히 반대할 이유가 없었다. 대다수 노조는 국민보험의 시행을 갈망하였다.

반면에 사회주의자들, 특히 페이비언 사회주의자들은 국민보험에 대해 강력히 반대하였다. 그 주된 이유는 갹출제였다. 이들은 갹출제는 상당 기간이 지나야 연금기금이 마련되고, 노령연금의 수급 대상자가 대부분 기존의 공제조합, 노동조합, 보험회사 등 자치조직들의 사업 영역과 중복되어 그들의 거센 저항을 초래할 것이라 하여 반대하기도 했다.

그 밖에 노동자계급 내 반국가주의 분파인 신디칼리스트와 마르크스주의자들은 사회복지정책에 대해 매우 부정적이었다. 이들은 의회에 대해 냉소적이었으며, 노동자대표를 의회에 진출시켜 노동자를 위한 사회입법을 확대한다는 선거전략(Lib-Lab)을 인정하지 않았다. 또 이들에게 자유당 정부의 사회복지정책은 위회로부터의 개혁인 권위주의적 복지주의(the authoritarian version of welfarism)를 따르는 것이었다.

기층 노동자들도 사회보험에 대해 부정적이었고 적대적이기까지 하였다. 전통적으로 가난한 노동자들(working poor)은 국가 간섭과 사회개혁에 대해 강한 의구심을 가지고 있었다. 그리고 상층계급에서 어떠한 자선에 대해서도 호의적으로 보지 않았으며, 가난한 노동자들끼리의 상호부조에만 의존하려 했다. 따라서 생태적으로 국가의 강제성을 싫어한 이들이 강제성(강제가입)을 전제로 한 사회보험을 수용할 리 없었던 것이다. 이런 태도는 일종의 국가에 대한 피해의식이었다. 또 이들은 자유당 사회복지정책에는 중신계급의 가치관을 노동자계급에게 주입하려는 의도가 들어있다고 여겼으며, 국가가 자신들의 삶을 직접 통제하려는 것이라고 생각했다.

그러나 1906~1911년간의 일련의 사회복지입법들은 노동자계급이 국가로부터 얻을 게 아무것도 없다는 생각을 바꾸게 만들었다. 억압적 국가 대신 시혜적 국가의 가능성을 인식하면서 복지국가로 향하는 길이 열리게 되었던 것이다. 노동당은 국가 권력을 사회개혁에 사용할 수 있다고 확신하게 되었다.

한편 지주계급은 자유당 정부가 주도하는 국민보험에 대해 매우 비판적이었다.

제1차 세계대전 전까지 영국에서 계급대립의 주된 축은 여전히 지주 대 자본가계급이었는데, 자유주의자들은 사회주의자들이 자본가를 불신하는 것만큼 지주들을 불신하였다. 이유는 지주들의 특권과 불로소득(지가 상승에 따른)에 대한 반감 때문이었다. 이는 로이드 조지의 생산적 계급에 대한 신념에 잘 나타났다. 그에게 자유주의는 자유경제에서 부를 창조하는 두 계급, 즉 고용주와 노동자의 이익을 대변하고 기생적인 지주계급에 대항하는 이념이었다.

이런 계급대립의 상황 속에서 지주계급의 입장을 대변한 보수당은 국민보험의 도입에 반대하였다. 이들의 내세운 반대 논리는 국민보험의 강제가입원칙이 자신들이 선호하는 자발주의(voluntaryism)에 맞지 않았고 비대중적이었으며, 사회보험의 노동자 갹출료란 노동자계급의 재산을 국가가 일부 몰수하는 것(노동자 자신은 알지 못하더라도)이나 마찬가지라는 것이었다.

그러나 이들의 반대는 사회보험에 대한 본질적인 반대는 아니었다. 이는 자유당 사회입법이 사회주의 입법이 아니라 가장 효과적인 사회주의 해독제라는 처칠의 주장을 보수당 지도자인 밸푸어가 수용한 데서 뒷받침된다. 실제로 자유당이 창조한 제한된 사회보험이란 해독제는 자유당을 이어 집권한 보수당 정권에서도 잘 활용하였다. 또 보수당 지도자 오스틴 체임벌린이 마지못해 한 말이었지만, "로이드 조지는 다시 정부를 강화하였다. 그의 의료보험은 훌륭한 것이며, 이 시대에 그가 옳은 노선을 걷고 있다"고 논평한 데서도 확인된다.

게다가 보수당이 노동자계급에게 추파를 던진 면도 있다. 예컨대 이미 언급한 것과 같이 보수당이 국민보험을 반대한 명분이 국민보험이 노동자에게 유리하지 않기 때문이라고 주장한 것과 같이 1907년 후반부터의 경기후퇴와 실업률의 증가(1907년 3.7%에서 1908년 7.7%로 증가)를 빌미로 보수당은 관세개혁을 다시 주장하면서 관세장벽은 보다 많은 일자리를 보장한다는 논리를 앞세워 노동자를 자신의 편으로 끌어들이려 했던 데서 알 수 있다.

보수당이 국민보험에 대해 이런 태도를 취한 가장 큰 이유는 당시 노동자를 포함한 민중들의 지주들에 대한 반감이 컸다는 데서 찾을 수 있다. 민중들의 지주들에 대한 반감은 선거에서 보수당에 크게 불리하게 작용했다. 보수당의 체임벌린은 "런던과 요크셔의 유권자들은 귀족과 특히 지주들에게 반대투표하고 있다. 그리고 스코틀랜드에서는 계급 적대가 심각하며, 지주들에 대한 적의가 극한에 도달했다"라고 말했다. 보수당은 토지가치세를 방해하고 비난하였지만, 여론이 이러했으므로 선거에서 또 패배하여 다시 한 번 자유당에게 정권을 주게 될까 하여 노심초사하였던 것이다.

이상에서 보았듯이, 자유당 지도부가 사회보험을 도입하려 한 주요한 동기가 노동자계급의 성장에 대한 우려와 그들을 체제 내로 포섭하려는 데 있었다는 점에서 앞에서 살펴본 비스마르크 사회입법과 흡사한 게 사실이다. 그러나 양자 간에는 질적 차이가 분명히 존재한다. 19세기 중반 이후 독일 노동자계급은 단결력과 자본주의에 대한 적대감 측면에서 지배계급의 두려움을 자아낼 정도였으며, 사민당과 노조 내 비스마르크주의자들의 영향력도 상당하였다.

반면에 영국의 사회주의자들은 비록 노조 지도부의 일정 부분을 장악했지만 그 영향력이 그리 크지 않았으며, 19세기 말부터 이미 의회주의를 표방함으로써 스스로 체제 안으로 들어갔다. 마르크스주의나 신디컬리즘 세력도 미미하였다. 그럼 점에서 처칠이 표방한 비스마르크주의는 지배계급이 사회복지정책을 수용하도록 만들기 위한 과장된 언술일 가능성이 크다. 또 흥미로운 점은 독일의 비스마르크 사회보험은 융커계급이 주도했고 그 비용을 주로 부르주아지에게 전가하려 해 부르주아지들이 반대한 반면, 영국의 국민보험은 자유주의자들과 부르주아지들이 도입을 주도했고 그 비용은 토지개혁을 통해 지주계급에게 부담지우려 해서 지주계급이 그 도입을 반대했다는 사실이다.

History of Social Welfare

▌제 9 장▐

미국의 사회보장

09

1. 대공황과 사회보장제도

1) 정치·사회적 상황

1870~1920년에 이르는 기간에 미국은 급속한 산업화와 대규모 이민 물결을 경험했다. 이 기간 동안에는 자선조직협회(COS), 인보관(settlement houses), 교회 그리고 대도시의 정치가들과 정치조직들이 대부분의 구호를 담당했다. 인보관은 농촌을 떠나 도시로 오는 사람들과 이민자들에게 많은 도움을 주었는데, 예를 들면 일자리를 찾아주고, 교육과 탁아, 상담 등의 활동을 했다. 이 기구들은 새로 유입되는 사람들을 새로운 공동체에서 시민으로서의 역할을 하도록 준비시키는 역할도 담당했고, 사회개혁을 위해 적극적인 운동도 벌였다. 정치조직들은 빈민들의 표를 얻기 위해 식품, 난방 연료를 나누어 주고 청탁을 들어주었으며 이러한 복지비용을 충당하기 위해 기업체들에게 시정 사업, 보호 그리고 특권을 제공하고 헌금을 받았다. 수혜자들은 결국 자신들의 투표와 연결된 도움을 받는 것이라고 생각하여 당황하거나 부끄러워하지 않고 수혜를 받았다.

도시의 인구 급증, 실업, 빈곤 등 사회문제들이 증가함에 따라 지방 및 주정부들은 사회복지 분야에서 보다 적극적인 역할을 하게 되었다. 여러 주들에서는 편모슬하의 아동들을 돕기 위해 모성원조(Mothers' aid) 혹은 모성연금법(Mothers' pension)이 제정·시행되었다. 또 어떤 주에서는 가난한 노인, 시각장애인과 신체장애인들을 돕기 위해서 연금 프로그램이 시작되었다. 이 시대는 진보주의의 시대였고 진보주의자들은 많은 사회복지 및 노동개혁을 이루어냈다(Reid, 1995: 2211-2214). 또한 진보주의자들은 자선보다는 사회보험 프로그램을 채택하도록 요구했고, 오래지 않아 사회복지에 대한 대규모의 연방정부 개입이 이루어졌다.

그러나 1929년 10월 주식시장의 붕괴로 시작된 대공황은 미국 역사상 유례없는 충격을 가져 왔다. 대공황 발생 이후 1932년에 이르면 4명 중 1명은 직장을 잃었고, 6명 중 하나는 사회복지 혜택을 받고 있었다. 직장생활을 하던 사람들에게 더 이상 일할 곳이 없었으며, 은행이 문을 닫게 되자 그동안 모아두었던 저축을 한꺼번에 잃어버리게 되었다. 많은 사람들이 은행융자를 갚지 못하게 되어서 자신들이 살던 집이나 농토를 포기해야만 했다. 경제적인 파국은 특히 중산층에 큰 영향을 미쳤다. 직장을 잃고 집을 포기해야 했던 그들은 갈 곳이 없었기 때문에 공원벤치나 건물의 계단에서 잠을 자곤 했다.

그러나 1929년 후반에 시작된 대공황은 증권시장의 폭락으로 하루아침에 생겨난 것은 아니었다. 1929년의 대공황은 여러 가지 연쇄적인 사건들이 복합해서 생겨난 것이었다.

세계대공황이 발생하게 된 원인은 크게 두 가지로 나눌 수 있다. 미국의 내적인 요인으로 농업부문의 만성적 불황과 공업부문의 생산과잉 그리고 금융산업의 방만한 운영 등이 첫 번째 원인이다. 미국이 자유방임주의 사상에 깊이 젖어서 1920년대 '번영의 시대'의 그늘에 가려져 있던 경제 모순을 해결하려고 노력하지 않은 데 있었다. 정부의 계획성 없는 자유방임적 경제정책이 엄청난 빈부의 격차를 낳았고 많은 국민들의 소득 저하는 구매력을 감소시켜 제조업의 기반을 흔들었다. 1920년대를 통하여 농촌 경제가 가장 심각한 타격을 받았다. 존 스타인벡의 유명한 소설 『분노의 포도(*Grapes of Wrath*)』에서 생생하게 보여주고 있는 것처럼 소작인들은 그들이 임대료를 내지 못하고 쫓겨나 로스앤젤레스, 시카고, 디트로이트 등의 대도시로 무작정 길을 떠나 고속도로를 메우고 있었다. 그들의 초과생산과 농산물 가격 하락, 계속 증가되는 부채, 파산 등의 악순환을 미국정부는 심각하게 생각하지 않았다. 1929년 초에 미국 경제는 성장하지 않고 정체하고 있었으며 기업가들은 새로운 공장을 짓거나 더 많은 노동자를 고용할 수 없는 형편에 이르렀다. 팔리지 않는 상품들이 창고에 쌓여갔고, 수많은 노동자들이 해고당하여 집으로 돌아갔으며 소비자들의 수요는 갈수록 줄어만 갔다. 이러한 저소비 추세로 말미암아 공급이 수요를 능가하게 되어 서서히 불경기가 시작되었다. 이들 저소비의 가장 큰 문제는 바로 국민들의 대부분을 차지하고 있는 노동자와 농민들의 실질 임금이 줄었기 때문이었다.

1929년의 대공황은 사회경제구조 속에서 발견될 수가 있는데, 그것은 1929년대 번영의 시기에 보이지 않게 쌓여가고 있었던 심각한 빈부의 격차였다. 국가의 대부분을 소유한 상부 계층은 그들의 부를 재분배하기보다는 화려한 물건이나 사치생활 그리고 증권 투기 같은 것에 소비함으로써 사실상 국가의 부가 재분배되지 않은 채 불균형을 심화시키고 있었다.

또한 정부의 자유방임주의 정책에 의하여 소수 독점기업들이 미국 기업 이익의 절반 이상을 차지했다. 특히 지주회사를 중심으로 한 독점과 합병의 횡포는 갈수록 그 세력이 커졌으며, 많은 기업체들은 여러모로 대기업의 수중에 장악되었다. 이러한 상황에서 지주회사가 무너지면 그 여파로 수많은 기업들이 문을 닫게 되었고 그에 따라 많은 노동자들이 실직의 운명에 놓이게 되었다. 실직으로 수입이 줄거나 없어짐에 따라 수요가 줄어들게 되고 이에 따라 경제가 침체하자 많은 기업들이 생산보다는 증권시장에 투자했고 1929년 10월 증권이 폭락하자 수많은 기업체들이 파산하기 시작했다. 그러자 그들 회사와 관련이 있던 중소기업체들이 연쇄적으로 문을 닫게 되었다.

두 번째 요인은 국제적인 문제로서 제1차 세계대전 이후 전쟁 빚을 진 패전국들의 구매력 격감과 승전국의 높은 관세장벽으로 국제무역질서가 파괴되고, 이것이 미국의 주식시장이 붕괴된 요인이었다. 미국은 제1차 세계대전 이후로 세계 경제에 깊이 관여하고 있었다. 세계 제1의 채권국가요, 교역국가로서 미국은 수십억 달러를 유럽에 집중적으로 투자했는데, 1929년 말에는 미국의 국내 증권시장이 성황을 이루자, 미국 투자가들은 유럽보다는 국내 증권에 투자하기 시작했다. 미국의 투자가 줄어들자 유럽 경제는 흔들리게 되었고 또한 미국의 높은 관세로 인하여 그들의 상품을 미국에 팔 수 없게 되자 유럽 제국은 보복의 일환으로 그들의 관세를 올리게 되었고, 국제무역은 정체되기 시작했다. 유럽 제국은 미국으로부터 그들의 투자를 서서히 회수하기 시작하고 있었는데, 1929년 증권이 몰락하자 미국 내에 있던 그들의 자산을 전격적으로 회수했다(최웅 · 김봉중, 1992: 253-255).

대공황 시기에 일어난 이와 같은 일련의 일들이 사회복지에 대한 미국인들의 생각을 근본적으로 바꾸어놓았다. 유명한 사회복지 역사학자인 리바이는 1930년대를 미국 사회복지역사의 중요한 전환점이라고 주장하고 있다(Leiby, 1978: 191). 연방정부는 이때부터 새로운 방법으로 국민의 복지문제에 개입하기 시작했다. 즉, 국민들의 사회생활에 대한 정부의 역할, 정치적인 이익에 대한 재조사, 정치적·경제적 이론에 대한 시각 등의 새로운 사상이 생겨나기 시작했다. 루스벨트 대통령은 뉴딜의 철학을 발전시켜 연방정부에게 공공복지에 보다 많이 관여하도록 하였는데 이는 금세기 초에 팽배했던 철저한 개인주의(rugged individualism)의 철학을 대체하게 되었다. 그러나 일반적으로 알려진 것과 달리 뉴딜정책은 일관성 있고 통일된 계획이라기보다는 오히려 일련의 즉흥적인 정책들로, 어떤 것들은 갑자기 채택되었고 다른 것들과 모순되는 정책들도 있었다고 주장하는 학자도 있다(DiNitto, 1995: 38).

대공황이 발생하자, 뉴욕시장의 주가가 폭락하고 실업자 수가 급증하기 시작했다. 1930년 1월에 400만이던 실업자 수가 계속 증가하여 1932년에는 1,500만에 이르렀다. 그럼에도 불구하고 후버 정부는 미국 국민의 자조(self-help) 전통에 대한 믿음에 근거한 맹목적인 낙관론을 계속 유지함에 따라 상황은 더욱 악화되었다. 후버에게 자선은 경제적인 문제가 아니라 단순한 도덕적인 문제로 인식되었다. 즉, 개인적인 자선은 받아들일 수 있으나, 공적인 특히 연방정부로부터의 원조는 용납될 수 없다고 생각했다. 그의 이런 생각은 후버 정부가 미국 적십자사에 의해서 행해졌던 구제는 승인했지만 연방정부의 원조에 관한 모든 제안을 거절한 예에서 더욱 명확히 나타난다(Trattner, 1984: 260).

그는 여러 가지 이유로 연방정부의 원조를 반대했다. 연방정부의 원조는 자연스럽게 경제적인 번영을 복구시킬 수 있는 능력을 지연시킨다고 하였다. 즉, 정부의 지불능력과 신용에 악영향을 미치며, 민간의 자발적인 기여를 방해하며, 융통성의 결여로 지방정부의 욕구에 부응하기 어려우며, 정치화된 관료주의를 낳게 하여, 자유로운 경제활동을 저해하며, 지방정부의 책임이나 주정부의 권리에 대한 월권이기 때문에 불법이며, 궁극적으로는 민주적인 정부를 위협한다고 생각했다. "정부가 국민 개개인의 정신이나 사상을 지배할 수 없는 것과 마찬가지로 그들의 일상생활을 간섭할 수 없다"는 후버의 연설은 당시 그의 사상을 잘 나타내고 있다. 그는 본질적으로 전통적인 보수주의자로서 정부가 필요 이상으로 경제에 개입하는 것을 허락하지 않았다. 그는 여전히 정부의 권한이 강화되면 미국의 전통과 원리인 개인주의와 자유방임주의를 망친다고 하여 적극적인 구호정책을 펴지 못했다.

그는 균형예산을 신성시했는데, 대공황으로 그 어느 때보다 정부의 지출이 늘어나야 할 때인데도 그의 균형예산 신념에 따라 적자재정정책을 꺼려했다. 그는 국내 적자를 메우기 위하여 물품세 등의 세금을 부가하여 예산을 메우려고 했으나 성공하지 못하고, 오히려 이러한 과세 정책에 따라 국민의 소비는 줄어들고 저소비에 따른 공황은 갈수록 심화될 뿐이었다. 그로서는 여러 가지 공황타개정책으로 정부의 권한을 늘리기는 했으나, 충분한 것이 못 되었다. 후버에게 가장 큰 약점은 그가 정부의 권한이 가장 필요할 때 과감하게 정부의 권한을 늘리지 못한 데 있었다.

후버 정부가 이런 식의 접근방법을 사용하는 사이에 국가경제는 1930년과 1931년에 더욱 악화되어서 수백만의 시민들이 자신의 의지와 상관없이 실업자가 되었다. 그로 인하여 국가의 민간 자선기관의 자원도 고갈되는 이중 연결구조 상황(double-vind situation)이 나타났다.

후버 정부는 1930년 12월 아칸소 주의 병든 가축을 구하기 위해서 국회가 요구한 4,500만 달러를 승인했지만, 기근에 처해 있는 농부와 가족들에게 2,500만 달러를 추가로 지원했을 때는 반대했다. 이는 공적 구제에 대한 그의 태도를 잘 나타내주는 한 예다. 또한, 1년 후인 1931년 뉴욕에서 당선된 하원의원 가너(John Garner)와 상원의원 와그너(Robert Wagner)가 고용을 촉진시키고 경제를 활성화시키기 위해서 26억 달러가 요구되는 연방 공공사업을 발기했을 때, "미국역사상 가장 위험한 제안"이라고 단언하며 거부권을 행사했디(Trattner, 1984: 260-261).

1932년 대통령 선거 유세에서는 공화당과 민주당 모두 보수적인 경향을 나타냈다. 공화당은 전반적인 경제 불황으로 인하여 국민들이 고통을 겪고 있으며, 이들에게 용기를 북돋워주고 구제할 필요가 있다는 것을 인식하고 있었다. 민주당 전당대회에서는 '공황'이라는 단어를 일체 사용하지 않았다. 그들은 역사상 유례없는 경제적·사회적 어려움에 관하여 언급했지만, 이것이 개인이나 가정에 미칠 파급효과에 관해서는 언급하지 않았다. 그럼에도 불구하고 공공사업이나 실업, 노령연금에 관한 지지를 표명한 민주당 전당대회는 당시의 상황을 변화시켜야 한다는 점을 강조했다. 미국 국민의 전통과 정부의 원칙에 충실하고자 했던 공화당 전당대회는 구제를 연방정부가 아닌 주정부나 지방정부의 책임이라고 확신했다. 더 나아가서 주나 지방 차원의 구제에서도 공적인 분야를 책임지기보다는 가능하면 민간 자선기관의 책임을 강조했다(Axinn & Levin, 1975: 164-165).

후버 정부는 농산물 가격을 안정시키기 위하여 농산물시장법을 제정하고(1929), 같은 해 11월에는 기업과 노동자 대표들을 백악관에 초대하여 노사협조를 요청했다. 또 미국산 농산물을 보호하기 위하여 관세를 높이는(1930) 등 나름대로 노력했으나, 그의 경제대공황 대책은 실패로 끝나고 1932년 11월 대통령 선거에서 민주당 출신인 루스벨트(Franklin D. Roosevelt)가 당선되었다. 루스벨트는 대인(對人)서비스(human service)와 관련이 있는 사람들에게 매우 흥미 있는 대통령이었다. 예를 들면, 그는 신체장애를 가진 유일한 대통령이었으며, 소아마비의 결과로 걸을 수 없어 주변을 다니기 위해서는 휠체어를 사용했다. 그는 또한 두 번 이상 선출된 유일한 대통령이었다. 루스벨트 이전의 대통령들은 그들 스스로 임기를 두 번으로 제한했다. 루스벨트 대통령 이후에 헌법은 어느 누구도 대통령에 세 번 이상 입후보할 수 없다고 수정되었다. 루스벨트는 1932년 그의 초기 선출 이후에 1936년, 1940년, 1944년 세 번 더 선출되었으나, 1945년 임기 중에 사망했다.

루스벨트는 이러한 개인적·정치적 특성 이상으로 사회복지 전문가들에 의해서 기억되고 있다. 그는 미국정부의 역할과 기능에서 주요한 변화를 이끈 대통령으로 역사에 기억되고 있다.

2) 루스벨트 대통령과 뉴딜정책

1933년 3월 제32대 대통령으로 취임한 루스벨트는 정부가 공황으로 인하여 고통을 받고 있는 사람들에게 인간적인 열정을 가지고 도와야 한다고 믿었다. 그는 취임 연설에서 "두려워해야 할 유일한 것은 두려움 그 자체"라는 말로써 좌절하고 실의에 빠진 국민에게 큰 희망과 용기를 주었고, 경제부흥의 의욕을 고조시켜 주었다(미국사 연구회, 1992: 247). 그는 구제(Relief), 부흥(Recovery) 및 개혁(Reform)을 골자로 하는 뉴딜(New Deal)정책(일명 3R 정책)을 신속하고도 과감하게 선포했다. 뉴딜정책은 경제부흥을 강조했으며, 주요한 프로그램들은 미국 경제의 회복, 주식과 채권 매매의 조절, 미래의 공황을 예방하는 것, 대공황과 같은 경제적 위기에 잘 대응하기 위해서 미국정부의 권위를 높이는 것이 목적이었다. 이러한 목적을 달성하기 위해서 루스벨트 대통령은 경제학자 케인스(John Keynes)의 가르침을 따랐다. 케인스 이론은 주로 경제에 관한 것이었으니, 사회복지적으로 중요한 함의를 가지고 있었다(Ginsberg, 1996: 25). 케인스의 가르침이란, 경기가 침체되면 정부는 연방지출을 늘리거나 세금을 인하하여 경제가 회생할 때까지 일시적으로 재정적자를 내는 것이다. 반대로 상품의 수요가 공급을 초과할 만큼 급증하여 물가가 오르기 시작하면 정부는 지출을 줄이거나 세금을 인상하여 수요를 안정시키는 것을 말한다. 즉, 케인스는 정부의 역할을 강조했다 할 수 있는데, 이는 정부기능의 확대를 말한다. 정부기능의 확대는 자유의 의미를 축소한다고 비판하는 사람들에게 그는 다음과 같이 말했다. "정부기능의 확대는 자유방임에 대한 무서운 침해가 아니다. 나는 그것이 현존하는 경제적 형식의 전면적 붕괴를 회피하는 유일한 실행 가능한 수단이며, 개인적 창조의 기능이 성과를 거둘 수 있는 유일한 환경 조건이라는 점에서 지지한다. 유효수요(有效需要)가 불충분할 경우 자원 낭비에 대한 공중의 비난이 심해질 뿐 아니라, 자원을 활용하려는 개인 기업가는 대단한 불리함을 감수해야 하기 때문이다"(이승환, 1994: 296에서 재인용).

부흥정책은 은행, 산업, 농업의 부흥을 위한 일련의 정책으로, 1933년 6월에는 금본위제를 폐기하고 민간은행의 통화발행권을 용인하지만 통화관리제를 도입하여 통화 면에서 정부의 통제를 강화하는 것이 주된 정책내용이었다. 구제정책에서 가장 긴박한 것은 그 당시에 가장 비참한 피해자인 실업자들을 구제하기 위한 것이었으며 후에 사회보장법의 성립에 가장 큰 영향을 미쳤다. 개혁정책은 실업과 빈곤의 책임이 개인에게 없다는 것을 명시하였고, 자유방임 사상의 개혁과 통제경제, 사회보장, 노동문제 개혁 등에 관한 것이다.

액신과 레빈(Axinn & Levin)에 의하면, 뉴딜정책은 경제정책적인 면에서 세 가지의 서로 다른, 때로는 서로 상반되는 과정의 혼합물이다(1975: 166). 첫째, 물가가 오를 때 경제 통제의 도구로서의 시장경제의 효과성에 대한 기본적인 믿음이 있었다. 둘째, 균형예산의 중요성에 관한 전통적인 관점이 있었으며, 루스벨트 정부는 기회가 있을 때마다 예산을 삭감하고 적자를 줄이기 위해서 노력했다. 셋째, 건전한 재정정책으로 보이는 것과 때로는 논쟁이 있지만, '효과적인 수요(effective demand)'의 케인스 이론이 있었다. 케인스 이론에 의하면 구매력을 높이기 위해서는 정부지출 프로그램을 늘리고, 고용을 증대시키기 위해서는 공공사업을 확대하는 것이 경기회복의 가장 중요한 열쇠이다. 통제경제, 자유시장경제, 보상재정 그리고 부채절감 등이 뉴딜정책의 중요한 요소로 작용하고 있다.

루스벨트가 착수했던 1933~1934년까지의 소위 제1차 뉴딜정책은 주로 경기 회복에 주안점을 두었다. 이러한 제1차 뉴딜의 가장 대표적인 것 중의 하나가 1933년 5월에 제정된 농업조정법(A.A.A; Agriculture Adjustment Act)이다. 이 A.A.A는 제1차 뉴딜정책의 본질을 가장 잘 나타내주고 있다. 이 법의 핵심은 농부들로 하여금 그들의 생산을 자발적으로 줄이면서 농산물 가격을 복구시키는 것이었다.

농업조정법은 바로 농민의 구매력을 증진시키고 그로 인하여 도시에서 생산된 공산품에 대한 수요를 증대시킬 목적으로 제정했다. 또한 이 법은 '평형가격(parity prices)'을 설정하여 농민의 수입 증대를 보장했다. 이 가격을 유지하기 위하여 정부는 농민에게 목화, 밀, 돼지, 기타 산물의 생산을 제한시켰는데, 생산이 제한된 산물에 대하여는 특별 보상금을 받도록 했다.

A.A.A와 함께 제1차 뉴딜정책의 쌍벽을 이루고 있는 것이 전국산업부흥법(N.I.R.A.; National Industrial Recovery Act)이었다. 이 법은 1933년 6월에 국회의 인준을 받아 공공사업청(public work administration)과 국가부흥청(national recovery administration)을 설치했다.

제1차 뉴딜정책의 전략은 어느 정도의 정부 보조를 받는 것이었다. 농부들은 A.A.A를 통해 정부 보조를 받아 부흥의 기반을 마련하도록 했으며, 기업체는 국가부흥청체제로 이득을 얻었다. 노동자들은 국가부흥청에서 임금과 노동시간에 대한 집단적 교섭활동을 할 수 있었다. 실업자들은 공공사업청 등을 통하여 많은 일거리를 얻게 되었다.

1933년에 시작된 테네시 계곡 개발공사(T.V.A; Tennessee Valley Authority)는 뉴딜정책의 특성을 가장 잘 나타내주고 있다. 테네시 계곡의 댐 공사로 인하여 그곳 부근에 거주하는 주민들에게 값싼 전력을 공급하고 실업자를 구제할 수 있었기 때문에 대중 소비를 촉진시킬 수 있었다. 이러한 정부의 대규모 공사에 의하여 주민들은 어느 정도 수입이 생겼고, 또한 이것을 소비함으로써 그동안 수요가 공급을 따르지 못했던 경제적 악순환을 회복시켰다. 정부는 소비의 증가와 함께 늘어나는 세금으로 더 많은 공사를 촉진하면서 경제의 폭을 늘려 갈 수 있었다. T.V.A 공사는 정부가 지방의 협조를 얻어 대대적인 공사를 함으로써 지역주민들의 복지를 증진시켜 주는 좋은 선례를 남겨놓았다. 중앙정부와 지방정부와의 협조와 조화를 이루어 진행된 이 공사는 미국에 새로운 정부 개념을 도입시켰던 상징적인 사건이었다.

1934년부터 대통령 선거가 있었던 1936년 8월 말까지 루스벨트가 새로 시작한 정책을 제2차 뉴딜이라고 한다. 이것은 뉴딜정책 중에서 그리고 미국 역사상으로도 가상 혁신적인 개혁이었다. 첫째로 와그너 법(Wagner Act)이라고 알려진 1934년 6월의 전국노동관계법(National Labor Relation Act)은 노동자들이 그들 자신이 선택한 노동조합을 통하여 고용주와 교섭할 권리를 보장했으며, 고용주는 노동조합 활동에 간섭하지 못하도록 규정했다. 그리고 다섯 명으로 구성된 이사회를 조직하여 노동자들의 교섭을 후원하고 고용주들이 불법적인 해고 등 노동자들을 부당하게 처우했을 경우 이것을 조사하도록 했다.

두 번째가 뉴딜정책 중에서 가장 중요한 것은 1935년 8월에 제정한 사회보장법(Social Security Act)으로서 오늘날의 사회복지법의 주춧돌이 되었다. 사회보장법은 가장 근본적인 사회서비스 정책을 수립한 것이며, 미국 국민들에게 제공되는 대부분의 대인서비스에 지금도 영향을 주고 있다. 사회보장법은 경제보장위원회(committee on economic security)의 작업에서 시작되었다. 동 위원회는 1935년 1월 15일 그동안의 연구결과를 바탕으로 한 보고서를 대통령에게 제출했다. 동 보고서에는 아동, 청소년, 중년 또는 노인 모두에게 그들의 건강에 관계없이 적절한 수입을 보장해 주는 것을 목적으로 하는 '점진적인 접근(piecemeal approach)'이 포함되어 있었다. 연방정부가 실업수당 프로그램에 책임을 진다는 전반적인 권고 내에서, 경제보장위원회는 실업이나 노인들의 은퇴, 건강이 나쁜 사람들의 위험에 대비하여 보장에 관한 특정한 권고를 했다. 동 위원회는 연방정부가 보조하고 주정부가 관리하는 '연금' 제공을 통하여 노인과 아동들에 대한 즉각적인 보장을 시행할 것을 추가적으로 권고했다. 마지막으로 위원회는 취업, 건강, 교육 그리고 재활서비스 등을 권고했다. 이러한 서비스의 대부분은 연방정부가 재정적인 지원과 다른 형태의 도움을 제공하면서 설정한 기준을 가지고 주정부에 의해 관리된다. 생활의 위험에 대비한 보장 프로그램에 연방정부의 개입을 강력하게 주장한 경제보장위원회는 선천적으로 취업을 할 수 없는 사람들을 위하여 잔여적인 구제를 시행할 필요가 있다는 것을 인식했다. 위원회는 이런 사람들을 위한 보호와 지도를 주정부와 사회복지사들에게 다음과 같이 부탁했다.

> 실업문제로 인하여 연방정부가 매우 힘들어 하고 있는 가운데 주정부나 지방정부가 구제에 대한 책임을 맡아야만 한다. 항상 다른 사람들의 도움에만 의존해 온 가정에 대해서는 개별사회사업의 과정을 통해서 가장 효과적으로 도움을 줄 수 있다(The Report of the Committee on Economic Security, 1935).

루스벨트 대통령은 위원회의 보고서를 의회에 이송했다. 그리고 나서 재정적인 면과 정치적인 현실을 인식한 대통령은 사회보장의 온당한(급진적이지 않은) 프로그램만을 법률로 제정하기 위한 입법적인 원칙을 세웠다. 즉, 건강보험도 포함되지 않았고 구제 프로그램에 연방정부의 개입도 배제했으며, 실업보험에 관하여 재정적인 면만 관리하며, 노령연금을 위해서 일반 세입(稅入)을 사용하지 않겠다는 내용이었다. 통과된 후의 사회보장법은 경제보장위원회가 제안했던 것보다 훨씬 더 보수적인 법이 되고 말았다.

사회보장법이 제정되기 전까지는 개인주의가 미국사회에 만연해 있었다. 즉, 대다수의 미국인들은 개인의 운명은 개인이 결정한다고 믿고 있었다. 그러나 대공황이 이런 믿음을 여지없이 무너뜨렸다. 대공황은 개인이 통제할 수 없는 상황이나 사건으로 인하여 가난해지고 불행에 빠질 수 있다는 것을 국민들에게 깨닫게 해 준 커다란 사건이었다. 그래서 연방정부가 경제적 원조나 사회복지서비스를 제공하는 데 중요한 역할을 해야 한다는 명분이 확실해졌던 것이다. 대공황 기간 동안에 실행된 긴급구호나 취업 프로그램은 실업자나 노인, 장애인, 요보호아동의 심각한 문제를 취급하는 데 더욱더 꾸준한 연방정부의 노력이 필요하다는 것을 보여주었다. 이러한 맥락에서 사회보장법이 제정되었고, 여기에는 연방정부가 운영하는 퇴직 근로자에 대한 사회보장혜택, 어린이와 노인, 시각장애인들에 대한 공적 보조금 지급을 위해 연방정부가 주정부에 원조를 주는 프로그램을 포함하고 있었다. 개인의 가난이나 장애 등에 대하여 국가가 적극적으로 개입할 수 있는 계기를 만들었다는 점에서 잰슨(Bruce Jansson)은 사회보장법을 사회복지의 대헌장이라고 불렀다(Ginsberg, 1996). 사회보장법은 미국 국민들의 삶에 영향을 미쳤고 앞으로도 삶에 영향을 미칠 잠재성을 가지고 있었기 때문이다. 이로써 미국은 항구적인 공적부조제도와 사회보험제도의 기틀을 마련하게 되었다. 그럼에도 불구하고 사회보장법은 여러 분야에서 상당한 논쟁을 야기했다.

좀 더 진보적인 인사들에게 사회보장법은 너무 보수적이며 미온적인 것으로 비쳐졌기 때문에 이들의 적극적인 지지를 받기 어려웠다. 또한 보수적인 상공회의소와 전국기업인연합회 등은 사회보장법이 매우 급진적인 정책으로 전통적인 미국의 자조 및 개인적 책임정신에 위배된다고 하여 반대를 제기했다. 그러나 사회보장법의 더욱 큰 결점은 의료보험을 포함하지 않고 있다는 것이다. 의료보장은 사회보장 영역 중에서 가장 중요한 욕구임에도 불구하고 의료전문인의 반대에 직면하여 단순히 정치적인 이유로 제외된 것은 여전히 아쉬운 점으로 남는다.

사회보장법은 사회보험, 공공부조, 보건 및 복지서비스 등 세 가지 주요한 프로그램으로 구성되어 있다(Zastrow, 1996).

2. 실업보험과 연금

1) 사회보험

이 프로그램은 사회복지의 '제도적 관점'을 가지고 시작되었으며, 실업자나 은퇴자 또한 사망자를 위한 보험을 지급했다. 여기에는 두 가지 중요한 프로그램이 있다. 하나는 직업을 잃은 사람들에게 일정한 기간 동안 주 단위로 지급하는 실업수당(unemployment compensation)이며, 또 하나는 가장이 은퇴하거나 불구가 되거나 죽었을 때, 개인이나 그의 가족에게 매달 지급되는 노령, 유족, 건강 및 장애보험(OASDHI; Old-Age, Survivors, Disability and Health Insurance)이다. 일반적으로 이와 같은 사회보험 프로그램들을 '사회보장'이라고 한다.

2) 공적부조

이 프로그램은 사회복지의 '잔여적인 개념'을 많이 포함하고 있다. 정부로부터 급부를 받기 위해서 개인은 자산조사를 받아야만 한다. 대상자가 재정적 도움이 필요한지를 결정하기 위해서 대상자의 자산과 지출을 자세히 검토해야 한다는 것이다. 공공부조에는 네 가지 프로그램이 있다. 첫째, 시각장애인에 대한 원조, 둘째, 장애인에 대한 원조로서 18~65세 사이의 영구적인 장애가 있는 사람, 셋째, 노령원조로서 65세 이상인 노인, 마지막으로 요보호아동이 있는 가정에 대한 원조(AFDC; Aid to Families with Dependent Children)로, 18세 이하의 아동이 있으면서 아버지가 없는 가정에 우선권이 있었다. 일정한 장소에서의 거주와 자산조사를 요구하며, 급부의 일부는 음식과 같은 현물로 지불되며, 급부는 수령자의 권한이기보다는 자선으로 간주된다. 공적부조, 특히 AFDC는 정치인이나 일반 국민에 의해 자주 비판의 대상이 되며 낙인이 찍히는 경향이 있다. 그러나 '복지(welfare)'라는 것이 오직 공적부조만을 의미하는 것으로 일반 국민들이 잘못 인식하는 경우가 많이 있다. 실제로, 공적부조는 수없이 많은 사회복지 프로그램의 하나일 뿐이다. 공적부조에 의해 너무나 많은 돈이 소비된다는 불평 또한 팽배해 있으나 실제로 1994년 통계에 의하면, 사회보험의 1년 예산은 공적부조 예산의 5~6배에 달한다(U.S. Bureau of the Census, 1994). 이와 같은 사실은 일반적으로 잘 알려져 있지 않다.

3) 사회보장법의 영향

사회보장법이 통과함에 따라 공공 사회복지서비스는 지출이나, 서비스를 받는 사람들 그리고 이 분야의 관련자 측면에서 보면 가장 중요한 부분이 되었다. 민간부문의 역할은 재정적인 도움에서 특화된 서비스 분야로 바뀌었다. 민간 복지기관의 역할 중 하나는 새로운 서비스나 접근방법의 가치를 평가하는 것이다. 만약 새로운 서비스가 비용에 비하여 효과가 있거나 인간의 문제를 완화시키는 데 성공적이라고 판단되면 공적 자금이 대규모로 투입되도록 요구되곤 한다.

사회보장법에 의해 설립된 프로그램에 대한 끊임없는 찬·반 논란이 있어 왔다. 어떤 학자들은 사회보장법으로 인하여 경제적인 안정을 찾을 수 있었고, 사상 초유의 최악의 경제대공황에서 벗어날 수 있었다며 이 법의 공로를 인정한 반면, 재정적인 면의 보수주의자들을 포함한 일련의 학자들은 사회보장법이 사람들에게 그들의 삶을 국가에 의존하게 함으로써 빈곤을 영구화시킨다고 반대하고 있다. 사람들이 자신들의 힘으로 살기보다는 공적부조에 의존해서 살고 있다는 주장은 오랫동안 제기되어 왔던 주장이다. 공공복지에 의한 지출이 연방정부 예산에서 차지하는 비율이 높아지면서 인플레이션을 유발한다는 주장이 계속 제기되고 있다.

사회보장법의 가장 근본적인 의도는 모든 미국 국민들에게 일정 수준 이상의 삶의 질을 제공하려는 것이었다. 루스벨트 대통령은 공공부조를 포함한 재정적인 보장이 자선 차원의 문제가 아니라 사회정의의 문제라고 믿었다. 그는 모든 인간은 산업화된 사회에서 인간으로서의 최소한도의 삶을 영위할 권리가 있다고 주장했다. 그는 또한 자유와 안전은 동일한 것이라고 믿었기 때문에 재정적인 보장이 없으면 인간은 끝내 절망하고 폭동을 일으킨다고 주장했다. 그러므로 루스벨트는 모든 민주주의 사회의 존재 여부는 사회구성원인 시민들의 건강과 복지에 달려 있다는 신념을 가지고 있었다.

이런 신념을 바탕으로 1930년부터 1980년 레이건 정부가 들어설 때까지 연방정부는 사회문제로 고통을 받고 있는 국민들에게 재정적인 도움이나 사회복지 프로그램을 제공함으로써 점차적으로 그 역할을 넓혀 갔다.

4) 노동과 복지

1930년대의 경제대공황에 접어들었을 때 대부분의 노동자들은 노동조합에 가입하지 않고 있었다. 제1차 세계대전 기간 동안 노동자들의 동요를 막기 위해서 정부의 보호 아래 이루어졌던 노동조합의 증가는 전쟁 후 꾸준한 취업률, 실질 임금의 증가, 정치적 탄압 등의 상황 속에서 노동조합 가입 노동자의 인원은 오히려 감소했다. 게다가 숙련노동자들을 대표하는 미국노동총연맹(AFL; American Federation of Labor)이 복지자본(welfare capitalism) 모금운동에 경영자들과 협력하는 경향이 있었다. 그러한 운동으로 인하여 기간산업에서의 비숙련노동자들의 모임은 무시되었다. 노동조합 구성원의 숫자는 1920년 410만에서 1935년의 3백만으로 줄었다. AFL 구성원의 숫자 역시 1920년 410만에서 1930년 3백만으로 줄었다. 1921년과 1922년의 연합광산노동자, 1929년의 직물노동자들에 의한 파업운동이 격렬했지만 실패했다. 이 파업으로 인하여 노동조합 가입자들은 무력감을 더욱 느꼈고 세력도 약화되었다.

노동조합의 운명은 1932년 노리스 라과디아법(Norris-LaGuardia Act)의 통과와 함께 새로운 국면에 접어들게 되었다. 이 법은 연방법원에게 평화로운 쟁의에 가입한 노동조합에 불리한 금지명령을 내리는 것과 노동조합에 가입하지 않는다는 조건으로 고용계약을 맺는 황견계약(yellow-dog contract)을 금했다. 1933년 국가부흥청(NRA; National Recovery Administration)의 새로운 조직화는 단체교섭협약의 권리를 다시 확인했으며, 주당 44시간을 설정했고, 아동노동을 금지시켰으며 시간당 최저임금제도를 확립했다.

사실 루스벨트의 2차 임기 동안 가장 크게 영향을 받았던 집단은 노동조합이었다. 1935년 7월에 와그너법(Wagner Act)의 제정으로 인하여 노동조합의 권리가 법적으로 보장받게 되었다. 이 새로운 법은 노리스 라과디어법이나 전국산업부흥법(National Industrial Recovery Act)에서 예시되었던 모든 것을 포함했다. 이에 덧붙여, 회사가 주도하는 노동조합을 불법이라고 선언했다. 또 새로운 전국노동조정위원회(National Labor Relations Board)에게 선거를 감동하고 적절한 단체협약의 단위를 결정하고, 부당한 노동에 대한 불평을 듣고, 필요하면 이 법령의 강제집행을 청원할 권위를 부여했다. 단체협약의 법적 승인은 기간산업에서 근무하는 많은 비숙련노동자들을 노동조합에 가입하게 만들었다. 1936년 새로운 산업노조인 산업조직회의(CIO; the Congress of Industrial Organization)의 결성으로 말미암아 산업노동자들은 더 적극적으로 노동투쟁을 해 나갔다. 1937년 초에는 자동차 산업과 철강 산업 등 주요 산업체에서 노동조합 운동사상 처음으로 승리를 거두었다. 1937년 2월에 연합 자동차 노동조합원들은 제너럴모터스 회사에서 그들이 요구하였던 대부분의 조건을 승인 받았다. 그 다음 달에는 미국철강 회사에서 근무하던 노동자들이 투쟁을 벌여 10%의 임금 인상과 주당 40시간의 노동시간 제한을 관철시켰다. 미국의 가장 큰 기업체였던 제너럴모터스와 미국철강에서 노동조합 투쟁이 성공을 거두게 되자 CIO는 고무, 석유, 전기, 직물 등의 많은 산업공장 분야에 그들의 세력을 확장시켰고, 산발적으로 극렬한 투쟁을 벌이기도 했다.

이와 같이 활발한 노동운동의 결과, 1938년 공정노동기준법(Fair Labor Standard Act)이 통과되었다. 이 법은 시간당 25센트인 최저임금을 7년 내에 40센트로 올리고 주당 44시간인 노동시간을 3년 내에 40시간으로 줄이며, 주(州) 간의 무역에 관여하는 사업체에서는 16세 이하 아동의 노동을 금지시켰다. 이러한 사항들은 노조가 형성된 기업체에서는 이미 실시가 되고 있었기 때문에 이 법은 주로 노조가 형성되지 않은, 보호가 제대로 이루어지지 않는 노동자들, 예를 들면, 여성, 아동, 외국인 노동자 집단 등에게 영향을 미쳤다. 그 결과, 노동자 30만 명의 시간당 임금이 즉시 올랐으며, 약 2백 30만 명이나 되는 노동자들의 주당 노동시간이 단축되었다.

History of Social Welfare

▌제 10 장▐

베버리지 보고서

10

1. 베버리지 위원회

1) 베버리지 위원회의 설치 배경

영국의 처칠 전시내각은 1940년 6월 18일 처음으로 전후 사회개혁에 대해 무엇을 국민에게 약속해야 할 것인가 하는 문제를 정치위원회에 제기했다.

내각은 동년 8월 23일 전쟁목적위원회(the war aims committee)를 구성하고 10월 애트리를 의장으로 위원회 활동을 시작했다. 이 위원회의 과제는 전후 유럽 및 세계질서의 모색과 전 사회계층에게 기회와 서비스의 균등을 보장하는 사회경제구조를 마련하여 국민의 연대의식을 지속하는 방안을 강구하는 것이었다. 여기서 전쟁 목적은 전쟁 그 자체의 목적을 의미하는 것이 아니라 전후에 새로 나타날 국제 및 국내 질서에서 정치, 경제, 사회의 새로운 구상을 목적으로 하는 것이었다.

전쟁목적위원회에서 초안을 위촉받은 아널드 토인비(Anorld Toynbee) 교수는 1940년 10월 23일 '전쟁목표선언'을 초안하여 동 위원회에 제출했다. 그 주된 내용은 '개인의 자유, 인격의 신성화, 양심의 존엄', '민주주의', 나치의 '노예화'로부터 '자유를 보상받을 수 있는 정치적·경제적 보장'으로 대치시킴으로써 평화, 자유, 번영을 추구한다는 것이었다.

이 초안은 매우 추상적인 것으로 인상적이지는 않지만 빈곤과 경제적 불안에 대한 싸움을 주장함으로써 사회적 서비스를 보편화하고 실업, 가족수당, 보건의료 및 교육연구에 관한 제언을 내포하고 있었다. 그러나 이 위원회는 특별한 합의나 결정을 보지 못한 채 다섯 차례의 회의를 갖고 해산되었다.

전쟁목적위원회가 해산된 후 1941년 1월 무임소 장관인 그린우드(Arthur Greenwood)를 책임자로 하는 '전후재건문제위원회'(the reconstruction problems committee)가 설치되었다. 이 위원회는 전후 3년간 실효성을 발휘할 수 있는 실제적인 재건계획을 준비하는 것이었다. 그중 국내 문제에 관해서는 현 상황 아래서의 문제, 평화로 이전되었을 때 야기될 수 있는 문제, 이와 병행하여 장기적인 문제들을, 특히 경제문제로서 재정, 조세, 금융, 투자, 외국무역, 통상정책, 산업, 고용정책, 개발, 노동정책과,

정치문제로서 방위, 중앙과 지방의 행정기구, 사법기구, 사회문제로서 사회서비스의 개혁과 통합, 교육기회의 균등 및 개혁, 그리고 도시와 농촌계획을 검토하는 것을 과제로 삼았다.

1941년 이후 전후 재건 문제는 정부안에서뿐만 아니라 민간 연구기관, 대학, 여론기관 등 여러 기관들이 경쟁적으로 문제를 다루었다. 1941년 8월 14일 루스벨트와 처칠이 공동으로 서명한 대서양헌장에도 다른 전후 문제와 병행해서 사회보장 문제가 핵심적으로 언급되었다. 사회보장 문제가 전후의 주요 문제로 대두된 점에 대해서는 정부 내외에서의 여론이 매우 중요한 역할을 했다. 대서양헌장에 사회보장 내용을 포함시키는 데 루스벨트는 매우 주저했다. 베빈(Ernest Bevin)은 처칠을 앞세워 동 헌장에 노동기준 개선, 경제 상황의 향상 및 사회보장 내용을 삽입시킨 숨은 공로자다. 그는 기회가 있을 때마다 재건계획의 핵심적인 내용은 사회보장이라고 역설하였다. 케인스도 사회보장이야말로 영국의 재건 계획에서 다른 목표들보다 최우선의 문제라고 했다.

베버리지가 영국의 사회보험을 연구하게 된 것은 1941년 1월 당시 무임소 장관인 그린우드가 위원장이 된 '재건문제위원회'가 사회보험 및 관련 서비스에 관한 기존 제도의 전면적인 검토를 하기 위한 기구를 설치한 데서 비롯되었다. 그린우드는 동년 6월 10일 하원에서 사회보험 및 관련 서비스를 검토할 관계부처위원회의 설치를 발표했다.

베버리지는 전후 영국의 재건을 가로막는 5대 거인이 존재한다고 하였다. 그것은 물질적인 궁핍으로서 빈곤은 질병, 무지, 타락 그리고 게으름을 수반한다고 언급했다. 그는 이와 같은 5대 악을 처리하기 위해서는 하나의 통합적인 사회개량 계획이 필요하다고 하였다. 베버리지는 그것이 바로 사회보장 계획이라고 주장했다. 사회보장이란 본래 최저한의 소득을 보장하는 것으로 되어 있지만 그것은 다른 거인, 즉 질병, 무지, 나태, 타락이 동시에 공격했을 때에만 성공할 수 있는 것으로 그는 생각하고 있었다. 질병에 대한 포괄적인 보건, 재활서비스와 실업에 대한 고용계획은 사회보장 계획의 전제가 된다. 그 외에 무지와 비위생적인 것은 교육과 주택계획으로 보완해 나가야 된다고 역설했다.

베버리지 위원회는 1941년 7월 8일부터 활동을 시작했다. 이 위원회는 문자 그대로 베버리지 운영위원회라고 부를 만큼 그에게 모든 권한을 맡겼다. 위원회의 조직과 인선, 운영방침, 검토과제의 범위 그리고 권고내용 등 전반에 걸쳐 그에게 상당한 자율성을 부여했던 것 같다. 무임소장관 그린우드 경이 베버리지에게 보낸 서간문에서도 보고서의 서명자는 베버리지 한 사람뿐이라는 점과 보고서 초안도 베버리지가 손수 만들었다는 데에서 이를 짐작할 수 있다. 즉, 실제로 한 사람에 의해서 집행되는 강력한 조사연구 기구였다.

베버리지는 동 위원회의 의원들뿐만 아니라 외부에서 많은 자문을 받았다. 특히 재정이나 행정 및 관리부문에 대해서는 전문가로 구성된 소분과위원회를 구성했으며, 기타 여러 부분에 대해서 라운트리(Seebohm Rowntree), 콜(G. D. H. Cole), 페이비언협회, 지방정부, 노동조합, 경영자단체 및 여성단체 그리고 기타 이익집단과 외부의 개인전문가들의 자문을 받았다. 특별히 영국노조는 노조기구 안에 사회보험위원회를 두고 베버리지 위원회와 긴밀한 연락을 취하기도 했다.

베버리지 위원회가 조사를 의뢰받은 것은 사회보험 및 관련 서비스에 관한 제도의 전면적인 조사였다. 즉, 빈민법(Poor Law)은 제외하고서라도 1897년을 시초로 45년간 다듬어 온 노동자산업재해보상법, 1912년의 의료보험법, 1912년 2차 및 3차 산업에 종사하는 노동자에게 적용해 오다가 1920년 전 국민에게 적용된 실업보험법(1934년 일반실업보험과 실업부조로 분류), 1908년 70세 이상 노인들에게 자산조사(means test)를 조건으로 실시한 무갹출제 연금법(1925년 노인, 과부, 고아에 대한 각출연금의 지급을 발족시키는 법률이 되었다.), 그리고 1905~1909년 왕립 빈민법위원회 조사활동 이후 빈곤구제방법의 변혁과 학령 전 아동의 사회복지서비스 및 간이생명보험단체, 우애조합 등의 보험 프로그램 등을 검토하는 것이었다. 즉, 영국이 1908년부터 만들어온 잡다한 사회입법들을 현대적인 사회보험의 골격으로 재정비해서 전 국민들을 요람에서 무덤까지(from cradle to grave for entire nation) 보장하는 계획을 수립하는 것이 베버리지의 과제였다.

그의 주장에 의하면, 만족할 만한 사회보장 계획은 존재할 수 없다는 점과 모든 사회보장계층의 니드에 대응하는 통합적 사회보장을 사회보장국에서 실시한다는 것이다. 일곱 가지로 분류한 사회보장계층은 C(아동), O(노령), D(신체장애), U(실업), F(사방), L(고용 이외의 수입원 상실) 및 MI～M8(주부의 각종 니드)이다. 그의 사회보험 원칙은 강제적 갹출과 최저생활비 수준까지의 소득보장을 개개인에게 보장하는 것이다. 피보험자 소득의 고저를 불문하고 갹출액과 급여액은 균일하게 하며, 사회보험에 포함되지 않은 자들에게는 별도의 부조 계획을 세운다는 것이다.

베버리지는 빈곤의 기준을 최저생활수단의 결여(lack adequate for subsistence) 또는 빠듯한 최저한의 생활수단 이하에서의 생활로 파악하였다. 그는 빈곤 원인을 저임금에 있다는 것보다는 오히려 가득력의 중단 내지 상실, 가족의 소득으로 가족의 니드를 충족시킬 수 없는 상황(소득과 니드의 불균형)으로 규정하였다. 그의 빈곤 개념은 라운트리의 제1차적 빈곤에 인간적 욕구를 가산한 기준이었다. 단시 빈곤기준 설정에 대한 논의는 전문 소위원회에서 신중히 토의되었다. 특히 보울리(A. L. Bowly) 교수나 라운트리의 활약은 대단했다.

1942년 1월 이후 위원회의 활동은 매우 정력적이었으며 많은 자료를 산출했다. 문제별 전문 소위원회는 행정조직 방법, 최저생활기준 설정, 노동자 재해보상을 사회보험에 통합하고, 주부들의 니드나 위치는 별도의 사회보장계층으로 구분했다. 또한 여러 단체로부터의 의견서와 증언들을 청취했다. 특별히 대장성 관련 부처와의 절충은 커다란 의미를 지닌 것이었다. '전후 재건 문제'는 1942년 2월 6일에 집필되어 조위트(W. Jowitt) 경이 주체했던 '내정문제자문회의(The Advisory Panel on Homs Affairs)'에 토의자료로 제출되었다.

2) 조사위원회의 애초 의도

조사위원회의 공식적 설치목적은 기존의 사회보험 및 관련 제도에 대한 조사와 그 결과에 대하여 보고하는 즉, 실태 파악이 주목적이었다. 그러나 조사위원회를 만든 애초의 의도는 이미 폐지된 왕립노동자보상위원회의 업무를 계승하고, 또 부분적으로는 전쟁 전에 엉성하게 끝난 의료보험 정비작업을 마무리하며, 점차 거세진 가족수당 요구를 대장성이 회피하기 위한 성격(원석조, 2011)이 강하였다.

그러기에 조사위원회에 참여하는 위원들의 구성에서도 이 같은 성격을 그대로 담아내고 있는데 위원회 참여위원들(1명의 위원장과 11명의 위원) 중 행정관료가 아닌 사람은 베버리지 한 사람에 불과하였다. 결국, 현직 행정관료인 대부분의 의원들이 이 위원회의 활동보다는 전시내각의 행정업무에 중점을 두었고 위원회의 조사보고서를 작성하는 데는 베버리지의 역할이 매우 클 수밖에 없었다.

조사위원회의 구성에서 애초의 의도와 구성된 위원들의 성격, 당시의 정치적으로 미묘한 상황(당시의 행정수반이었던 처칠과의 관계와 노동부장관이었던 베번과의 관계 등)들이 맞물려 이 조사위원회의 보고서는 위원회의 활동이 끝난 뒤 2개월을 지연시키고서야 베버리지 단독 서명으로 출간되었다.

2. 베버리지 보고서의 내용

베버리지는 조사위원회의 위원장 역할을 수행하면서 조사보고서가 출간되는 1942년 12월까지 몇 개의 문서를 작성하여 발표하였는데 이들 문서에서 조사보고서의 근간이 되는 기본 이념과 방향(김상균, 1987)들을 제시하였다.

우선, 1941년 7월경에 사회보험의 전반적 고찰(Social Insurance-General Consideration)이라는 문서를 통하여 소득보장은 물론 의료보장, 실업문제 및 가족 빈곤과 같은 사회정책의 제 영역을 근본적으로 재검토한다는 방향을 명백히 제시하였고, 동년 12월과 이듬해 1942년 1월에 작성한 두 가지의 사회보장의 근본문제와 계획의 제목(Basic Problems of Social Security With Heads of a Scheme)의 문서에서는 국민보건서비스와 아동수당 및 고용 확대에 관한 3대 가정과 3자 부담의 원칙과 행정의 통합, 동액(同額) 기여 및 동액(同額)혜택의 원칙, 범주화의 원칙과 공적부조의 기능에 관한 개요와 빈곤의 정의와 관련된 생존선의 규정문제와 사회보험방식을 통해 빈곤을 퇴치할 수 있다는 견해를 제시하였다.

또한 그는 이 두 개의 문서에서 사회보험의 국민 개보험화, 공공부조 재원의 내국세로의 전환 및 공공부조 행정의 사회보험과의 연계, 퇴직 조건부 노령연금 지급 등과 같은 원칙을 수립하였다.

이렇게 제시된 방향성과 원칙들을 이후 1942년 12월에 발간한 베버리지 보고서의 기본이념 즉, 국민최저선(national minimum)의 개념이 되었는데, 이것은 모든 시민은 노령, 질병, 실업 혹은 다른 위험에 처했을 때 욕구 또는 여하한 자산조사에 관계없이 받게 될 기본적인 소득(basic income)이며 이 기본적인 소득에 대해 각 시민은 위험에 처하기 이전에 이미 각자가 기여하여야 하며, 기본적인 소득에 관한 계약의 권리로서 시민 각자에게 귀속이 된다는 것이다(Karl de Schweinitz, 남찬섭 역, 2011).

이러한 기본개념 위에 1942년 발간된 베버리지 보고서는 이후 복지국가의 근간이 되는 일련의 원칙과 전제들을 제공하였다. 특히, 베버리지 보고서의 핵심 내용은 사회보험체계에 대한 논의 즉, 사회보장체계 계획들이 주로 이루는데 그 중심 내용은 다음과 같다.

첫째, 모든 시민을 포함하는 그들의 삶의 전 과정에서 어떠한 위험에 처하더라도 각자의 핵심적 욕구를 충족시킬 수 있는 기본적인 소득을 제공함으로써 궁핍 즉, 빈곤을 제거하며, 대상자 집단을 경제적 곤란의 원인과 그 보호방법에 따라 세분한다. 둘째, 아동수당과 포괄적 의료 및 재활서비스, 완전고용의 유지는 사회보장의 3대 전제조건이다. 셋째, 정액기여와 정액급여, 국가의 재정지원을 원칙으로 한다 등을 들 수 있다.

한편, 이 보고서는 다음 여섯 가지의 원리에 기초하여 고안되었다(George, 1973; 박광준, 2002 재인용).

첫째, 보편성의 원리이다. 모든 성인을 대상으로 모든 종류의 사회적인 위험 즉, 질병, 실업, 노령, 사망, 출산 등에 대하여 강제적으로 실시하여야 한다.

둘째, 보험의 원리이다. 보험급여가 보험 대상자, 고용자, 국가에 의해 갹출되는 기여금에서 지급되어야 한다.

셋째, 정액기여와 급여의 원리이다. 상이한 소득수준에 관계없이 동일한 기여와 급여를 제공해야 한다.

넷째, 최저생계의 원리이다. 급여액의 수준은 물리적 최저생활비에 준해야 한다. 결국, 이는 그 이상을 원하는 대상자는 민간보험이나 사적인 준비를 하여야 한다.

다섯째, 국민최저선의 원리이다. 국민이라면 누구나 필요할 때 사회보험 또는 공적부조에 의한 최저생활이 가능하도록 해야 한다.

여섯째, 행정관리 일관성의 원리이다. 지금까지 사회보장을 담당하던 각 행정기관을 일관성 있게 정비하여 통일성을 추구해야 한다.

이상과 같은 사회보장계획의 여섯 가지 원리는 다음의 세 가지 원칙에 의하여 실행되었다.

첫째, 미래를 위한 어떠한 제안도 이해관계자 집단에 의해 제약받아서는 안 된다.

둘째, 보고서에서 제시된 사회보장계획의 주된 목적은 결핍(want, 빈곤)을 제거하려는 것이며 베버리지가 제시한 5대 악(Five Evi: 결핍, 질병, 무지, 불결, 나태)을 모두 포괄하는 것이다. 베버리지는 결핍(빈곤)을 제외한 나머지 악을 제거하기 위해 네 가지의 서비스 체계 즉, 의료, 교육, 주택, 고용서비스가 제공되어야 함을 제시하고 있다.

셋째, 사회보장은 정부와 민간의 협력에 의해서만 달성된다.

베버리지 보고서에서는 제시된 사회보장계획의 내용을 중추적인 제도와 보조적인 제도로 구분하고, 이들의 실행되기 위한 세 가지 전제조건을 간단하게 정리하자면 〈표 10-1〉과 같다.

| 표 10-1 | 베버리지 보고서의 사회보장계획 내용의 구분

중추적 제도(main method)		보조적 제도(subsidiary method)
강제적 사회보험	• 6가지의 기본원칙 1. 정액급여(flat-rate benefits) 원칙 2. 정액기여(flat-rate contribution) 원칙 3. 행정책임 통일(unification of administration responsibility) 원칙 4. 급여 적절성(adequacy benefits) 원칙 5. 포괄성(comprehensiveness) 원칙 6. 피보험자의 세분(classification) 원칙	• 국가부조(national assistance): 사회보험 탈락 빈곤계층 • 임의보험(voluntary insurance): 사회보험 외 민간 또는 사적 보험
• 사회보장계획의 실현을 위한 세 가지 기본전제 조건 1. 아동수당(children's allowance) 2. 포괄적 의료 및 재활서비스(comprehensive health and rehabilitation service) 3. 완전고용의 유지(maintenance of employment)		

출처: 박광준(2002)에서 세부 내용 재구성.

베버리지 보고서의 내용을 그 구체적인 특징(Karl de Schweinitz, 남찬섭 역, 2001)들을 중심으로 간략하게 살펴보면 다음과 같다.

첫째, 베버리지 보고서는 사회보험 즉, 사회보장에 관한 계획이다. 그중에서도 빈곤(want, 결핍)에 대한 계획과 논의가 중심축을 이루고 있다. 이는 베버리지 보고서에서 의도한 국민최저선, 즉 최저생계비를 추정하는 과정에서 살펴볼 수가 있다.

둘째, 사회보장의 대상이 단순하게 노동자만을 대상으로 한 것이 아니다. 즉, 전국민을 대상으로 계획하고 있으며 이를 제시하고 있다. 자영업자는 물론, 결혼한 여성, 주부, 학생, 아동 등 대부분의 모든 국민을 대상으로 사회보장체제를 구상(사회보장을 위한 전제조건의 제시)하였다.

셋째, 대상자가 근로를 하는 기간뿐 아니라 여러 가지의 사회적 위험(실업, 질병, 장애 등)으로 인하여 근로를 할 수 없는 경우에도 그에 합당한(최저생계비) 소득을 유지시킬 수 있게 계획(상병수당, 실업수당 등)되었다.

넷째, 국민보조제도나 강제적 사회보험제도를 담당하는 주무부서의 통일성(국민부조청 등)을 추구하였으며, 정액기여와 정액급여의 원칙을 제시하였다.

다섯째, 베버리지 보고서의 모든 계획들은 고용수준의 유지와 관련되어 있다. 즉, 완전고용의 유지를 전제조건으로 제시하고 있으며, 대량실업 발생을 방지할 것을 권고하고 있다. 이는 사회보장계획에서 가장 중요한 요건인 재원의 안정성을 가져올 수 있기에 절대적으로 요구되는 것이다.

결론적으로 베버리지 보고서는 사회보장계획을 위한 전제조건으로서 아동수당, 포괄적 의료 및 재활서비스, 완전고용의 유지를 제시하고 있는 것과 조세를 재원으로 한 국민부조의 성격을 사회보장계획의 보조적인 제도로 선정하여 결과적으로 재분배적인 조세제도 및 최저생계의 보장을 추구하였다. 이는 이후 복지국가에서 지향하는 평등주의와 보편주의적인 사회보장 성격의 첫 길을 열어 주었다. 물론 이 보고서에서도 국민부조에 대한 자산조사와 열등처우의 원칙은 그대로 남아 있었지만 이후 사회복지 발달과정에서 가장 큰 영향력을 미치고 있다.

3. 베버리지 보고서의 정치 · 사회적 의의

베버리지는 그의 보고서에서 다음과 같이 말하고 있다(이해영 · 한승수, 1980: 25).

이 사회보험의 계획은 사회정책 일반계획의 일부로서 제출되었다. 그것은 다섯 가지의 거대한 악에 대한 공격의 일부일 뿐이다. 즉, 사회보장계획이 직접적으로 관여되고 있는 물질적 궁핍에 대한 공격, 흔히 그 궁핍의 원인이 되며 그에 따른 많은 문제를 초래하는 질병에 대한 공격, 어떠한 민주주의도 그 시민들 사이에 존재하는 것을 허용하지 않는 무지에 대한 공격, 주로 무계획한 공업과 인구의 분포에서 나타나는 불결에 대한 공격, 그리고 부를 파괴하고 사람들이 다소 잘 살든 그렇지 않든 간에 그들을 부패하게 하는 나태에 대한 공격, 이 다섯 가지의 거대한 악에 대한 공격의 일부일 뿐이다. 비단 물질적인 궁핍에 대해서뿐만 아니라 모든 형태에서 이 다섯 가지 악에 대한 안전보장을 추구하는데, 또 이 안전보장은 그들 자신의 생활을 위한 개인의 자유와 책임, 진취적 정신으로써 획득될 수 있다는 것을 보임으로써 영국 사회와 다른 곳에서 영국의 전통을 계승하고 있는 사람들은 인류의 진보를 위해 제공할 수 있는 지극히 중요한 봉사를 하는 것이다.

이러한 베버리지의 언급에서 유추해 볼 수 있는 정치·사회적 의의는 다음과 같이 요약할 수 있다(유은상, 1994: 168-171).

첫째, 베버리지 보고서는 인간적 삶을 파악하는 데 어느 한 단편적인 부문만을 강조하고 부분을 전체로 과장하지 않고 다면성과 다원성을 솔직히 시인하고 있다. 사회적 유토피아를 제시하는 자들은 보통 어떤 한 가지 요인에 전체가 의존하는 것으로 말하며, 일면의 변화를 통하여 전체적 개선을 공언하고 있다. 예를 들면, 마르크스주의자들이 말하는 생산수단의 공적 소유를 통한 공산사회의 유토피아 약속을 들 수 있다. 베버리지 보고서는 궁핍이라는 환경 요인 외에도 질병이라는 육체적 요인, 무지라는 지식 측면, 나태라는 의지 측면 등 다면적 투쟁, 다면적 치유 노력의 경주를 통해 사회를 개선하려고 있다.

둘째, 베버리지 보고서는 누적된 영국의 전통의 집결체이다. 19세기에 이미 제정된 여러 가지 입법조치들은 논외로 한다하더라도 20세기 초에 자유당의 집권 기간 동안 이루어졌던 영국의 중요한 개혁들은 베버리지 보고서의 내용으로 받아들여졌다. 급식 제공(1906), 의료서비스(1907), 노령연금(1908), 탄광에서의 8시간 노동시간 규제(1908), 노사협의(1909), 도시계획 및 주택(1909), 직업소개소법(1909), 그리고 건강 및 실업보험(1911) 등과 같은 일련의 개혁들이 베버리지 보고서의 초석으로 자리 잡았다.

셋째, 베버리지 보고서를 통하여 국민적 통합이 시도되었다. 가진 자와 가지지 못한 자로 나누어진 채 심각한 계급적 갈등의 위협이 항상 상존하였고 이러한 계급적 대립이 급진적 사회사상가나 사회운동가들에 의하여 부추겨지고 있었던 당시의 상황에서 사회적 개선의 복지국가의 설계도는 계급적 대립을 완화시키고 국민적 통합에 기여하였다. 종전의 빈민법 체계 속에서 사회부조의 수혜자들이 무능력의 빈민으로 멸시를 받았던 것과는 대조적으로 동등한 사회 구성원으로서의 정당한 권리를 행사하는 것으로, 자선의 대상이 아니라 사회 구성원으로서 정당한 인정을 전제한 사회적 조처들로 국민적 통합에 이바지하였다.

베버리지 보고서의 가장 큰 의의는 모든 시민에게 갹출제 사회보험제도를 통해 생존에 필요한 기본적 욕구를 충족시켜 주었다는 것이다. 갹출제 사회보험제도에서 누구든지 낙인감을 느끼지 않고 자산조사 없이 권리로서 급여를 받을 수 있었다. 사회보험의 급여는 자선이나 시혜 성격이 아닌 자신의 갹출에 대한 반대급부였다. 베버리지 보고서가 영국 국민들의 환영을 받을 수 있었던 것은 급여의 이러한 권리 성격 때문이었다.

그러나 베버리지 보고서는 사회보장을 소극적으로 해석했다는 비판이 있다. 베버리지 보고서는 국가와 개인의 협조에 의해 사회보장이 달성되어야 한다는 점을 강조했다. 실제로 베버리지는 그의 보고서에서 개인 책임의 중요성을 강조하고 있다 (Beveridge Report, para 9, 285, 455). 베버리지는 그의 보고서에서 사회보장계획에 있어 다음과 같은 세 가지 원칙을 제시하고 있다.

첫째, 미래를 위한 어떠한 제안도 이해관계자집단에 의하여 제약받아서는 안 된다. 둘째, 사회보험은 결핍(want)에 대한 공약일 뿐, 소위 5대 악(five giant evils)의 나머지인 질병(disease), 무지(ignorance), 불결(squalor), 나태(idleness)까지 해결할 수 있는 것은 아니었기 때문에 사회보험의 조직은 사회 진보를 위한 포괄적인 정책의 한 부분으로 간주되어야 한다. 셋째, 사회보장은 정부와 민간의 협력에 의해 이루어져야 한다. 즉, 국가의 역할도 중요하지만 국가가 사회보장을 조직하는 데 개인의 인센티브나 기회 그리고 책임감을 저해하지 않고 개인이 국민최저선(national minimum)을 초과하는 여유 있는 삶을 영위하기 위한 자원활동을 장려할 수 있는 여지를 남겨두어야 한다는 것이었다.

베버리지는 사회보장의 본질을 소득보장으로 보았으며, 사회보장의 일부라고 생각되는 이동수당, 보건의료서비스, 사회복지서비스 자체를 소득보장이라기보다는 그 전제를 이루는 것으로 보아 사회보장을 소극적으로 해석했다는 평가가 있다. 이러한 원칙에 의하면 사회보장제도에 의해 제공되는 것은 단지 최저한의 생활을 보장해 주는 것이지 어떤 수준 이상의 생활을 영위하고 싶으면 각 개인이 노력해야 한다는 점을 강조했다. 이런 점에서 보면 베버리지는 자신도 인정했듯이 자유주의자였다. 베버리지가 제시한 국민최저선의 원칙은 개인적 검약과 개인의 책임과 공동체의 책임의 결합을 염두에 둔 것이었다. 갹출제인 사회보험을 통해 사회보장을 확립하겠다는 것도 자유주의적인 신념의 반영으로 볼 수 있다.

이런 점을 반영하듯 베버리지는 1948년 도입된 국민부조법의 기능은 최소한이 되기를 원했다. 국민부조법은 여러 가지 이유로 국민보험제도에 포함되지 못하거나 보험급여가 불충분한 사람들을 원조하기 위한 공공부조를 규정한 법이었다. 베버리지는 사회보험제도가 그 기능을 충분히 발휘하게 되면 국민부조법은 유명무실한 법이 되기를 기대했다. 그러나 실제로는 인플레이션으로 인해 보험급여 수준이 생계비를 충분히 보장하지 못하는 상황이 되어 국민부조의 기능은 오히려 더 중요시되었다. 그래서 국민부조법 시행 초기에는 수혜자의 수가 80만 명 정도였으나, 1950년 말에는 135만 명으로, 1954년에는 180만 명, 1962년에는 200만 명으로 증가했다. 또한 국민부조 수혜자 중에서 상당수는 보험급여 수급자였다(Pollard, 1962: 399; Bruce, 1961: 325; 송규범, 1983: 233).

이런 점에도 불구하고 베버리지 보고서는 국민최저수준을 확립하고, 새로운 급여(장례수당)를 창출하고, 선별적인 급여를 보편화시키는 등 당시로서는 획기적인 것이었다. 이후 영국의 사회복지는 전후 세계경제의 유례없는 호황 국면에 힘입어 더욱 확대되었다. 노령연금, 의료보험, 산재보험, 실업보험, 아동수당, 국민부조 등 사회보장제도의 수혜범위와 급여수준이 확대되고 행정적으로 체계화되었다. 특히 1951~1973년까지는 영국복지국가의 황금기였다. 이 기간 동안 영국의 연평균 실업률은 1971년과 1972년에 3%를 초과하였을 뿐 완전고용에 가까웠고, 소매물가의 연평균 상승률도 4.6%에 지나지 않았다. 국내총생산도 증가하여 사회복지를 위한 공공지출을 가능하게 했다.

4. 특색 및 문제점

궁핍을 극복하기 위한 광범위한 그의 계획에서도 지난 50년간 그 어느 누구도 만족스럽게 해결하지 못한 문제에 직면하였으며 그 역시 이를 해결할 수 없었다. 이런 문제점 중 주요한 것으로는 '빈곤이 무엇을 의미하는가?', '사회보장에서 가옥 임차료는 어떻게 자리 잡도록 하여야 하는가?' 등이었다.

베버리지가 극복하지 못한 첫째 사항은 급여수준이었다. 은퇴연금 및 실업급여를 주당 2파운드로 제안하였는데, 이것이 궁핍에서 자유로울 수 있는 수준인지 여부는 먼저 빈곤의 의미와 그 수준이 어떠한지를 알아야 한다. 베버리지의 빈곤 정의는 시봄 라운트리의 빈곤기준, 영국의사협회, 정부의 가족가계비 조사(family budget survey) 등에서 추출한 것인데 '통상적인 경우에 대비한 최저소득'이다. 베버리지는 자신의 기준이 과학적이라고 생각하였지만, 여기에도 가치판단이 개입된다는 것을 인정하고 있다. 그리고 통산적 수준을 초과하는 요구는 국가보조(national assistance)에 의존해야 한다.

둘째, 사회보장에서 가옥의 임차료를 어떻게 지불하여야 하는가도 해결하지 못한 문제의 하나였다. 1947년에 가옥소유자는 전체 가구 중 약 26% 정도였고, 약 13%는 지방정부의 임차가옥이고, 기타의 사람들은 민간주택을 임차하고 있었는데, 이들 가옥의 임차료는 크게는 10배 이상의 격차가 있었다. 이들 임차료의 평균액으로 지급할 경우는 비싼 임차료를 내는 사람은 통상적 생존 이하의 수준으로 떨어지게 되는 것이고, 저렴한 임대료를 내는 사람은 금전적으로 이득을 보게 되는 결과를 가져온다. 그리고 실제 임차료를 지급할 경우 수급자가 고가의 임차료 주택으로 이사를 가면 임차료 지원금은 가옥 소유주에 대한 보조금처럼 되어버리는 문제점이 발생할 수 있다. 임차료는 주택정책과 산업의 배치와도 연계되어 있는 등 단순하게 해결할 수 있는 사안이 아니었다. 그래서 베버리지는 실업수당 지급 시 일률적 금액을 지급하는 것으로 정하였으나, 나중에 노동당 정부는 이 방안을 포기하고 자산조사를 통하여 실제 금액을 지급하는 것으로 변경하였다.

셋째, 여성의 지위에 관한 문제였다. 많은 여권주의자들은 오늘날 사회보장제도에서 여성이 차지하는 열등한 위치에 대하여 베버리지를 비판하고 있으나 당시는 오늘날과 같은 상황을 예견하기 어려웠다. 베버리지 이전에도 독신여성은 근로하는 경우 실업급여에서, 그렇지 못한 경우는 자산조사 급여에서 남성과 동등한 취급을 받았으나, 결혼한 여성은 남성의 부양가족으로 지위가 변하여 국민보험에서 분만 보조금(maternity grant)을 제외하고는 권리가 없었다. 베버리지가 위원회를 맡은 1939년과 1943년 사이에 추가로 180만 명의 여성이 남성과 동등한 주체로 활동하는 듯이 보였다. 그러나 베버리지는 이것이 전쟁 중이기 때문에 가능한 현상으로 해석하였다. 제1차 세계대전이 끝난 후 가정 밖의 활동을 한 여성들이 모두 가정으로 돌아가 주부가 되었기 때문이다. 그래서 베버리지는 8명 중 1명의 여성이 근로하고 있었던 1931년도의 인구센서스(전쟁 중에는 조사가 없었기 때문에 그가 이용 가능한 최선의 자료였음) 자료를 이용하는 것이 타당하리라 생각하였다. 그래서 기혼여성에 대한 대책은 1명보다는 8명을 대상으로 하는 것이 더 타당하리라 판단하여, 대부분의 기혼여성들은 고용되지 않을 것으로 상정하여 대책을 세웠다. 그리고 베버리지는 인구가 줄어드는 것을 걱정하였다. 1930년대에는 출산율이 감소하였으나, 전쟁 직전 급속한 결혼과 사생아들의 증가로 실제로는 1942년까지 인구가 증가하였다. 그러나 이를 몰랐던 베버리지는 출산율의 증대를 위하여 결혼과 아동양육에 대한 촉진책을 강구하려 하였다. 결혼보조금(추측컨대, 집 마련 비용), 그리고 직업이 있는 여성들이 권리로서 청구할 수 있는 완전급여로서 13주간 분만급여(maternity benefit)가 지급되도록 제안하였다. 베버리지는 과부가 되는 것이 많은 여성들에게 심각한 금전상 충격임을 인식하고 있었으나 1925년의 과부·고아 및 노령연금법(the widows, Orphans and Old Age Pensions Act of 1925)에 의하여 도입된 정책이 실패한 원인은 회피하려 하였다. 그 법은 은퇴연령에 도달하기 이전에 과부가 된 모든 여성에게 남편의 기여금 납부 실적에 의하여 1주일에 10실링씩 연금을 주었다. 만약 재혼을 하거나 다른 남자와 동거를 하게 되면 수급권이 소멸되지만 수급의 최저 연령제한은 없었다. 10대에 과부가 되던, 20대에 과부가 되던 과부들은 죽을 때까지 120실링을 수급할 권리를 가졌다.

베버리지는 이 급여수준이 너무 낮고 수급기간이 너무 길어 부당하다고 판단하였다. 만약 여성이 젊고 근로하기에 적합하다면 재교육을 받고, 일정 기간 후 직업을 찾는 것이 더 바람직하다는 것이었다. 그는 과부에게 13주간의 완전급여를 지급하고 그 이후 아이가 있는 과부에게는 보호자급여(guardian benefit)를 지급해야 한다고 제안하였다. 55세 이하의 과부들은 자신의 적성에 따라 직업을 찾는 것이 필요하고, 필요하다면 재훈련을 받을 수 있을 것으로 여겼다. 그리고 55세 이상인 여성은 60세의 연금수급연령에 도달한 것으로 간주하였다. 이에 추가하여 아동 및 여성에 대한 무료 보건서비스가 제공되었다. 또한 여성이 무료로 가정 내에서 많은 서비스를 제공하는 공로를 인정하여 여성에게 잘못이 없는 한 이혼 시 별거급여(separation benefit)를 지급할 것을 건의하였으나 이는 시행되지 않았다. 베버리지는 여성이 근로하는 것을 반대하지 않았으나 국민보험 기여금 납입 시 특별히 저율납부를 선택할 수 있도록 하고, 급여 수급 시에는 급여율의 실업 및 장애급여를 수급하는 방안을 마련하였다. 그러나 여성에 대한 이 제도들은 현대의 증가하는 편모, 이혼 및 별거에 대한 대책을 마련해 주지 못하는 것으로 평가되고 있다.

넷째, 장애도 역시 문제로 인식되었다. 베버리지는 근로 도중에 다친 사람에 대하여는 급여제도를 마련하였다. 그러나 근로를 처음부터 할 수 없는 선천적 장애인은 자산조사를 통하여 국가보조제도에 의존하지 않을 수 없었다. 의술의 발달로 선천적 장애인이 오래 살 수 있게 된다는 것은 예견하지 못했던 결과였다. 이러한 장애인에 대한 제도는 1970년대에 이르러서야 만들어졌다.

그리고 베버리지는 세금을 재원으로 한 제도가 아니라 기여금에 의한 사회보험제도를 이용하여 권리와 의무, 사회보장과 근로의욕 자극, 개인주의와 집단주의 간의 균형을 이루기를 원했다. 따라서 급여는 한정된 예외적 상황에서만 자산조사인 국가보조를 받고, 가능한 한 권리로서 지급되는 것을 원했다. 이는 영국민들이 세금을 통한 무료급여보다는 기여금에 의한 급여를 희망한다는 전통을 그간 국가보험제도 및 민간보험의 발달에서 확인할 수 있었고 자산조사를 극히 혐오했다는 점에서도 알 수 있었다. 그래서 세금을 기반으로 한 자산조사 급여보다는 보험 원리를 이용한 급여를 고안하였다. 그리고 당시의 소득세는 오늘날과 같이 대다수 국민들이 납부하는 것이 아니라 상당한 소득수준에 달한 경우에만 납부하여 그 대상이 많지 않았던 측면도 있었다. 베버리지 자신이 아무 것도 하지 않아도 국가에서 무언가를 주는 '산타클로스 국가'가 되는 것을 반대하였으며, 기여금의 수준도 당시 납부하는 자발적 보험의 기여금을 모두 합한 것보다 높지 않을 것으로 판단하고 있었다. 또한, 재무부가 특정 목적을 위하여 세금을 거두는 것에 반대하고 있었음을 물론이었다.

또한 베버리지가 급여를 최소수준으로 정한 것은 근로 및 저축에의 의욕을 자극하고, 자신의 삶에 대하여 스스로 책임지도록 장려하기 위해서였다. 즉, 사회보장제도를 최저수준으로 정함으로써 동기유발 및 책임을 약화시키지 않도록 노력하였다. 그래서 영국은 유럽대륙에서 유행한 소득수준과 연계된 제도보다는 자산조사의 급여를 벗어날 수 있을 정도의 최저수준 급여를 권리로 받도록 정하고, 통상적 상황에만 대비할 수 있도록 하였다. 물론 1870년대에 영국도 국가소득비례연금(SERP)을 도입함으로써 이것은 변경되었다. 그리고 균일급여에 대하여 균일기여를 하도록 하며, 기여금의 수준을 모두가 납부할 수 있도록 최저의 수준으로 정하여 사회적 연대성을 유지하려 하였다. 그러나 낮은 기여금 수준은 급여수준을 국가보조급여 이상으로 높일 수 있도록 하는 데 제약도 되었다.

마지막으로 권리와 의무의 균형을 유지하고, 근로의욕을 고취시키려 하였다. 실업수당은 무기한 지급하되, 6개월 이후에는 근로 또는 훈련센터에 다니는 것을 조건으로 지급토록 제안하였다. 젊은이의 경우는 계속적으로 근로하는 습관에 익숙하지 않으므로 이 기간을 더 짧게 하여야 한다고 제안하였다. 그러나 이 제도는 제2차 세계대전 이후에 거의 완전고용 상태가 지속되었기 때문에 집행되지 않았다.

제 11 장

복지국가의 형성과 재편

11

1. 복지국가의 형성

1) 복지국가의 개념 및 형성 내용

복지국가(welfare state)가 오늘날과 같은 의미로 사용하게 된 것은 1930년대 후반에 영국의 켄터베리 대주교 윌리엄 템플(William Temple)이 『시민과 기독교인』에서 나치스의 '전쟁국가'와 대조시켜 영국의 국가 이념을 처음으로 '복지국가'라는 용어로 지칭하면서 사용되었다고 알려져 있다. 복지국가라는 용어의 어원을 찾아보면 영국 엘리자베스 시대의 공동복지(common well) 또는 19세기 독일의 절대군주에 의한 중상주의와 전제주의적 성격이 강한 복지국가를 의미하는 볼팔트슈타트(Wohlfahrtstaat)라는 말까지 거슬러 올라갈 수 있는데 그것은 오늘날 복지국가의 의미와는 조금 다르다.

그러나 구체적인 의미를 갖고 복지국가라는 용어가 세계적으로 널리 사용하게 된 것은 영국에서 베버리지의 「사회보험과 관련서비스」라는 보고서가 1942년에 발표되면서 국민생활 최저한의 보편적인 보장을 의도하는 사회보장안이 국제적으로 주목받은 이후부터이다. 그 후 1945년 제2차 세계대전 후 노동당 정부가 집권하여 제반 정책의 기초가 되어 광범위한 사회보장과 완전고용을 실현하는 것을 국가 책임으로 하면서 복지국가란 용어가 구체적인 의미를 가지고 주목을 받게 되었다.

이와 같은 복지국가는 영국에서뿐만 아니라 스웨덴을 비롯한 유럽의 여러 나라에서 나타났으며 시장경제의 요람인 미국에서도 미약하지만 복지국가를 지향하게 되었다. 프랑스는 혁명으로부터 평등·자유·박애의 개념, 비스마르크와 베버리지는 사회보험과 사회보장의 개념, 페이비언 사회주의는 국가의 기본적 서비스에 대한 국유의 원리, Tawney는 사회적 평등의 원리, 케인스는 경기순환을 통제하여 실업을 막는 경제이론 제공 등 이 외에도 많은 철학자, 사상가, 종교지도자, 사회개혁가 등이 복지국가 건설을 주장하였다. 영국과는 달리 독일, 프랑스 등에서 이와 같은 역사적 흐름을 따라 서서히 복지국가가 형성·전개되어 왔다(전재일 외, 2000).

복지국가에 관한 정의는 제2차 세계대전 후 산업화의 진전과 함께 기술의 발전에 따라 국가의 개입 정도와 범위는 확대되었고, 약 50여 개 국가에서 사회보장은 국민들의 가족 또는 시장이 아닌 국가의 막중한 책임임을 헌법상에 명문화하였다. 비교적 일반적으로 생각되는 복지국가를 정의한 개념을 살펴보면, 다음과 같다.

브리그(Briggs, 1961)는 "복지국가란 시장에서 오는 문제를 수정하기 위해 정치와 행정 그리고 조직화된 권력을 의도적으로 사용하는 국가"라고 하면서 복지국가의 목표를 세 가지로 정의하고 있다. 첫째, 공공부조정책, 둘째, 사회보험정책, 셋째, 최저수준의 개념보다는 적정수준의 개념에 기초한다. 이를 위해 교육정책, 의료보장정책, 주택정책 등의 정책을 도입하였다.

매시(Mash)는 복지국가를 모든 사람에게 상당한 고도의 물질적 조건을 충족시켜 줄 것을 목적으로 하는 국가라고 하였다.

티트머스(Titmuss)는 사적인 시장 기구를 통해 제공될 수 없는 특별한 서비스를 받을 권리가 모든 시민에게 인정되어 있는 국가를 복지국가라 하였다(George Allen & Unwin, 1967).

윌렌스키(Wilensky)는 모든 국민에게 소득과 영양, 보건, 주택, 교육의 최저수준을 자선이 아닌 정치적 권리로서 보장하여 주는 국가를 복지국가라 하였다.

김태성과 성경륭은 가장 단순한 차원에서 복지국가란 "국민의 비복지를 제거하고 복지를 향상시키기 위하여 노력하는 국가" 또는 "국민의 복지 향상을 가장 중요한 책임과 의무로 삼는 국가"로 정의하였다.

이와 같이 복지국가의 개념이 다양하게 정의되고 있지만 공통적인 세 가지 요소는 첫째, 산업화 과정에서 초래한 경제적 불평등, 산업재해, 빈곤, 실업 등의 문제를 해결하기 위해 등장하였다. 둘째, 정치제도로서의 민주주의를 의미한다. 그리고 셋째, 모든 국민에게 경제적으로 국민최저수준 이상을 정부가 보장한다는 것이다. 이러한 공통된 요소들을 지니고 있는 복지국가는 자본주의 모순을 수정하여 국민의 행복한 삶을 보장함은 물론 국가의 개입을 강조하면서 자유와 평등을 구현하고자 노력하는 수정자본주의적 국가형태를 가지고 있다. 즉, 전 국민이 국가에서 제공하는 복지혜택을 받을 수 있는 제도적 복지를 채택하고 있다.

2) 복지국가의 형성요건

많은 학자들이 복지국가의 형성에 관해 여러 가지 의견을 제시하였는데 그 맥락을 역사적으로 살펴보면 문명 이전의 선사시대에도 복지사상이 존재했다. 가난한 자를 돕는 행위가 원시인 사회에서도 있었고, 또한 에스키모인은 그들이 사냥한 획득물을 가난한 이웃에게 나누어 주는 관습도 있었다. 빈민을 구제하기 위한 빈민정책은 중세의 가톨릭교회에도 있었고, 공공의 복지를 법률의 근본 목적으로 하여 전체 사회에서 개인의 이익에 대하여 공익이 우선한다는 토마스 아퀴나스(Thomas Aquinas)의 사상에도 잘 나타나고 있다.

복지국가의 사상적 바탕은 자본주의나 사회주의의 이념에 비해 명확하지 않고 철학적 이론도 부족하다. 그렇지만 복지국가의 정의에 대한 최소한의 합의점이 묵시적인 수준에서 마련되어 있다는 점을 보여주고 있다. 이러한 합의점은 이데올로기적인 차원보단 복지국가의 실천요강에서 표출된 것을 살펴볼 수 있다.

첫째, 복지국가를 잘 반영하고 있는 경제체계로서 자본주의 경제를 바탕으로 한 수정자본주의 또는 혼합경제체제의 운용이다. '야경국가'라고도 한다.

둘째, 국가 안보 또는 평화의 보장이다. 윌리엄 템플이 처음으로 사용한 복지국가 용어의 배경에는 무력국가가 있다.

셋째, 정치제도로서의 민주주의를 들 수 있다. 국민들의 물질적 생활조건을 보장하지만 개인의 기본권적 자유권을 인정하지 않는 전체주의(totalitarianism) 국가는 복지국가라고 할 수 없다. 이에 대해 베버리지는 언론출판, 연구와 학문, 신앙, 정치적이거나 비정치적 목적의 집회, 결사, 직업선택, 소득처분의 자유 등을 필수적 자유로 규정하고 이들 자유에 대해서는 어느 누구도 침해하는 것을 용납하지 않는다고 주장하였다.

넷째, 국민 개개인의 복지에 대한 국가의 막중한 책임의 수행이다. 국가가 복지정책을 이행하기 위해서는 수정자본주의, 평화, 민주주의와 같은 기본 요소가 충족되었다고 해서 자동적으로 복지국가가 되는 것은 아니다. 미국과 일본을 복지후진국이라고 말한 헤롤드 윌렌스키(Harole Wilensky)가 있는 반면에, 퍼니스(Norman Furniss)와 틸턴(Timothy Tilton)은 미국을 처음부터 복지국가라고 부르기를 거부하였다.

윌렌스키는 사회보장비가 국민총생산에서 차지하는 비율을 복지국가의 기준으로 설정하고 1966년 당시 사회복지비가 15% 이상인 국가는 복지선진국(welfare state leaders), 10~14%는 복지중진국(welfare state middle rankers), 5~10%는 복지후진국(welfare state laggards)이라고 정의하였다.

그의 정의에 의하면 그 당시 22개의 부국들을 대상으로 사회보장비를 분석해 보면 오스트리아가 21.0%, 영국은 14.4%로서 복지중진국의 상위로 나타났다. 반면 미국 7.9%, 일본 6.2%에 불과하여 의외의 결과를 보였다(Wilensky, 1975).

결국 베버리지가 제시한 복지국가에서는 5대 사회악 즉, 질병, 나태, 무지, 불결, 빈곤을 포괄적으로 해결할 수 있는 구체적 계획을 마련하고 그것을 실천에 옮겨야 한다. 사회문제로부터 피해를 입고 있는 국민 개개인의 복지를 향상시키는 일에 관심을 표명하고, 이에 준하는 책임을 국가가 직접 질 때 비로소 복지국가가 될 수 있다는 것이다. 따라서 경제력이 큰 국가라도 국민총생산 중에 정부가 지출할 수 있는 사회복지 예산이 상당 수준 이상으로 책정되지 않았다면 그 국가는 복지국가라 할 수 없다.

2. 복지국가의 발전

복지국가의 발전사를 볼 때에는 사회복지국가는 제2차 세계대전의 산물이며, 영국의 베버리지가 제출한 「사회보험에 대한 보고서」 이후의 시기를 지칭한다. 윌렌스키가 주장한 복지국가의 핵심은 모든 시민에게 자선이 아닌 권리로서 정부가 소득, 건강, 영양, 주택, 교육 등에서 최소한의 수준을 보장하는 것이라고 하였다. 그래서 많은 국가들이 잔여적 사회복지에서 제도적 사회복지로 발전할 수 있는 계기가 되었다. 사실상 복지국가는 지난 수세기 동안 공공복지의 발전이 누적되어 탄생한 것으로 오랜 기간 동안 사회, 경제, 정치적 변화에 따라 성숙해오면서 부분적 또는 여러 과정을 거쳐 현대의 복지국가로 발전하였다. 이런 부분들을 종합해 보면 크게 태동기, 정착기, 성장기, 재편기로 구분할 수 있다.

1) 태동기(1880년대~1920년대)

근대 민족국가와 중상주의 경제와 함께 출현한 영국의 빈민법은 그동안의 빈민구호가 교회의 책임이었던 것을 정부의 책임으로 전환시켰다. 사회의 안정을 유지하고 노동력을 확보함으로써 산업혁명이 진행되던 시기인 1795년에 제정된 스핀햄랜드법은 사회복지의 기본철학인 생존권을 처음 도입함으로써 현대사회복지가 태동하는 데 많은 기여를 하였다.

그러나 19세기 이전과 같은 사회복지형태가 존속하여도 1880년 이후 복지국가의 태동은 첫째, 사회보험제도의 도입, 둘째, 시민권의 확충, 셋째, 사회복지비의 증가에서부터 시작된다고 피어슨은 제시하고 있다.

복지국가 태동기의 첫째 측면인 사회보험제도는 독일에서 첫 번째로 도입되었다. 이 시기는 산업화가 한창 진행되었고 당시 독일은 자유방임주의 사상이 지배적이었던 영국과는 달랐다. 정부는 귀족층의 지주들과 권위주의적 지배층에 의해 신앙심이 깊은 온정주의였다. 그 시대의 독일 수상인 비스마르크는 복지를 통해 노동자의 불평불만을 달래려고 했다(Leiby, 1978).

1871년 독일은 산업재해보상보험에 이어 1883년에 건강보험제도를 도입했다. 20세기 초반에는 독일에 이어 영국도 노령연금제도를 자유낭 정부시절에 도입을 하였으며, 이런 제도가 사회개혁에 도움이 되었다. 대부분의 제1차 세계대전 이전의 유럽국가들은 산업재해, 노령, 질병, 실업 등을 대비하여 사회보험제도를 도입했고 사회복지 후진국으로 평가 받는 미국은 대공황 시대인 1935년에 사회보장법을 제정하면서 실업보험제도와 노령연금제도를 도입했다.

복지국가 태동의 둘째 측면은 시민권의 확충과 관련이 있다. 세계대전으로 국가와 시민 간의 관계 변화를 의미하는 사회보험제도의 도입은 권리와 의무를 하나로 묶음으로써 노동자에게 선거권을 부여하고 사회적 보호와 경제적 활동에 대한 욕구를 증대시키는 역할을 하였다.

| 표 11-1 | 시민권의 확장

나라	남성에게 선거권을 부여한 연도	모든 성인에게 선거권을 부여한 연도	최초의 사회보험을 도입한 연도
벨기에	1894	1948	1894
네덜란드	1918	1922	1901
프랑스	1848	1945	1895
이탈리아	1913	1946	1898
독일	1871	1919	1871
아일랜드	1918	1923	1897
영국	1918	1923	1897
덴마크	1849	1918	1892
노르웨이	1900	1915	1894
스웨덴	1909	1921	1891
핀란드	1907	1907	1895
오스트리아	1907	1919	1887
스위스	1848	1971	1881
오스트레일리아	1902	1902	1908
뉴질랜드	1879	1893	1898
캐나다	1920	1920	1927
미국	1860	1920	1930

출처: Pierson, 1991: 110

이와 같이 정치적 선거권이 모든 남성에게 주어졌던 시기와 사회보험의 최초 도입 시기는 매우 깊은 관계가 있다. 1894년에서 1920년 사이의 약 26년간에 〈표 11-1〉에서 나타난 바와 같이 17개국 중 11개국이 남성들에게 선거권을 부여하였으며, 1900년 이전에 남성에게 투표권을 부여한 프랑스, 독일, 덴마크, 뉴질랜드와 같은 국가들은 가장 빠른 복지제도를 도입한 국가이기도 하다. 이외에도 유럽인에게 여성 투표권이 금지되고 있는 시대에 다른 국가에 비해 한 세대 먼저 여성에게 투표권을 부여한 뉴질랜드가 다른 나라에 비해 가족수당도 한 세대 일찍 도입했다는 사실은 많은 의미를 내포하고 있다. 이런 의미를 살펴볼 때 정치적 차원에서 보자면 복지국가는 선거민주주의의 발전에서 비롯됨을 알 수 있다.

복지국가 태동의 셋째 측면은 사회복지비의 지출이다. 피어슨(Pierson)은 '복지국가 단계에 진입된 것으로 보려면 국내총생산(GDP)의 3% 이상을 공공복지로 사용해야

| 표 11-2 | 사회복지비 지출이 GDP의 3%, 5%가 되었던 연도

나라	복지지출 〉 GDP의 3%	복지지출 〉 GDP의 5%
벨기에	1923	1933
네덜란드	1920	1934
프랑스	1921	1931
이탈리아	1923	1940
독일	1900	1915
아일랜드	1905	1920
영국	1905	1920
덴마크	1908	1918
노르웨이	1917	1926
스웨덴	1905	1921
핀란드	1926	1947
오스트리아	1926	1932
스위스	1900	1920
오스트레일리아	1922	1932
뉴질랜드	1911	1920
캐나다	1921	1931
미국	1920	1931

출처: Pierson, 1991: 111

한다'고 했다. 〈표 11-2〉와 같이 1900년까지는 독일과 스위스를 제외하고는 사회복지비 지출이 국내총생산의 3% 수준에 도달한 나라는 없었으며, 꾸준히 사회복지 지출의 성장세를 보여 〈표 11-2〉에 소개된 국가의 절반 정도가 1920년 이후부터 국내총생산의 3% 정도를 복지 분야에 지출하기 시작하였다. 그 후 1930년 초반 혹은 중반에는 복지를 위해 국내총생산의 5% 정도를 지출하였다.

2) 정착기(1920년대~1945년)

복지를 위해 국내총생산의 3% 정도를 유럽의 많은 국가들이 지출하기 시작한 1920년부터 2차 세계대전의 종결시점인 1945년까지가 복지국가의 정착기이다. 이 시기는 세계적 수준에서 진행된 대규모 전쟁 즉, 제1차와 제2차 세계대전과 경제대공황이 함께 일어났던 복지국가의 가장 중요한 격동의 시기였다. 전쟁은 엄청난 수의 사상자와 빈민이 발생되었고, 이러한 민간 자선기관이나 민간 보험기관으로는 빈민구호를 근본적으로 수행할 수 없는 형편에 직면하게 되었다(Ashford, 1986). 한편 유럽의 많은 국가들은 두 차례에 걸친 세계전쟁이 치러지는 동안 효과적인 국민동원을 위해 전쟁이 끝나면 더 나은 삶을 보장하는 즉, 복지국가를 건설하겠다는 약속을 하였다. 그 결과 복지국가의 정착기(1920~1945)동안 유럽의 많은 국가들은 국민총생산의 3% 정도를 복지에 지출하면서 다양한 복지제도를 도입, 정착시켰다.

1920년대 말과 1930년대의 경제대공황은 전 세계를 거쳐 광범위한 생산중단과 많은 실업자를 발생하게 하였다. 이러한 긴박한 상황 속에서 진보당(미국의 민주당, 영국의 노동당, 사회민주당 등)들이 자본과 노동 사이의 '뉴딜(New Deal)', '사회계약', '역사적 타협' 등을 내세워 사회협약을 체결하고 케인스 경제이론을 기반으로 복지사회주의 실현의 방편으로 국가가 적극적인 사회복지의 확대를 도모하였다. 이러한 미국의 뉴딜정책은 케인스 경제이론을 바탕으로 대규모 사업을 국가가 실행할 수 있었으며, 직업창출과 복지급여라는 새로운 정책을 선도하였고 실업자와 빈곤한 사람에게 직업과 소득을 제공함으로써 대공황에서 벗어날 수 있는 기회와 수단을 제공하였다.

1930년대 미국의 뉴딜정책은 소비자의 손에 돈을 쥐어 줌으로써 경제를 활성화시켰고, 1935년에는 사회보장법이 제정되면서 이 법을 통해 사회적 취약계층에 대한 지원과 특수 프로그램을 위한 연방정부의 보조금 지출이 제도화되었다.

이와 같이 복지국가의 정착기 동안 제1차, 제2차 세계대전의 전후 처리문제, 대공황과 관련하여 복지제도가 증가되었고 복지수혜자의 범위가 확대되었다. 결과적으로 복지에 대한 정부지출이 계속해서 큰 폭으로 증가되고 있음을 나타내고 있다.

3) 성장기(1945년~1975년)

역사적으로 볼 때 제2차 세계대전이 종결된 1945년부터 1975년 유류파동 이전까지의 시기를 '복지국가의 황금기'라고 부른다. 1920~1945년 기간 동안 제도적·재정적 측면으로 보면 '복지국가의 터를 닦는 단계'이고, 복지 수혜자 측면으로 보면 제2차 세계대전 이후 지속된 경제적 번영과 함께 모든 측면에서 복지국가의 발전이 극대화되었기 때문이다. 피어슨은 이 단계를 첫째, 시민권에 기반을 둔 포괄적이고 보편적인 복지국가로의 이행, 둘째, 혼합경제와 확대된 사회복지에 대한 정치적 합의, 셋째, 사회보험제도 급여수준의 향상과 대상범위의 확대, 넷째, 경제성장과 완전고용 등으로 설명하고 있다.

이러한 전후 복지국가의 발전에 기여한 사상 및 주요 이론이 3가지를 살펴보면 다음과 같다.

첫째, 자유방임 자본주의의 문제에 대한 해결책을 제시한 케인스의 거시경제이론
둘째, 영국 사회보장제도의 기틀을 마련한 베버리지의 국민최저수준의 보장개념
셋째, 페이비언 사회주의가 점진적인 사회주의를 표방하는 이념

페이비언 사회주의는 19세기 말 영국에서 시작되었으며, 시장자본주의의 부정한 특성을 제거하기 위해 경제관리, 생산수단의 국유화, 사회복지와 같은 의도적인 국

가 행위를 주장했다. 이 시기에는 서방국가들의 사회복지지출은 1950년대 초 GDP의 10~20% 수준이었고, 1970년대 중반에는 GDP의 1/4~1/3 이상으로 증가되었다고 피어슨은 말하고 있다. 주요 국가별 사회복지지출의 GDP 대비 비율은 다음의 〈표 11-3〉과 같다.

| 표 11-3 | 주요 OECD 국가들의 사회복지지출(1960년과 1975년의 GDP 비율)

국가	1960	1975
캐나다	11.2	20.1
프랑스	14.4	26.3
독일	17.1	27.8
이탈리아	13.7	20.6
일본	7.6	13.7
영국	12.4	19.6
미국	9.9	18.7
평균	12.3	21.9

출처: Pierson, 1991: 128; 박병현, 2011: 76

이러한 사회복지 발전 및 복지 분야에 대한 정부지출이 늘어난 것은 복지국가의 태동 단계에서 도입된 사회보험제도들의 대상범위가 넓어지고 급여수준도 높아져서 다양한 복지제도들이 개별국가로 빠르게 확산되어 나라마다 산재보험, 질병보험, 노령연금, 실업보험, 가족수당 등의 제반 복지제도를 갖추었고 또한 개인적 사회서비스와 공적부조를 위한 제도도 더욱 확충되었기 때문이다.

그러나 1973년 유류파동과 뒤이은 경기침체가 장기화되면서 복지국가는 위기에 직면하기 시작했다. 이 시기에 보수 성향의 정당들이 장기 침체의 원인을 복지국가에서 찾으면서 복지비의 지출을 축소하기 시작하였고, 복지국가 성장기는 침체기로 바뀌었다.

4) 재편기(1975년~현재)

1973년에 무려 5배의 유가상승을 가져온 오일쇼크는 약 30년 동안 지속되어온 자본주의의 안정적 축척체계를 근원적으로 붕괴시키는 결정적 작용을 하였다.

당시 구미 여러 나라에서 나타난 공통적인 균열은 많은 사회복지비의 지출과 함께 엄청난 국방비를 지출하는 영국과 미국에서부터 표출되기 시작하였다. 영국에서는 1979년 겨울 노사분규 파업의 속출로 사회가 혼란에 빠져들면서 제임스 캘러한(James Callaghan) 노동당 정부가 실각하고 대처의 보수당 정부가 들어섰으며, 미국에서는 민주당 카터 행정부하에서 인플레이션과 실업이 동시에 결합된 스태그플레이션이 확산되면서 1980년 선거에서 민주당 정부가 실각되고 공화당의 레이건 정부가 수립되었다. 1981년 덴마크 사민당과 노르웨이 노동당도 선거에서 패배했고, 이어 1982년 독일의 사민당도 재집권에 실패하고 말았다. 이 외에도 오스트리아의 사회당은 1987년 단독정부 수립에 실패하였으며, 복지국가의 전형으로 알려진 스웨덴도 1991년 사민당이 선거에서 패배하고 말았다. 이로써 복지국가의 황금기를 주도했던 노동당, 민주당, 사회민주당 정부는 구미 각국에서 거의 제2당으로 전락하게 되었고, 그 결과 1976년 이후부터 오늘날까지 구미의 복지국가는 정체기에 접어들었다.

이와 같은 경제 불황과 복지국가에 대한 회의와 함께 등장한 신우파(new right) 혹은 신보수주의(neoconservation)로 불리는 보수 세력은 경제뿐만 아닌 복지에 대한 대대적인 공격에 나섰다. 이러한 세력들은 경제위기가 1973년 오일쇼크 이후 유가상승이라는 외적 요인에 의해서만 기인한 것이 아닌 자유시장 기제의 작동을 왜곡하는 국가의 경제개입과 복지개입이라는 내직 요인에서부터 비롯되었다고 주장하였다.

그러므로 1970년 후반에 정권을 장악한 보수 세력들이 어떤 제도를 시행할 것인가는 명백했다고 할 수 있다. 먼저 영국의 대처 정부는 1890년 이후 주택, 교육, 의료, 실업수당, 공공부조, 연금 등 이전지출에 대한 대대적인 삭감을 시도했다. 이러한 체계적 복지 삭감은 미국에 이어 덴마크, 노르웨이, 독일, 오스트리아, 스웨덴 등으로 확산되어 구미 여러 나라에서는 그 이전까지 형성된 복지국가라는 거대한 구조물을 조금씩 붕괴시키는 일들이 진행되어 왔다.

그러나 보수정권에 의한 지속적인 복지비를 삭감했음에도 불구하고 1975년 이후 국가에 의한 복지비 지출은 실제로는 증가해 왔음을 인식해야 한다.

[그림 11-1]에서 보면 1975년 이후 OECD국가의 복지비 지출이 감소했음을 보여주고 있으나 그 증가율이 마이너스로 내려가지는 않았다는 것을 알 수 있다. 다시 말하면 유류파동 이후 보수정권에 의한 복지비 삭감은 복지비 지출의 증가율을 둔화시켰을 뿐이지 복지비의 절대액을 감축시키지는 못하였다. 그래서 피어슨의 자료에 의하면 OECD국가의 경우 1965년도를 기준으로 국내총생산과 복지비를 각각 100으로 하였을 때, 1973년은 150과 230이었고, 1985년 지수는 200과 370으로 나타남으로써 1970년대 초반 이후 유류파동이라는 외부적 충격과 보수정권인 복지비 삭감이라는 부정적 요인이 있었지만 복지비의 증가율은 경제성장률보다는 크게 앞선 것으로 나타났다(Pierson, 1991; 박병현, 2011).

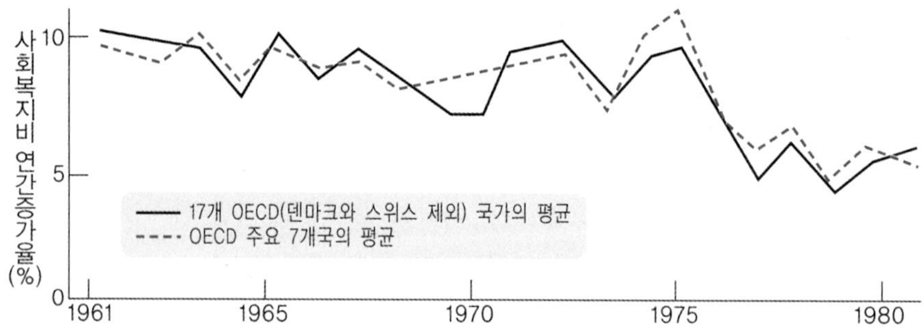

출처: Pierson, 1991: 139

| 그림 11-1 | OECD 국가의 사회복지비 증가(1961~1981)

복지비의 점진적 증가는 1980년대와 1990년대에 들어와서도 계속 유지되었다. 한편 신우파와 신보수주의 세력이 득세하여 복지국가에 대한 공격을 강화했던 영국과 미국의 경우에도 복지비의 절대규모가 감소하기는커녕 1995년에 접어들어서는 증가하였다. 그러면 보수정권의 대대적인 복지삭감에도 불구하고 실제로 복지비가 증

가한 다섯 가지 요인은 다음과 같다.

첫째, 고령화의 진전에 따라 노령연금의 지출이 지속적 증가했다.

둘째, 실업률의 증가에 따라 실업수당과 공공부조의 지출이 대폭 증가했다.

셋째, 인플레이션이 심화됨에 따라 물가와 연계된 각종 급여 지출이 늘어났다.

넷째, 복지국가 발전에 따른 복지수혜자와 복지종사자의 증가로 인한 복지예산 증액에 찬성하는 친복지 세력이 증가했다.

다섯째, 선거경쟁은 복지삭감정책이 가져올 부정적 결과를 두려워하는 정당들에게 이 정책을 피하게 하거나 보다 적극적으로 복지증진정책을 추구하게 만들었다.

그러나 경제활동의 블록화와 세계화가 과거보다 더 빠른 속도로 진행되고 자본과 노동, 상품, 서비스가 한 국가의 경계를 벗어나 더욱 자유롭게 광범위한 지역으로 이동할수록 위력 있는 복지국가는 상당히 심각한 위험에 직면할 수도 있다고 생각된다. 따라서 복지국가의 장래가 낙관적인 전망과 비관적인 전망 사이에서의 귀착 문제는 사회복지비용의 분담과 사회복지 혜택의 배분을 둘러싸고 전개되는 이해 당사자와 사회계급 사이의 치열한 갈등과 투쟁의 결과에 의존할 것으로 예상된다.

3. 복지국가의 위기

1) 위기의 배경

사회보장의 수준과 자격규정, 급여종류, 범위 등이 국가 개입에 의해 복지비용이 증가하자 비판이 제기되었다. 또한 유류파동으로 복지국가의 확충을 추구하던 모든 나라들이 정치, 경제, 사회적인 문제들이 도출되기 시작하여 복지국가의 안정체계를 위협하는 계기가 되었다. 이러한 문제들은 1960년대부터 시작하여 1970년대 초반에는 사회적 제반 여건들과 맞물려 급속하게 진행되었다. 복지국가의 위기를 맞이하게 된 배경은 크게 두 가지 측면으로 볼 수 있는데 1970년대 초반 브레튼 우즈(Bretton Woods) 환율체계의 붕괴와 유류파동으로 그동안 안정되어 있던 경제가 위기를 맞이하게 되었다. 즉, 환율체계의 붕괴는 여러 국가들마다 미래에 대한 예측을 어렵게 하였고 유류파동은 생산 물가를 급속도로 인상시키게 되었다. 국가경제의 불투명한 미래, 생산물가의 급속한 상승은 〈표 11-4〉와 같이 1963~1981년에는 경제성장률 저하, 인플레이션 비율 증가, 실업률 급증을 들 수 있다.

| 표 11-4 | 구미 각국의 경제 자료(연평균, %)

구분	경제성장률 (1963~1981)		인플레이션 비율 (1963~1981)		실업률 (1963~1981)	
	1963~1972	1973~1981	1963~1972	1973~1981	1963~1972	1973~1981
스웨덴	3.9	1.8	5.4	10.0	1.9	2.2
독일(서독)	4.4	2.4	3.2	5.2	1.1	3.8
프랑스	5.5	2.8	4.7	11.1	1.9	5.1
오스트리아	5.1	2.9	3.9	6.4	2.6	1.9
영국	2.9	1.3	5.9	14.2	2.0	5.4
미국	3.9	2.6	3.7	8.8	4.7	6.0
일본	9.9	4.6	6.0	8.8	1.2	2.0
평균	4.9	2.5	4.6	9.2	2.2	3.8

출처: 김태성·성경륭, 1993

복지국가의 위기를 가져오게 된 배경 중 또 하나의 커다란 축은 복지국가제도의 근본적인 한계로 인해 파생되는 측면이다. 즉, 복지국가 확충기간 동안 복지국가체제가 범위, 자격규정, 수준, 비용 등을 전반적으로 엄청난 확대와 증액을 계속하였음에도 불구하고 빈곤의 문제는 해결되지 않았고 오히려 더 심화되는 경향을 보이고 있었다는 사실이다. 그래서 결과적으로 위기의 배경을 살펴보면 다음과 같다.

첫째, 환율체계의 붕괴와 석유파동 등 경제적 사건들로 인하여 노동력이 저하되고 경제성장은 둔화되었으며 실업자의 수는 증가하였다.

둘째, 복지국가제도는 근본적인 한계에 도달하였다. 복지제도로 인한 빈곤의 유지, 불평등의 심화 등이 투입된 것만큼 복지상태가 호전되지 않아 신자유주의(신보수주의)의 비판과 복지국가의 위기가 시작되었다(이강희 외, 2007).

2) 위기 내용과 원인

(1) 재정 위기

복지국가의 재정 위기는 경제의 악화로 초래하기 시작했으며 이는 급격히 증가한 사회복지비 지출처럼 정부의 재정지출 규모가 증가한 상태에서 국가재정 수입이 급격하게 감소하면서 발생했다. 〈표 11-5〉를 살펴보면 프랑스를 제외한 나머지 국가는 심각하게 부채 문제를 가지고 있으며, 대표적인 복지국가로 불리는 영국은 정부

| 표 11-5 | 장기 정부채무 잔고의 국제비교

구 분	GDP (a)	장기 정부 채무잔고(b)	일반회계 세출규모(c)	이자 지불 (d)	b/a (%)	d/c (%)
미국(억달러)						
1978	20,913	6,106	4,484	354	29.2	7.9
1982	30,573	8,641	7,282	850	28.3	11.7
영국(억파운드)						
1978	144,909	66,490	43,989	2,220	45.9	5.0
1981	251,818	112,507	84,803	6,522	44.7	7.7
서독(억마르크)						
1977	11,962	1,408	1,720	83	11.8	4.8
1981	15,437	2,608	2,330	180	16.9	7.7
일본(억엔)						
1977	1,888,043	387,728	290,598	18,954	20.5	6.5
1982	2,673,509	1,115,717	472,450	68,827	41.7	13.9
프랑스(억프랑)						
1977	18,752	576	3,780	208	3.1	5.5
1981	31,061	-	7,025	477	-	6.8

출처: 원용찬, 1998: 105

채무 잔고가 심각한 상황인 것을 알 수 있다. 또한 재정수지의 악화에 따라 적자부문을 대부분 국채발행을 통해 보전하였으며 이자지불이나 상환을 위해서는 국채비용의 증가로 재정 및 재정정책의 경직성을 초래하였다(원용찬, 1998).

이러한 재정적자 누적의 원인을 대부분의 복지국가에서는 국방비와 함께 과도한 사회복지비용이었다. 결국 많은 국가들은 사회복지 예산 마련을 위해 적자재정을 편성했으며 이는 재정위기에 대한 악순환 고리였다(김태성 · 성경륭, 1993).

(2) 정당성 위기

정당성 위기는 복지국가가 의회주의와 복지정책을 통해 자본주의의 폐해를 해소하고 사회적 정의를 달성할 수 있다는 믿음의 상실을 의미하는 재정 위기와 함께 가장 대표적 위기이다.

복지국가의 가장 큰 이념적 틀은 국가를 통한 평등을 추구하는 것이다. 복지국가 황금기를 경험하면서 빈곤의 재발견과 소득재분배상의 불평등이 다소 해소되기는 하였지만 여전히 사회적 갈등요인으로 남아 있었고 복지제도를 통한 분배가 계급 간의 수직적 분배보단 계급 내의 수평적 재분배였다는 사실이 드러나면서 누진적 세제와 보편적인 평등 지향적 사회서비스가 매우 과장된 것이었다는 비판을 받게 되었다. 이는 네오-맑시스트(neo-marxist)들이 주장하는 자본주의 국가의 기능 중 정당화(legitimization) 기능의 위기였다(O'Connor, 1973).

이러한 정당성의 위기는 다음과 같은 세 가지 반응으로 표현할 수 있다. 첫째, 복지국가에 대한 여론의 악화, 둘째, 사민당과 노동당 등 좌파정당에 대한 지지 감소, 셋째, 조세에 대한 저항 등이다. 영국의 경우 1964년에는 사회복지 지출에 대한 예산 확대는 찬성했지만 해가 갈수록 사회복지 지출은 하락하였고, 공공급여에 대한 의존자로서 규정되는 것에 대하여는 오랜 적대감을 표현하기도 했다. 물론 이러한 여론의 악화는 경기침체, 복지 프로그램의 오용과 남용, 경제적 풍요과정에서의 사회적 결속력 약화 등 다양한 요인의 영향으로 볼 수 있다.

1975년에서 1982년 사이 영국, 미국, 서독에서 우파정당이 집권하게 되고 덴마크,

스웨덴, 노르웨이에서도 좌파 정당이 선거에서 패배하였다. 1970년대와 1980년대는 보수주의가 역사의 주인공으로 다시 등장하는 시기이다. 다른 한편으로 여론의 악화는 경제적 침체기에 조세수준을 넘는 복지에 대한 반대여론이 추가적 조세부담에 대한 저항으로 나타났다(Pierson, 1991).

(3) 정부 위기

정부 위기는 국가부문의 과대성장으로 인한 비효율 및 경직성 그리고 과부담(overload)의 문제이다. 경제가 호황일 경우에는 표출되지 않고 은폐될 수 있는 문제였지만 경제가 침체하고 스태그플레이션이 나타나자 복지국가를 위한 재정의 확대와 국가의 다양한 개입활동은 경제 및 국가 시스템 전반에 큰 부담으로 작용했다. 일부 국가는 실제로 정부지출 GNP의 50% 내외를 보였으나, 복지국가 비판자들은 이러한 정부의 과다 지출이 민간부문의 투자 감소, 생산부문의 노동력 감소, 저축의 감소 등 경제를 둔화시킨다는 비판을 했다.

(4) 사회문화적 위기

사회통합의 이완 현상이 시작되었다는 것은 대표적인 사회문화적 부작용이다. 이는 복지국가의 중요한 전제인 사회적 연대가 파괴되는 것을 의미하며 규범적 불안정(normative insecurity)과 사회적 유대의 약화가 증가하는 것으로 설명한다. 예를 들어 이혼율과 자살률의 증가를 들고 있다(현외성 외, 1992). 물론 이혼율과 자살률의 현상이 반드시 위기인 것은 아니며 하나의 사회문화적 변화로서 이해할 수 있으나 여기서는 여러 프로그램들이 이러한 현상들을 조장한다는 측면에서 새로운 변화에 적절히 대응하지 못하기 때문에 문제가 제기되었다.

3) 위기의 원인

복지국가에 대한 위기의 원인은 신우파와 네오-맑시스트들에 의해 1970년대 중반 이후에 이루어졌다. 이들은 복지국가에 대한 비판이나 복지국가의 위기에 대한 주장이 상당한 반향을 불러일으켰다. 이러한 공격과 비판에 대하여 복지국가 옹호론자들은 실용주의적 관점을 취하고 있다.

(1) 신우파의 견해

신우파가 제기하는 복지국가 위기의 핵심은 국가 혹은 정부의 실패이다. 이는 재정 위기, 경제의 악화, 시장의 왜곡, 자유의 제한 등을 국가와 정부의 과도한 개입과 역할에 의해 이루어지며 첫째, 비경제적(uneconomic), 둘째, 비생산적(unproductive), 셋째, 비효율적(inefficient), 넷째, 비효과적(ineffective), 다섯째, 전제적(despotic), 여섯째, 자유의 부정(a denial of freedom)이라고 규정하였다.

신우파는 이러한 국가의 실패를 초래한 개입의 원인을 공공선택이론(public choice theory)과 관료제 자체가 강력한 이익집단이 되었기 때문이라고 하였다.

크로지어(Crozier)는 정부의 과부하와 실패 원인을 복지민주주의 하에서 전통적 권위의 붕괴 및 개인의 욕망에 대한 제재의 실패에서 찾았다. 이로 인해 경제성장과 복지제도화로 인하여 '기대상승의 혁명'이 발생해서 일상생활에 대한 책임을 국가에 전가하는 풍토를 낳았다는 것이다(김영순, 1998).

(2) 네오-맑시스트들의 견해

네오-맑시스트들의 복지국가 위기에 대한 원인은 복지국가의 모순에서 시작한다고 보았다. 독점자본주의 단계에 있는 복지국가는 축적(accumulation)과 정당화(legitimation)라는 상충되는 기능을 수행했다. 즉 복지국가는 경제적 기반인 자본의 지속적 축적과 발전을 가능케 하는 제반 조건을 제공해주어야 했고, 다른 한편으론 축척과정에서 소외와 고통을 당하는 노동자를 비롯한 국민들의 불만을 해소하는 다양한 욕구를 충족시켜 복지국가에 대한 충성심을 확보하고 정당성을 유지해야 하는 것이다.

이의 구체적인 주요 논리를 보면 다음과 같다. 오코너(O'Conor)의 재정 위기에 의하면 국가는 축척 기능을 위한 '사회적 투자'를 증가시키고 정당화 기능을 위한 '사회적 지출'을 증대시켰으며, 고흐(Gough)는 복지국가를 하나의 '모순적 통일제'로서 파악했다. 즉 국가를 자본주의사회에서 노동력 재생산을 수정하고 비노동 인구를 유지하는 국가권력의 사용으로 규정했다.

후기 맑스주의자인 오페(Offe)는 복지국가의 위기를 '위기관리의 위기'로 설명하며, 복지국가는 사적으로 규제하는 자본주의 경제에서 야기되는 모순적 사회화 과정을 조화시키려는 행정적 형태로 출현하는 것으로 이해할 수 있다. 복지국가는 정당화 하위체계와 경제하위체계를 가지는데 경제하위체계는 자기규제적이지 못한 반면 정당화 하위체계와 서로 역기능을 가진다.

이와 같이 복지국가들이 위기 상황에 빠진 것을 네오-맑시스트들은 자본주의 국가로서 가지는 필연적 상황으로 이해는 하지만 축적과 정당화라는 모순적 기능을 수행하는 것은 일시적으로는 가능할지 모르나 궁극적으로 불가능하다. 따라서 이들은 궁극적인 복지국가를 포기하고 사회주의 체제로 가야 한다는 단순하고도 명확한 대안을 제시하고 있다.

(3) 실용주의적 관점에서의 복지국가 옹호론

복지국가 옹호론자들의 실용주의 반응은 복지국가의 위기가 복지국가 자체의 내적인 결함보다는 복지국가의 외적인 충격과 복지국가 발전과정에서 나타난 시행착오와 상황 변화로 인해 발생하는 일시적 현상으로 보았다.

복지국가의 위기는 유류파동과 그로 인한 자본주의의 전반적 위기의 영향이었으며 결코 복지국가가 이러한 경제 위기의 주요인은 아니며, 따라서 경제 상황이 나아지면 복지국가의 위기는 사라진다고 보았다. 복지국가의 위기는 내부적으로는 복지국가 자체보다는 프로그램의 형태나 운영방법의 오류 때문에 위기가 발생하였다고 보았다. 즉 효과성이나 효율성을 떨어뜨리는 프로그램 형태나 운영과정상의 측면들이 존재했음을 인정하고 있다.

이러한 측면에서 특히 중앙집권적 형태와 관료제의 문제에 대해 초점을 맞추고 있다. 따라서 복지국가의 프로그램의 형태나 운영방법을 지방분권화하고 민영화를 시행해서 효율적으로 운영한다면 복지국가는 효과성과 효율성을 회복할 수 있다고 주장하고 있다(김태성 · 성경륭, 2001).

4. 복지국가의 재편

1970년대 중반 이후의 복지국가는 위기 상황 속에 있음에도 불구하고 복지국가의 많은 부분들이 소멸되지 않고 재편되는 과정을 겪어왔다. 재편과정은 각 국가의 정치·경제·사회조건에 따라 상이한 경향을 보였다.

에스핑－앤더슨에 의하면 1970년대 이후 스칸디나비아 국가(사회민주주의적 복지국가)는 고용확대 전략을 선택하였고, 독일과 같은 국가들(보수주의 혹은 조합주의적 복지국가)은 노동공급의 감소를 추구하였으며, 앵글로－색슨 국가들(자유주의 복지국가)은 임금 및 노동시장에 대한 탈규제 전략을 선호하였다. 에스핑－앤더슨은 구체적으로 재편과정을 다음과 같이 요약하고 있다.

1) 사회민주주의 방식

노동시장정책을 기반으로 한 고용확대 방식은 노르웨이, 덴마크, 스웨덴 등 스칸디나비아와 북구 국가들이 선택한 재편 전략이다. 흔히 스웨덴 모형 방식을 추구하는 국가들은 1970년대와 1980년대를 거치면서 적극적 노동시장은 물론 사회서비스 확장, 남녀평등의 증대 방향으로 사회복지를 발전시켜서 복지제도의 후퇴를 최소화하는 데 힘을 기울였다. 이 방식에서의 완전고용은 두 가지 수단을 통해 이루어지는데 첫째, 노동시장을 유연화 함으로써 민간부문에서의 고용을 극대화한다. 둘째, 민간부문에서 고용될 수 없는 상황에 처한 집단들을 위해 공공부문의 고용을 증가시킨다. 그러나 이 전략은 공공부문의 저숙련노동자들에게 시장가격 이상의 임금을 지급한다는 점, 그리고 사회복지제도가 관대하다는 점 때문에 재정적자에 직면할 가능성이 크다. 특히 외적 상황의 변화 등으로 경제상황이 안 좋아지는 경우 높은 재정적자가 증가한다는 약점을 갖는다. 이러한 국가들은 전략부문의 결과를 개선하기 위해 노동연계복지를 강화하고 각종 급여대체율을 감소시키며 급부를 위한 대기 기간을 도입하여 고소득자에게 한계세율을 줄여주기도 했다. 이러한 변화는 최소한 조정이지 복지국가의 기본 원칙을 벗어나고자 하는 변화는 아니었다. 이 전략은 전통적 복지국가의 원칙, 즉, 사회연대와 평등의 지향이 상대적으로 강하게 유지되었다.

2) 보수주의 방식

보수주의 방식은 독일과 같은 유럽대륙의 복지국가들이 기존의 사회보장 기준을 기본적으로 유지하면서 노동공급의 감소를 추구하게 되었다. 유럽대륙의 복지국가들인 스칸디나비아 국가 및 영미국가들처럼 '탈산업화되고 미숙련 상태에 있는 대중의 과잉 현상'을 경험하고 있었다. 이 전략에서 노동시장의 유연화와 사회복지제도의 후퇴는 최소화되지만 이 전략은 노동시장의 유연화를 최대한 자제하기 때문에 직종이나 산업과 무관하게 비교적 높은 임금이 유지될 수 있다. 결과적으로 소득 불평등의 증가를 방지할 수 있었다. 그러나 보수주의 방식의 재편 전략은 조기퇴직, 장애연금 선호, 고정 노동비용의 증가, 고용 유연성의 저하, 청년 장기실업의 증가 등의 부작용을 발생시켰다. 그 이유는 남성 가구주의 조기퇴직 등으로 사회보험급여 수준이 기여금보다 더 높아졌기 때문이다. 사회보험이 조기퇴직 같은 노동력 감축 전략을 보완하고 있으면서 생산성이 비 노동인구를 보호할 만큼 충분치 못할 경우 사회보험을 중심으로 한 사회복지 시스템은 재정 압박을 받게 된다는 것을 보수주의 전략을 추구한 유럽대륙의 복지국가들이 보여주고 있다(감정기 · 최원규 · 진재문, 2004).

3) 자유주의 방식

자유주의 방식은 미국, 영국, 캐나다, 뉴질랜드, 호주 등과 같은 앵글로-색슨 국가들이다. 이 전략은 복지국가 붕괴를 초래하는 데 관련이 있는 임금 및 노동시장에 대한 탈규제 전략을 선호하는 한편, 완전고용과 건전재정을 유지하기 위해 노동시장을 유연화하고 경제퇴조와 국내 실업을 해결하고자 하는 것이다. 노동시장의 유연화는 저임금을 가능케 하는데 이에 따라 고용은 증가된다. 미국은 최저임금뿐만 아니라 사회부조급여까지도 하락세를 보였고, 사회급여 대상자도 1970년대 중반에 약 70%에서 1989년에는 약 33%로 급감했다. 이는 다른 국가에 비해 취약했던 국가책임의 사회안전망이 상당 수준 붕괴해 갔음을 의미하고 더 중요한 것은 민간 혹은 사부분의 복지 역시 감소했다는 점이다. 자유주의 방식의 재편 전략은 불평등과 빈곤을 증대시켰으며, 1980년대를 살펴보면 중간소득층의 최저 1/10에 속한 저소득층은 미국 11%, 캐나다 9%, 영국 14%, 호주 5%가 소득을 상실했음을 말해주고 있다. 이러한 국가들에서 고용이 OECD 국가들에 비하여 2~3배 증가하는 것은 임금 유연화의 긍정적 효과로 나타났음에도 불구하고 이러한 일자리들은 주로 저임금의 서비스 부문에 집중되었기 때문이다. 이러한 전략 속에서 저임금 노동시장은 사회부조와 같은 더 높은 소득을 얻을 수 있는 프로그램을 요구하게 되었고, 낮은 임금으로 인한 노동 인센티브가 약해지며 기업 복지의 전통적 특별급여의 패키지가 침체되는 결과를 보여주었다.

이상과 같이 살펴본 복지국가 재편전략의 세 가지 방식 중에서 어느 것이 완전한 재편전략이라고 결정내리기는 힘들다.

제 12 장

제3의 길과 복지국가

12

1. 제3의 길

사회주의 국가가 붕괴된 후 1990년대 집권한 유럽의 좌파정권(영국의 토니 블레어, 독일의 게하르트 슈뢰더, 프랑스의 조스팽 총리 등)들은 좌파 이데올로기와 신자유주의적 요소를 접목한 앤서니 기든스(Anthony Giddens)의 이론을 근거로 한 제3의 길(The Third Way)의 이데올로기를 제시하였다.

제3의 길은 어떤 길은 이념의 양극단을 전통 사회주의 수정형인 복지국가형 사회민주주의와 전통보수주의적 자본주의의 극단화된 변종인 신자유주의로 기든스는 설명하고 있다.

역사적으로 볼 때 제3의 길(The Third Way)은 세 번째로 등장한 복지이념이다. '요람에서 무덤까지'로 대표되는 베버리지 보고서(Beveridge Report) 이후는 복지의 확대기이다. 사회민주주의적 기획을 제1의 길로 보고, 영국의 대처리즘(Thacherism)으로 시장의 자유를 극대화하고 국가의 간섭을 최소화하려는 현실화된 신자유주의 시기의 복지축소기를 제2의 길로, 앤서니 기든스가 내놓은 『좌파와 우파를 넘어서』에서 착상을 얻은 영국 노동의 당수이자 수상인 토니 블레어(Tony Blair)의 새로운 이데올로기를 제3의 길로 말할 수 있다. '새로운 신보주의'라는 말로 표현이 가능한 제3의 길은 최근 신자유주의가 제기한 세계화, 지식경제의 등장, 신개인주의와 탈물질주의의 부상, 복지국가의 역기능 확산, 생태계의 문제의 악화 등 새로운 환경의 변화를 좌파의 사회민주주의가 어떻게 수용해야 하는지에 대한 고민이 담겨져 있다. 토니 블레어는 이러한 제3의 길을 민주적 사회주의와 자유주의 또는 신자유주의를 통합하는 개념을 정체화 시키고 있다.

영국 노동당 당수로 1990년대 선출된 토니 블레어는 노동당의 실패 원인을 유권자와 유리된 경제력에서 무능한 노조가 지배하는 극단적 좌파에 취약한 정당이라는 것을 찾았다. 블레어는 당의 현대화론(modernization thesis)을 실패 원인의 대안으로 제시하면서 그간 보수당에 빼앗겼던 노동자계급의 지지를 회복하는 데 초점을 두어야 하며, 노동당은 자본주의 축적체제의 변화(포스트 포디즘)로 인한 유권자의 의식 변화

에 대해 전략적으로 대응해야 한다고 했다,

1997년 5월 총선에서 승리한 블레어의 신노동당은 18년 만에 여당이 되었지만 대처와 메이저의 보수당 정부에서 물려받은 복지축소정책에 대한 딜레마에 봉착하게 되었다. 신노동당은 보수당과는 달리 과거부터 보편주의적 복지정책을 추진해온 전통이 있었기 때문이다. 복지개혁을 추진하는 데 과거의 잔여적 제도로 회귀하느냐 아니면 보편주의를 지속하느냐 하는 갈등에 고민하게 되었다.

이러한 상황에서 블레어 정부가 내건 슬로건이 바로 제3의 길이었다. 정부는 제3의 길이라는 프로젝트를 통해 기존의 제도로 인한 복지의 의존성을 줄이는 대신에 수혜자의 기회를 기존보다 더 증진시키는 것과 여러 사람들에게 복지혜택을 제공하면서 현재의 경제·사회적 상황을 고려하는 복지제도를 구상하게 되었다. 블레어는 이 복지제도를 영국의 대표적 사회학자이자 런던정치경제대학(London School of Political Science and Economics)의 학장인 기든스에 의해 이론적으로 체계화했으며, 이를 정치인 블레어가 자신의 기본적인 정치노선으로 채택하였다. 제3의 길은 제1의 길 즉, 고복지-고부담-저효율로 요약되는 사회민주적 복지국가노선과 제2의 길 즉, 고효율-저부담-불평등으로 정리되는 신자유주의적 시장경제노선을 지양한 새로운 정책노선으로서 시민들의 사회경제생활을 보장하는 동시에 시장의 활력을 높이자는 구사회민주주의와 신자유주의로부터의 차별화시키는 전략으로 노동당 프로젝트였다.

제3의 길은 사회민주주의 복지국가에 대한 비판에서 시작되었다. 복지국가에 대한 문제는 많이 발생하기 때문에 우파가 제기한 민간에 대한 정부의 과도한 간섭을 받아들여야만 한다는 것이다. 그리고 이러한 문제를 복지국가의 재건의 이유로 인식하는 차원에서 복지국가의 관료성과 비효율성을 문제로 꼽았고, 과도한 복지비지출과 복지가 가져온 도덕적 해이도 문제로 지적했다.

한편 정부에서 시행하는 역할에서의 제3의 길은 네 가지로 요약할 수 있다. 첫째로는 거시경제의 안정, 둘째로는 교육과 인프라의 개선을 통한 노동인력정책, 셋째로는 의존이 아닌 독립을 지향하는 조세와 복지정책, 넷째로는 기업활동의 고양이다. 긴축재정금융정책을 통한 저 인플레이션의 달성이 거시경제의 안정이며, 저 인플레이션은 기업의 투자 확대와 경제의 공급 사이드 기반을 확립하여 경제성장의 역량을 강화시키는 것이다. 따라서 공공지출은 투자와 관련해서만 그 정당성과 효율성이 증명되기 때문에 인플레이션과의 전쟁은 노동당과의 전쟁이었다. 노동당은 선거과정에서도 세금이 동결되고 차입은 투자지출에 한정되면 공공지출의 확대는 성장을 통한 세수 증대가 있어야만 가능해진다고 세율의 유지를 위해 거듭 약속했다(고세훈, 1999).

Point 구 사회민주주의

블레어에게 구 사회민주주의란 이미 수세에 몰린 복지국가 옹호에 총력을 기울이는 보수화된 좌파를 말한다. 즉, 복지와 고용 증대를 통한 평등화와 노사의 권력분배에 입각한 계급 타협적 협상체제를 선호하는 전통주의자이다.

이와 같이 제3의 길은 사회적 평등을 강조하는 제1의 길, 시장의 효율성을 강조하는 제2의 길과 같은 전략으로 새로운 종합 과제를 모색했다. 그 개혁과제는 다음과 같다.

첫째, 정부개혁 및 공공부문의 일방적 축소가 아니라 쇄신과 감화를 목표로 하는 개혁이다.

둘째, 긴축재정과 균형예산의 유지이다.

셋째, 낮은 인플레이션과 안정적 경제성장을 돕는 거시적 경제 운용이다.

넷째, 복지국가의 문제점과 결점에 대치하기 위한 구조개혁이다.

다섯째, 적극적인 고용창출을 위한 활발한 노동시장정책의 채택이다.

여섯째, 권리와 책임의 동반, 확고한 인류 평등주의 및 공공기관 혁신의 토대로서의 시민사회 개혁이다.

국가와 정부의 개혁은 제3의 길 정치의 근본 방향을 설정하는 원칙이어야 하며,

민주주의를 심화시키고 확장시키는 과정이어야 한다. 정부는 공동체의 복원과 발전을 촉진시키기 위해 시민사회의 행위 주체들과 동반자로서 활동해야 하며, 이 관계의 경제적 기반은 신혼합경제(new mixed economy)라고 부르기도 한다. 신혼합경제는 현존하는 복지제도가 완벽하게 현대화될 때에만 효과적일 수 있다.

제3의 길의 정치는 하나의 국민을 대상으로 하며, 사회적 포용을 증진시킬 뿐만 아니라 초국가적 관리운영체제를 촉진시키는 데에도 핵심적인 역할을 한다. 따라서 앞으로의 사회형태는 사회민주주의도 아니고 신자유주의도 아닌 중도세력이 주도하는 길을 제3의 길로 가야 한다고 주장하면서 제3의 길의 방향은 급진적 중도, 새로운 민주국가(적이 없는 국가), 활발한 시민사회, 민주적 가족, 신혼합경제, 통합으로서의 평등, 적극적 복지국가, 사회투자국가, 세계주의적 민족, 세계적 민주주의를 들고 있다(Giddens, 2002: 125-126).

제3의 길 방향의 프로그램과 내용은 〈표 12-1〉과 같다.

| 표 12-1 | '제3의 길' 프로그램

급진적 중도	내용
새로운 민주국가 (적이 없는 국가)	권력의 지방이양, 이 중 민주화, 공공영역의 쇄신-투명성, 행정적 효율성, 직접민주주의 메커니즘, 위험성 관리자로서의 정부
활발한 시민사회	정부와 시민사회의 동반자 관계, 지방주도를 통한 공동체 쇄신, 제3부문의 관여, 지방 공공 영역의 보호, 공동체에 기반한 범죄 예방, 민주적 가족
민주적 가족	정서적·성적 평등, 관계에서 상호 권리와 책임, 공동양육, 평생양육 계약, 아이들에 대한 타협적 권위, 부모에 대한 아이들의 책무, 사회적으로 통합된 가족
신혼합경제	new mixed economy, 공공부문과 민간부문의 상승효과, 공익을 염두에 둔 시장의 역동성 이용, 규제와 탈규제 사이의 규형, 사회생활의 균형
통합으로서의 평등	포용으로서의 평등, 제한적인 능력재배, 공적 영역(시민자유주의)의 부흥, '노동사회를 넘어서', 적극적 복지(복지국가 대신에 적극적인 복지사회 맥락에서 작도하는 사회투자국가 건설)
사회투자국가	인적자본에 투자, 평생교육 강조, 가족친화정책, 복지재정을 국가뿐만 아니라 기업, 여러 기관들과 결합하여 조달하고 분배

급진적 중도	내용
적극적 복지국가	제3부문(자원부문)의 복지서비스 제공에서 적극적 역할, 시민사회의 적극적 발전을 위해서 복지서비스 개선
세계주의적 민족	안정된 세력으로서 민족 역할을 재정립
세계적 민주주의	범세계적 규모로 작동하는 민주주의, 범세계적 경제 불평등 해소, 생태적 위험성을 통제하기 위한 조건

출처: 한상진·박찬욱 역, Giddens, A.(2002). 『제3의 길』. 생각의 나무.

2. 제3의 길과 복지국가

경제적 효율과 사회적 평등을 두 축으로 엮어가는 정책적 측면에서 제3의 길을 살펴보면 경제성장과 복지국가를 동시에 유지·발전시킨다는 것을 기본 방향으로 설정하고 추진해 가는 정책노선이라 할 수 있다. 복지정책적 측면에서 살펴보면 소비적인 수급만이 아닌 생산적인 노동시장에서 참여활동의 의무를 가진 개인주의(individualism)라는 개체를 추구하는 반면 분배적 정의와 공정한 기회균등을 실현함으로써 공동체적인 사회연대를 달성하려는 집합주의(collectivism)를 자본주의체제 내에서 동시에 추구하고 있다. 사회보장과 재분배에 관심이 있을 뿐 아니라 경제적 부의 산출에도 관심을 기울이고 있다. 이러한 맥락에서 제3의 길은 '신혼합경제'를 옹호하며, 베버리지 시대의 소극적 복지수급자를 적극적 복지시민으로 위상을 정립하는 데 초점을 맞추어져 있다. 기존의 좌파 우파가 각자의 대립된 이념을 합리화하고 구체화하는 정책이 아닌 국민의 삶의 질을 향상시킬 수 있고, 국가의 부를 창출할 수 있는 대안이라면 이념체제와 관계없이 채택하여 실시해야 하는 것이다. 즉, 제3의 길의 복지는 기업가와 근로자가 모두 혜택을 받는 가진 자와 갖지 않은 자가 공존공생할 수 있는 복지정책을 마련해야 하며 현재의 경제 상황을 고려하여 새로운 복지제도를 마련하되 제도의 근본적인 틀은 기존의 것을 그대로 유지하고, 다만 복지수혜자들의 의식은 변화시키겠다는 것이다. 그 이유는 복지지출을 더 늘릴 수 없다는 판단 아래 자산조사를 통해 복지수혜가 가장 필요한 사람은 가려내어 그들에게 집중적으로 급여를 제공하는 잔여주의를 선호했다. 또한 사회보장체계에서 장기실업자, 청년실업자, 가난한 편부모 등 복지의존자를 일자리로 복귀시키기 위해 프로그램과 일자리를 제공하고 이를 거부할 경우 제재를 가하는 '일을 위한 복지' 프로그램을 실시할 것을 주장했다. 블레어 정부는 이러한 복지개혁정책의 청사진을 담을 사회보장녹서(Green Paper)인 『우리나라를 위한 새로운 대망: 복지를 위한 새로운 계약』을 1998년에 내놓았다(강욱모, 2003).

녹서 『복지를 위한 새로운 계약』의 주요한 원칙과 정책들은 장애인, 아동보호, 연금, 실업, 부정수급(fraud)과 같은 중요한 개혁 분야에 걸친 연이은 정책보고서에 반영되었다(Hyde et al., 1999: 70). 여기에서 제시되고 있는 복지개혁의 여덟 가지 원칙 즉, Green Paper의 구체적인 내용은 살펴보면 다음과 같다(DfEE, 1998a; Hyde et al., 1999; 박병현, 2007).

첫째, 새로운 복지국가(the welfare state)는 노동연령에 있는 국민들 자신이 일할 수 있는 곳에서 일할 수 있도록 지원하고 이를 격려해야 한다.

둘째, 공공부문과 민간부문은 가능한 영역에서 예견할 수 있는 위험으로부터 국민들을 보호하고 그들이 은퇴한 이후를 대비할 수 있도록 파트너십을 형성하여 함께 노력해야 한다.

셋째, 새로운 복지국가는 전체 공동체에 질 높은 질적 수준의 공공서비스 및 현금급여를 제공해야 한다.

넷째, 장애인들은 존엄성 있는 삶을 영위할 수 있도록 필요한 지원을 받아야 한다.

다섯째, 복지제도는 빈곤아동의 고통을 해결해야 할 뿐만 아니라 가족과 아동을 지원해야 한다.

여섯째, 사회적 배제(social exclusion)를 해결하고 빈곤에 처한 사람들을 돕기 위한 특별한 조치가 취해져야 한다.

일곱째, 복지제도는 개방성과 정직성을 높이는 것이어야 하며, 복지 수급과정은 분명하고 강제성이 있어야 한다.

여덟째, 복지전달체계는 탄력적이고, 효율적이며, 국민들이 쉽게 이용할 수 있어야 한다.

노동당인 블레어 정부의 핵심적 내용이 담긴 복지개혁을 살펴보면 '일할 능력이 있는 사람들에게는 일자리를, 일할 능력이 없는 사람들에게는 사회보장을(work for those that can, security for those that cannot)'이라고 요약할 수 있지만, 기존 복지국가체제의 기반이 되었던 '국민의 권리와 국가의 의무'라는 일반적인 구조에서 '정부뿐만 아니라 국민에게도 의무를 부과'하는 쌍무적인 구조로 이행한다는 것은 복지제도의 개혁에서는 주목할 점이다. 이것은 영국의 기존 복지국가체제에 대한 패러다임 전환(paradigm shift)을 시도한 것이다(문진영, 2004).

노동당인 정부가 복지개혁의 원칙에 기초로 하여 도입한 근로연계복지정책으로 대표적인 것이 뉴딜(New Deal)정책이다. 뉴딜정책은 수급자가 구직등록 의무화의 수준을 훨씬 넘어서서 직접 프로그램에 참가하여야만 급여를 지급한다는 조건을 부과하고 있기 때문에 기존의 복지제도와는 좀 다른 복지제도의 출현이라고 평가할 수 있다. '모든 사람에게 사회보장을 제공한다'는 베버리지의 보편주의(universalism) 원칙에서 벗어나 '일할 수 없는 사람에게만 사회보장을 제공한다'는 선별주의(selectivism) 원칙을 강화하는 방향으로 영국의 사회보장제도가 바뀐다는 것을 의미하였다(신동면, 2004).

노동당 정권 아래에서는 노동가능계층에 대한 사회부조와 사회보장 개혁에 착수한 복지 개혁은 복지의존의 대안과 빈곤에 대한 대책으로 노동의 의무를 강조하였다(Walker & Wiseman, 2003). 1997년 집권 이후의 영국 노동당 정부는 저소득 근로자와 근로능력자에게 조점을 맞주었으며, 이들에게 각종 현금 신설뿐만 아니라 기존의 급여 확대, 직업훈련, 교육 등의 구직서비스를 통해 노동시장에 편입시키려는 시도를 하였다. 뉴딜 프로그램은 50만 파운드의 초과이윤세(windfall)를 민영화된 공기업에 부과하여 16~24세인 25만 명 청년실업자에게 일자리나 교육 훈련 기회를 제공하되 이를 거부하는 사람들은 실업급여를 박탈시킴으로써 노동시장 복귀를 최대한 고무한다는 것이었다(DfEE, 1998b; 박병현, 2007).

노동당 정부의 가장 대표적인 사회정책인 뉴딜(New Deal)은 서비스를 각 대상자별로 다르게 제공하는 특징을 가지고 있다. 즉 18~24세 청년실직자가 대상인 청년뉴딜(New Deal for Young People), 25~49세 장기실직자 대상인 25세 이상 뉴딜(New Deal 25 plus), 50세 이상 장기실직자 대상인 50세 이상 뉴딜(New Deal 50 plus), 장애인 대상인 장애인 뉴딜(New Deal for Disabled People), 편부모 대상인 편부모 뉴딜(New Deal for Lone Parents), 실직자의 배우자를 위한 배우자 뉴딜(동거인)(New Deal for Partners)과 2004년부터 시작된 자영업자를 대상으로 하는 뉴딜(New Deal: self-employment)과 음악가를 대상으로 하는 뉴딜(New Deal for Musicians) 등이 있다. 그중에서 대표적인 사업은 청년 뉴딜, 25세 이상 뉴딜, 편부모 뉴딜, 장애인 뉴딜 등이 있으며, 청년 뉴딜과 25세 이상 뉴딜은 참여가 의무적이며, 개인의 판단에 따라 참여를 결정하게 되는 자발적인 프로그램은 나머지 대상자 뉴딜이다. 뉴딜(New Deal)의 프로그램 종류에는 여러 가지의 내용이 들어 있으며, 서비스를 제공하는 정책에 따라 대상자별로 다른 특징을 보면 〈표 12-2〉와 같다.

| 표 12-2 | 뉴딜 프로그램의 종류

a) 2005년 8월 현재

프로그램	강제성	주요 내용	참가자[a]	시행시기
청년뉴딜 (New Deal for Young People)	있음	6개월 이상 실업상태인 18~24세 청년에게 강제 적용되는 프로그램. 초기 집중적인 구직지원이 있고, 이후 임금보조 고용, 환경사업단, 자원주의 부문, 전일제 교육이나 훈련을 선택하게 됨.	1,002,460	Pathfinder지역: 1998년 1월 전국: 1998년 3월
25세 이상 뉴딜 (New Deal 25 plus)	있음	25~49세의 18개월 이상 구직자수당을 청구하고 있는 사람들에게 강제적용하며, 이들의 취업 및 취업기회 증진을 목표로 함.	596,920	1998년 6월

프로그램	강제성	주요 내용	참가자[a]	시행시기
50세 이상 뉴딜 (New Deal 50 plus)	없음	50세 혹은 그 이상의 실업자에게 적용되는 자발적인 제도로 정보와 상담, 훈련보조금을 지원함.	55,500	2000년 4월
장애인 뉴딜 (New Deal for Disabled)	없음	근로불능, 질병 혹은 장애를 가진 사람들에게 제공되는 자발적인 프로그램으로 취업에 대한 정보, 지원 및 상담을 제공함.	158,200	시범: 1998년 9월/10월 전국: 2001년 7월
편부모 뉴딜 (New Deal for Lone Parents)	없음 (단, 2002년부터 급여 신청 시 인터뷰 의무화)	편부모에게 취업, 급여, 훈련 및 보육에 대한 상담을 제공하는 자발적 프로그램	635,000	시범: 1997년 7월 전국: 1998년 10월
배우자 (동거인) 뉴딜 (New Deal for Partners)	아동이 없는 18~24세의 부부는 강제적, 다른 사람들은 자발적	특정 급여신청자의 배우자에게 구직지원과 훈련을 확대 지원하는 자발적인 프로그램	11,700	자발적: 1999년 4월 강제적: 2001년 초

출처: Department of pensions, 2005. www.dwp.gov.uk, Walker and Wiseman, 2003.

영국과 미국 노동연계복지의 정책 이전에 대해서 팩과 티오도어(Peck & Theodore, 2001)는 비판적인 분석을 통해 최근 들어 근로에 대한 의무를 강제화하는 영국복지정책이 미국의 영향을 받아 미국화 되어가고 있다고 비판하고 있다.

영국의 뉴딜정책이 청년실업자의 취업률 제고에는 가시적인 성과를 가지고 있는 반면 영국의 보편적 복지제도는 미국의 잔여적 복지제도로 수렴되는 경향이 있다고 하면서 영국의 성과는 경기호전에 힘입은 바가 크기 때문에 일정한 한계의 성과를 가진다고 비판하고 있다(김종일, 2001). 김영순도 근로연계복지정책을 영국과 미국의 정책을 분석하면서 빈민법 이래 노동 강요적 근로정책들을 한 번도 소기의 목적을 달성한 바는 없지만 정책이 추진되는 이유는 정치적 효용성 때문이라고 비판하고 있음을 알 수 있다.

1997년 이후 노동당의 사회정책에서 뉴딜 프로그램은 미국의 연계복지 프로그램과는 통합대상, 강제성의 정도, 제재의 엄격성 등에서 몇 가지 다른 점은 있지만 미국의 복지 이데올로기와 정책이 영국에 지속적인 영향을 끼친 것에 대해서는 부정하지는 않았다. 영국의 많은 연구자들은 뉴딜정책이 시행된 최근까지도 매우 성공적인 제도라고 평가하고 있으며, 뉴딜정책의 내용에 대한 분석에 치중하고 제도의 성공 여부에 대한 평가도 유보하고 있는 실정이다.

다양한 정책의 노력에도 불구하고 복지국가의 원조인 영국은 어디로 가고 있는가에 대한 의문을 갖게 되었다. 1979년 보수당 대처수상이 집권하면서 대처 정부는 과거와의 단절을 선언하고 신보수주의라는 이데올로기 하에 대대적인 복지삭감정책을 펼쳤지만 공공복지지출은 줄어들지 않았다. 신보수주의 물결이 다가오면서 영국의 복지국가는 쇠퇴하기 시작했다. 이런 면을 살펴보면 영국의 복지국가는 발전과 퇴보를 반복한 역사이며, 발전과 퇴보에는 역사적 의미를 부여할 수 있는 법이나 제도가 도입되어 있음을 알 수 있다. 즉, 엘리자베스구민법, 스핀햄랜드법, 베버리지 보고서, 국민보건서비스법, 스핀햄랜드법을 대체했던 신빈민법 등이 있다. 대처수상은 신자유주의 경제학자 하이테크의 자유경제체제이론을 바탕으로 사회복지를 공략했으며, 신빈민법이 번창했던 빅토리아 시대로 되돌아가기를 원했다. 또한, 베버리지 보고서를 바탕으로 복지국가의 길에 대해 합의를 파기했다. 대처수상은 게으르고 의존적인 무능한 복지수급자들을 '스스로 돕고 싶지만 여러 가지 장애로 스스로 도울 수 없는 사람들이 많다'는 사실을 애써 외면했다. 이 시기가 1980년대 영국의 복지 암흑기이다.

1990년대 블레어 정부가 등장하면서 '제3의 길'이라는 새로운 복지국가가 등장하게 되었다. 블레어 정부는 1998년 『영국을 위한 새로운 야망: 복지를 위한 새로운 계약』에서 국가와 시민 사이에 새로운 '복지계약을 제시했다.

다른 한편 제3의 길에서는 전통적인 복지국가가 소극적 복지(passive welfare)를 지향함으로써 실패했다고 보고 그 대안으로 적극적 복지(active welfare)를 제시하고 있

Point

• **국민보건서비스법(NHS; National Health Service)**

영국에서 시행되고 있는 국민보건서비스법(NHS) 제도는 영국뿐만 아니라 해외에서도 비판과 동시에 격찬을 받는 제도이다.

우리나라 같은 경우는 국민들이 일정액의 보험료를 납부하여 기금화하였다가 보험사고가 발생할 경우 보험급여를 해 줌으로써 국민 상호 간 위험분담을 통하여 국민의 의료서비스를 보장해 주는 의료보험의 형태를 띠고 있다. 그러나 영국은 국가의 재정 부담으로 국민보건서비스 형태(NHS)의 의료보장을 실시하고 있다. 즉, 국민보건서비스의 재정이 대부분 국가의 일반회계에서 충당되어 국민은 무료로 진료를 받게 되는 것이다.

• **신보수주의**

자본주의 경제체제를 가진 자유민주주의가 경제적으로나 사회적으로 복잡하고 다양한 양태로 발전하고 냉전체제가 종식되는 등 주변 환경이 급격하게 변화하면서, 이러한 사상은 자국의 이익과 안보를 추구하는 보수성을 띠기 시작했다. 1980년대 레이건 대통령 시절부터 노동생산성이 급격히 하락하면서 세계경제가 장기불황에 돌입하자 미국정부는 생산력을 높이기 위해 긴축재정, 무한경쟁 도입, 복지삭감 등의 정책을 시행했고, 그 결과 빈부격차와 사회갈등이 심화되었다. 이러한 갈등을 억제하기 위해 정부는 권위적이고 일방적으로 통치할 수밖에 없었다. 또한 1960년대 이후 높은 교육을 받아 전문성을 갖춘 새로운 계급이 출현하면서 학계와 언론, 대학, 기업, 정치권 등 각계에서 이러한 미국적인 신보수주의 물결을 선도했다.

대처도 신보수주의를 받아들여 '자유경제와 강한 국가'로 요약되는 신보수주의적 국가이자, 케인스주의를 대체하는 통화주의적 경제정책을 추구하였다.

케인스주의의 부정이라는 점만으로도 대처의 전환은 가히 혁명적이다. 완전고용과 계급타협을 기반으로 한 사회적 임금(social wage)으로서의 복지를 배격하고, 냉혹한 경쟁의 논리와 소유적 개인주의를 주창한 대처는 공공지출의 삭감, 공공적자(PSBR)의 감축, 민영화와 규제완화, 세금인하를 약속했다. 이는 분명 기존의 복지정책을 빈민법 수준의 잔여적 범주로 축소시키고자 하였다.

그러나 불가능했다. 이에 대처는 직접세 대신 간접세를 인상하는 방식으로 세금인하를 눈가림하면서, 공급을 중시하는 통화주의를 따라 통화량 조절, 즉 공공적자 감축을 정책의 우선순위로 하였다. 이 선택의 즉각적 효과는 불황, 즉 실업의 증대와 취약산업의 도태였다.

다. 제3의 길에서 내세우는 복지전략을 세 가지로 압축한 적극적 복지는 다음과 같이 요약할 수 있다(원석조, 2009).

첫째, 경제적 혜택을 국민들에게 직접 제공하기보다는 인적자원에 투자하는 복지국가, 즉 사회투자국가(social investment state)로 개편하자는 것이다. 이것은 신자유주의처럼 복지지출을 무조건 삭감하자는 것이 아니라 복지비를 미국 수준보다는 유럽수준으로 유지시켜야 한다는 것이다. 그러나 가능한 한 인적자원에 대한 투자로 전환해야 하고, 가능하면 유인책을 통하여, 필요하다면 법적인 강제를 통하여, 좀 더 능동적으로 위험을 수용하는 태도를 촉진시켜야 한다고 주장했다(Giddens, 2002). 노령인구대책과 실업대책이 사회투자전략의 대표적 예이다.

지금까지의 복지국가는 노인들을 부양 대상으로만 간주해 왔지만 기든스는 노인이 되었다고 해서 노동을 중단해서는 안 되고, 노인들에게 적합한 일자리를 창출하여 일을 하도록 만들자는 것이다. 동시에 법률의 정년퇴직 조항을 폐지하면 노동과 공동체에 대한 노인의 참여가 증가할 것이고, 이는 노인들을 젊은 세대와 직접적으로 연결시키는 역할을 할 것으로 보았다. 실업문제도 정부는 인적자원을 투자하여 실업률을 줄여야 하며, 기업의 일자리 창출 노력, 예컨대 중소기업의 창업이나 기술혁신기업을 적극 지원해서 직장이 늘어날 수 있도록 지원해야 한다.

둘째, 복지의 주체를 다원화하자는 복지다원주의(welfare pluralism)이다. 기존의 비영리부문(제3 부문), 기업, 지방정부 등도 중앙정부 중심의 복지공급을 지양하고 그 주체로 가지고 하자는 요지이다.

셋째, 복지국가에서는 자원제공보다는 위험성을 공동 부담하는 의식전환이다. 복지를 개혁하려면 위험성에 대해 인식하여야 한다. 기든스에 의하면 효과적인 위험성 관리(개인적 또는 집단적)는 위험성을 최소화하거나 그것에 대한 보호를 의미하는 것이 아니라 위험성의 긍정적 혹은 활력적 측면을 이용하고 위험에 대한 감수의 자원을 제공하는 것이라고 보고 있다. 적극적인 위험의 수용은 기업가적인 활동들을 중요시하고 있으며 좋은 예가 벤처기업가의 정신이다. 이러한 똑같은 상황이 노동인구에게도 적용된다. 급여혜택을 포기하고 직업을 찾기로 하는 것, 혹은 특정 산업에

Point **복지다원주의**

1978년에 출간된 울펀든 보고서(Wolfenden Report)에서 복지다원주의란 용어가 처음으로 사용되었다. 당시 캘러헌 노동당 정부는 정부 재정지출을 줄이기 위해 다각도로 노력하고 재정적 책임을 완화하기 위해 중앙정부가 이러한 전략을 제시했던 것이다. 복지다원주의가 국가의 핵심 복지이념의 하나가 된 것은 대처 보수당 정부 시절이었다. 대처정부는 사회복지서비스 부문의 개혁 방향을 비용이 많이 소요되는 시설보호를 지양하고 지역사회보호(community care)를 확대하는 데 두었으며, 그 이념으로 복지다원주의를 표방하였다. 1989년에 발표된 그리피스 보고서(Griffith Report)에 의해 복지다원주의가 사회복지서비스 개혁의 기본 이념으로 확실히 자리를 잡았다.

서 일자리를 얻는 것은 위험에 고취된 활동이지만 이러한 위험의 수용은 개인이나 넓은 사회에게 종종 이익을 준다고 말하고 있다(Giddens, 2002: 185).

이와 같은 블레어 정부의 복지에 대한 접근의 이면을 보면 경제적 경쟁력인 복지지출이 성장에 직접적인 부담일 뿐이라는 신자유주의적 가정이 깔려 있으며, 블레어가 복지국가의 재편이란 비용 삭감을 강조하는 이 외에도 수혜자의 의존 성향을 줄인 개인의 책임을 강조하는 의지가 함축되어 있고 '의존형 복지'에서 '자립형 복지'로 전환이며 누구에게든 일할 수 있는 존엄성을 회복시켜주자는 의미가 담겨 있다. 그리고 그에게 재분배와 불균등의 교정을 강조한 사회정의는 평등주의적 성향이 아니라 기회균등과 최소 기준을 확보하는 데 초점을 둔 것이다. 자유시장에 대한 무조건적 신뢰는 아닐지라도, 공공부문과 공공지출 또는 혼합경제에 대한 깊은 불신이 엿보인다. 만약 개인이 자유로운 선택을 할 수 있다면 그 결과가 아무리 불평등하더라도 사회정의가 훼손된 것은 아니며, 정부의 역할은 그런 선택의 기회를 모두에게 보장하는 일에 한해야 한다(고세훈, 1999).

결국 적극적 복지는 베버리지의 지양이라고 제3의 길에서 말하고 있지만, 기든스는 베버리지의 5대 악 즉, 질병, 궁핍, 불결, 무지, 나태에 대한 전쟁이 소극적 복지를 중시한 것이라고 보기 때문에 적극적인 복지는 베버리지가 제기한 소극적 요소들을 적극적인 것으로 대체시키는 일로 보았다. 궁핍 대신에 자율성을, 질병이 아니라 활력적인 건강이, 무지 대신에 인생의 지속적 부분으로서의 교육이, 불결보다는 안녕을, 나태 대신에 진취성을 강조하자는 것이다(Giddens, 2002). 그러나 이 길이 과거와 단절하여 개인과 가족의 책임, 개인의 선택과 존엄에 기초한 계약적 관계를 강조함으로써 사회정의는 뒷전으로 밀려나는 것인지(Hyde et al., 1999), 아니면 영국에 만연되어 있는 불평등과 사회적 배제, 복지의존을 해결할 수 있는 길인지는 좀 더 두고 봐야 할 것 같다.

Point

- **앤서니 기든스**(Anthony Giddens, 1938~)

현대사회학계의 세계적인 석학으로서, 수십 년에 걸친 학문적 업적은 이미 전세계에 널리 알려져 독일의 위르겐 하버마스와 함께 유럽 지성의 쌍벽을 이루는 인물이다. 토니 블레어 영국 총리와 독일 슈뢰더 총리 등 유럽을 이끄는 중도좌파 정치가들의 이론적 바탕이 된 『제3의 길』의 저자이기도 한 그는 '영국의 자존심'으로 불리울 만큼 대중적 지지와 학문적 권위를 인정받는 거장이다.

기든스의 '제3의 길' 정치가 갖는 특징을 한마디로 요약하면, "열린사회, 대화 민주주의 사회에서 자율적인 개인, 태동적이며 적극적인 시민사회단체, 효율적이며 타협적인 정부는 상호 의존과 협력으로 범세계화를 통한 세계적 민족주의를 달성해서 안정되고 균형성이 있으며 번영이 함께 하는 지구촌을 실현하는 정치"로 볼 수 있다.

- **토니 블레어**(Anthony Charles Lynton Blair, 1953~)

앤서니 찰스 린턴 블레어는 영국의 정치가이다. 1994년 7월부터 2007년 6월까지 영국 노동당의 당수이기도 했다. 노동당을 이끌고 1997년 총선에서 크게 이기며 영국 보수당의 18년간 집권을 끝내며 존 메이저 총리를 교체했다. 그는 노동당 출신으로 당을 선거에서 3연속(1997년, 2001년, 2005년) 승리로 이끈 유일한 정당인이다.

블레어와 고든 브라운, 피터 만델슨은 흔히 노동당을 영국 정치의 중심으로 이끌었다고 일컬어지며 옛 국유화 정책을 시장경제로 전환한 그의 정책을 일컬어 "신노동당(New Labour)"이라 부른다.

그는 자신의 정책을 "현대사회민주주의"와 "제3의 길"이라 부른다. 정통좌파지향의 비판자들(구 노동당(Old Labour) 계열의 사람 포함)은 그가 영국 노동당의 기본 이념을 배반했다고 느끼며, 블레어 정부가 소득의 분배 등 전통적인 노동계의 관심에서 벗어나 너무 우편향으로 치우쳤다고 보기도 한다.

제 13 장

한국 사회복지의 역사

13

한국 사회복지실천의 역사는 오래되었음에도 불구하고 많은 연구가 체계적으로 이루어지지 못했다. 한국의 사회복지발달은 서구와는 다른 독특한 과정을 통하여 이루어졌다. 서구의 사회복지는 제도를 확립한 후에 복지가 이루어진 반면 우리나라는 복지가 먼저 실천된 후에 제도가 확립되었다. 우리나라의 사회복지실천의 근원은 삼국시대, 고려시대, 조선시대까지 왕가(王家)를 중심으로 한 민생구휼(民生救恤)로 이루어졌다(하상락, 1989). 현대에 이르기까지 삼국시대, 고려시대, 조선시대의 사회복지역사 연구는 미흡하지만, 향약, 두레, 계와 같은 민간 차원에서의 사회복지가 활발하게 추진되어 왔다. 최근 들어 근대 사회복지 역사연구가 활발하게 진행되고 있다. 본 장에서는 한국사회복지의 역사를 근대 이전의 사회복지, 일제시대의 사회복지, 해방 이후의 사회복지, 사회복지의 전개방향으로 나누어 설명하고자 한다.

1. 근대 이전의 사회복지

삼국시대는 약 700년 동안으로 신라가 삼국을 통일할 때까지이며, 씨족사회, 군소부족국가로부터 통일된 민족국가사회로 성장하는 시기를 말한다. 이 시기에는 국가의 정치, 행징체제를 수립했으며, 유교, 불교, 도교 등을 받아들여 자신들의 고유문화와 결합시켜 민족문화를 이루면서 사회복지를 시행했다. 또한 하층계급은 절대적으로 상류계급의 지배에 복종하는 주종관계로 이루어진 사회구성을 형성했으며, 토지는 국가, 귀족의 소유로 일반 백성은 토지를 소유할 수 없었다. 삼국시대는 사회질서의 기본 원칙으로 귀족주의, 토지국유, 농본주의 등이 작용했다(유광호, 2005). 이와 같은 사회구조는 통일신라, 고려, 조선까지 크게 변하지 않았다. 삼국시대에는 왕들이 인구증가정책에 역점을 두었는데 이는 노동력과 병력 증강을 확보하기 위한 조치였다(하상락, 1989).

삼국에서 제일 먼저 나라의 기틀을 마련한 고구려는 흩어진 부족을 통합하여 국가를 완성했으며 뒤를 이어 백제, 신라 등의 나라가 국가로서의 기틀을 완성했다.

삼국시대의 사회복지는 민본사상에 기초한 위민정책으로써 굶주린 백성을 구제하고, 위로하는 것으로 민생구휼의 모든 책임이 왕에게 있다고 보았다. 이 시기의 사회복지사업인 규휼사업은 4궁에 대한 보호, 병들고 자립이 불가능한 사람에 대한 구제였으며 재원은 국고에서 조달되었다. 주요 구제사업으로는 사궁구휼, 경형방수, 종자 및 식량의 급여, 왕의 책기감선(각종 재난을 왕 자신의 부덕으로 돌려 근신토록 함), 역농방재(백성들이 농사에 열심히 힘쓰도록 권장하고 각종재해에 대해 사전 · 사후에 방비함), 유민안집, 창제와 흉년의 춘궁기에 창곡을 빌려주었다가 추수기와 풍작 때 다시 갚게 하는 진대법, 관곡의 배급, 조세감면, 대곡자모구면 등의 사회복지제도가 있었다. 백제의 온조왕 33년(서기 15)에 나라에 흉년이 들어 백성이 굶주리게 되어 각지에 도적이 크게 성행하므로 왕이 이들에게 곡물을 주어 구제했다는 기록이 있다. 북변지방에 흉작이 들자 신라 내물왕 42년(서기 397)에는 조세를 1년간 면제하였고, 백제 고이왕 15년(서기 248)에도 1년 동안 조세를 면제했다는 기록이 있다(하상락, 1989).

1) 삼국시대

삼국시대에 신라, 백제, 고구려는 빈민구제 사업을 크게 다섯 가지로 실시했다(남세진, 1999). 삼국시대에 실시한 구제제도는 〈표 13-1〉과 같다.

| 표 13-1 | 삼국시대의 빈민구제제도

제도	내용
관곡의 지급	각종 재해로 빈곤해진 백성에게 정부가 관곡을 배급하는 제도
사궁구휼	환과고독(과부, 홀아비, 무자녀 노인, 고아)의 무의무탁한 빈민에게 의류, 관재, 곡물 등을 지급하는 제도
조세의 감면	재해로 심한 피해를 입은 주민들에게 조세를 감면해 주는 제도
대곡자모구면(貸穀子母俱免)	흉년 시 빌려준 관곡에 대하여 이자와 원본을 감면해 주는 제도
진대법	춘궁기에 곡식을 빌려주고 추수기에 반납하는 제도

이러한 구제제도 외에도 조세감면과 구료, 창제를 실시하여 사회복지적인 측면에서 구제활동을 하는 시기로서 사회복지발달의 초보적인 시점이다. 삼국시대 국가적 사업으로서의 사회복지는 자연재해, 환관고독, 일회다산자, 빈곤자를 대상으로 실시되었으며, 구료(求療: 의료부조)활동도 시행되고 있었다. 삼국시대의 창제(創製)는 사회복지행정을 담당한 가장 오래된 구제기관으로서 전쟁 시 군량미 확보를 위해 설치된 것으로써 비 전시에는 백성을 구제하는 기능도 가지고 있었다.

2) 고려시대

고려시대는 농민의 안정적인 경제활동을 통해 국가체제로 발전하는 시기이다. 이 시기에는 창제도(倉制度), 빈민구빈정책, 빈민구빈기관 등 사회복지가 제도적으로 확립되고, 빈민구빈정책법이 제정되고 제도화되었다. 정인지의 고려사에 의하면 고려시대에는 〈표 13-2〉와 같이 5대 구제제도가 있었다.

| 표 13-2 | 고려시대의 구제제도

은면지제	개국, 경사, 즉위, 전쟁 직후에 백성에게 왕이 조세탕감이나 각종 은전을 베풀어 주는 제도
재면지제	전쟁, 천재지변, 질병 등으로 인한 이재민에게 부역, 조세, 형벌 등을 감면해 주는 경감제도
환과고독진대	과부, 빈곤한 홀아비, 고아, 무자녀 노인을 우선 보호대상자로 지정하는 구휼제도
수한질여진대	이재민들에게 소금, 곡식, 의료, 간장 등의 물품과 의료, 주택 등을 제공
납속보관제	빈민을 구휼하기 위한 재원조달의 방편으로 일정 관직을 제공하고 그 대가로 금전을 상납 받는 제도

이 시기는 불교의 자비사상이 구빈정책에 많은 영향을 끼쳤으며, 민간의 행려자 보호사업 등의 활동도 활발하게 이루어졌다. 고려시대의 창제로는 흑창(黑倉), 의창(義

倉), 유비창(有備倉), 상평창(常平倉) 등이 있었다.

고려시대의 의료복지시설은 왕실이나 관료들을 치료하기 위한 의료기관으로 태의감(太醫監), 상약국(尙藥局)과 백성들의 질병치료와 예방을 위하여 설치된 상설 의료기관인 제위보(濟危寶), 동서대비원(東西大悲院), 혜민국(惠民局) 등이 있었다. 백성의 질병치료와 약을 제조·판매하기 위하여 설치된 혜민국은 조선시대에 혜민서로 이름이 변경되었다. 또한 사회제도는 사원에서 고아를 수양하여 승려로 육성하는 관습과 민가에서 고아를 수양, 10세까지 양육하다 원하는 사람에게 보내는 일 등이 고려사에 기록되어 있다. 고려시대에 실시한 연등제와 팔관회는 현대적 집단지도와 레크리에이션의 시조라고 볼 수 있다.

3) 조선시대

조선시대 빈민의 구제는 왕의 책임이 강했으며, 사회복지는 행정적으로 이전 시대보다 체계화를 이루었다. 또한 신속한 구제를 중시하였으며 구빈행정의 일차적인 실시책임은 지방관이 지고, 지도 감독은 중앙정부에 의해서 이루어졌다. 이 시기에 활발하게 시행된 구휼사업은 상평창, 의창, 사창으로써 전문적인 구황정책이 흉년에 대비한 구제정책으로 행하여졌다. 또한 민간차원의 지역복지사업인 향약, 계, 두레와 같은 상부상조제도가 발달하였다. 협동조합으로 지역사회의 발전과 지역주민들의 자치규약인 향약의 목적은 조합원 간의 권선징악에 입각한 상부상조체계로서 복지와 질서를 유지하는 것이었다.

계의 기능은 향촌 공공사업의 수행, 상부상조, 사교, 금융 등 목적에 따라 다양한 명칭이 사용되었다. 그 대표적인 예로 혼상계(婚喪契), 종계(宗契), 노동계(勞動契) 등으로 상부상조의 일차적 목표로 인하여 존재하는 계들이다. 두레는 농번기에 노동을 함께 나누는 공동노동 풍습으로 조선 후기에 보편적인 농촌의 생활풍습으로 정착되었으며, 소농경영(小農經營)의 어려움을 극복하기 위해 조직된 단체로서 진취성과 자주적 성격이 강한 농민들의 조직들이다. 품앗이는 가장 오래된 공동노동의 풍습을 가지고 있으며, 노동력을 교환하여 돕는 것으로 품앗이를 주고받는 양쪽 모두에게 해당된다. 품앗이는 두레보다 규모가 작고 단순하고 사사로운 일에 자주 쓰였으며 개인 성향이 강한 공동노동이었다.

유광호(2005)는 조선시대 빈민구휼의 원칙을 다음과 같이 설명하고 있다.

첫째, 왕의 책임으로 빈민구제가 이루어졌다.

둘째, 신속한 구제가 이루어져야 한다.

셋째, 구빈행정의 일차적인 실시 책임은 지방관이 지고 구호 관계의 교서와 법을 제정하여 지방의 보호행정에 대한 지도·감독은 중앙정부가 하게 한다.

조선시대에는 구황청이 설치되어 전문적으로 행해졌다. 또한 걸인에게 식사를 제공하는 무료급식사업인 시식(施食)사업이 흉년과 재난 시에 수시로 설치, 운영되었는데 세종이 내린 진휼사목(賑恤事目)을 통해 구체적인 기록이 남아 있다. 이 제도는 지역의 수령이 관아와 상거(相距)한 기민에게 우선적으로 관심을 보이고 진휼에 전력하지 않으면 죄를 과할 것 등을 교서로 내려졌다(김기원, 2003).

조선시대에는 장례나 혼사를 치르지 못할 경우 고조(顧助)라는 혼인장려정책이 있었는데 진휼청에서 장례비를 지급해 주거나 관청이 주도하여 장례나 혼사를 치르도록 해 주는 제도였다. 경성(서울) 내에 거주하는 자 중에서 빈곤 때문에 혼기를 놓친 이들에세 제22대 정조 5년(1781)에는 혼비를 보조하고 매월 그 혼인 수를 보고하라는 지시를 내린 일도 있었다. 국가는 구제를 위한 관곡의 부족분을 부유한 민간인에게 곡물을 원납(願納)하게 하고 원납한 이들에게는 관직을 주어서 부족한 관곡을 보충하였다. 또한 너무 가난하여 빌린 곡식을 갚지 못할 정도의 생활을 하는 빈민들에게는 식량 외에도 솜, 베, 소금, 의료 등의 생필품도 지급하였다. 이 시기에는 자력으로 의식주 해결이 안 되고 다른 사람들이 회피하는 불쌍한 사람들에 대한 대책으로서 관질(寬疾)이라는 제도가 있었다.

조선시대에는 고려시대의 고아사업보다 더 구체적인 아동복지사업이 실시되었다. 임시수양사목(臨時收養事目)이 제19대 숙종 22년(1696)에 제정·실시되었으며, 사목(事目)이 속대전(續大典) 속에 편찬되어 더욱 확대된 것은 제20대 영조 20년(1744)이었다. 부랑걸식아동 보호법령은 제22대 정조 7년(서기 1783)에 공포·실시되었다. 자휼전칙(字恤典則)은 유기되거나 부랑하는 어린이들을 보호하기 위한 제도로서 국가나 민간에서 이들을 수용하여 양자녀로 삼거나 이들을 노비, 고공(雇工)으로 삼는 것을 상황에 따라 허가하는 것을 기본 원칙으로 삼고 있다. 진휼청에서는 진휼소 외 창고문 밖에 거처를 마련해 주었는데 구호를 필요로 하는 대상에는 3세까지의 유아기아와 10세까지의 걸식자들로서 이들이 거처하는 곳을 유접소(留接所)라 불렀다. 관에서는 수양자의 양육상태를 철저히 감독하였고 매달 수양자의 양육상태를 조사하기 위해서 담당관청에서 낭관(郎官)을 파견하여 양육상태가 불량할 때에는 양육자를 문책하였다. 진휼청에서는 수양 받는 자와 유녀(乳女)의 의복을 지급하였고, 혜민서에서는 그들의 치료를 담당하였다(한국사회복지협의회, 1977).

노인복지사업인 양로(養老)는 많은 군왕이 큰 관심을 기울인 사업으로서 기로소(耆老所)는 건국 초기에 세워진 노인을 공경하기 위한 사업이었다. 조선시대의 노인복지와 관련된 사업을 살펴보면 다음과 같다.

첫째, 매년 봄과 가을에 국왕과 연석을 같이 하는 기로사(耆老社)사업이 있다.

둘째, 지방관은 80세 이상인 자에게 함양해야 하며, 90세 이상인 자에게는 매년 하사품으로 술과 고기를 주고, 100세 이상인 노인들에게는 양곡을 연 초에 하사하고 매월 하사품으로 술과 고기를 주었다.

셋째, 대명률(大明律)에 있는 규정을 적용한 것으로서 집에 부모나 조부모를 부양할 사람이 없는 경우로서 사형(死刑) 또는 귀양을 가게 된 자는 예외를 두어 감형, 환형의 처분을 내려 늙은 부모를 봉양케 하였다.

조선시대의 의료구제(医療救済)는 왕실에 속한 의약기관인 전의감(典醫監)과 일반 백성을 위한 의료기관인 혜민서(惠民署), 활인서(活人署)가 있었다. 『경국대전』을 보면 혜민서는 '서민의 질병을 구료(求療)'하는 기관이고, 활인서는 '도성의 병난 사람을 구료'하는 기관으로서 무의탁 병자나 전염병이 돌 때 임시 병막(病幕)을 지어 환자를 간호하게 했으며 그 사람들이 죽으면 장례를 치르는 일을 담당했다(강명관, 2003). 또한 빈민의 치료와 여의(女医)를 양성하는 제생원(濟生院)을 두었다.

민간 사회복지시설로 1888년 프랑스 주교가 설립한 천주교회의 고아원과 교회부속 고아원이 개설되었다. 그 후 1907년에는 평양 맹아학교가 개교되었고, 육아·구료사업이 종교단체를 중심으로 시작되었다.

근대 이전의 사회복지는 왕권을 중심으로 이루어지면서, 보조적으로 백성도 참여하는 형태가 근대 이전의 사회복지이다.

2. 일제시대의 사회복지(1910~1945)

일제시대의 사회복지는 주로 천왕의 인정을 강조하고 식민지 국민들의 반일행동을 억제하는 정치적 목적이 강하게 나타났다. 1910년 한일합방 이후 일제의 사회복지는 정치, 경제, 사회, 문화 등 모든 영역에 식민통치의 합리화와 황민사상의 주입을 위한 이데올로기적 성격을 강하게 띠고 있으며 식민정책의 일환으로 형식적인 구제사업이 이루어졌다. 이 시기의 사회복지는 일본의 전쟁에 필요한 물적·인적자원을 확보하기 위한 의도를 가진 철저한 위장의 사회복지가 이루어졌다. 일본은 민중적 저항운동으로 인한 사회적 혼란을 방지하고 식민지 지배질서를 안정시키기 위한 목적으로 사회복지를 실천했다. 임시은사금(臨時恩賜金), 국비, 지방비 등은 일제식민지 기간 동안 구빈사업의 주요 재원이었다. 일제는 「은사진휼자금궁민구조규정(恩賜賑恤資金窮民救助規程)」을 1916년에 공포하고 독신자로서 신체적·정신적 질병으로 생계유지가 어렵고, 또한 독신자가 아니지만 60세 이상인 자로서 타인의 도움을 받아야만 살아갈 수 있는 사람들에게 구조미(救助米), 구조미대금(救助米代金)을 지급하도록 하였다.

1910년 이후부터 1944년 조선구호령이 실시되기 전까지 '은사진휼자금궁민구조규정'은 조선의 구빈행정을 결정하는 지침이었다(유광호, 2005). 일제식민 기간의 구빈사업은 이재구조(罹災救助), 빈민구호, 의료사업, 아동보호사업, 복리시설, 직업보조 등이 있다. 일제시대 구빈사업은 우리 민족으로 하여금 일제에게 복종을 유도하려는 의도를 가진 사회통제의 목적에서 비롯된 전시 행정적 성격이 강하게 내포된 사업들로서 일본을 대외적으로 홍보하기 위한 수단으로 사용되었다. 이는 시혜자의 필요에 따라 실시되었으며 빈민의 욕구에 의한 것은 아니었다.

일본은 1944년에 조선구호령을 선포하고 일본에서 실시해 오던 구호법을 한국에도 적용하여 사용하였다. 조선구호령은 65세 이상 노인과 13세 이하 아동, 임산부, 불구, 폐질, 질병, 기타 정신 또는 신체의 장애로 노동을 하기에 지장이 있는 자를 대상으로 하였다. 조선구호령의 급여내용에 포함되는 것으로는 생활부조, 의료부조, 조산부조, 생업부조 등이고 구호사업에는 신청주의, 자산조사, 거택보호 등을 원칙으로 하고 있다. 외면상으로는 근대적인 의미의 공공부조제도로서의 면모를 갖추고 있었으나 그 내면의 실제적 사업으로는 식민지의 안정적인 지배질서를 확립하기 위한 정책이 중요한 목적이었다. 원래의 목적인 정신적·신체적인 장애나 질병으로 인하여 노동을 할 수 없거나 노동을 하는 데 지장을 초래하는 사람들의 기본욕구를 해결해 주는 기능은 이루어지지 못했다(김만두, 1991). 우리나라에서는 1961년 생활보호법 제정 시에 조선구호령의 내용은 〈표 13-3〉과 같다.

| 표 13-3 | 조선구호령의 내용

구분	조선구호령의 내용
대 상	65세 이상 노쇠자, 13세 이하의 아동, 임산부, 불구·폐질·질병·상병·기타 신체의 장애에 의해서 노동할 수 없는 자
구호기관	• 주 기관: 거주지의 읍·면장 • 보조기관: 명예직 의원
구호종류	• 원칙: 거택구호 • 불가능 혹은 부적당 시: 구호시설에 수용, 수용위탁, 민간가정에 위착
기 타	• 비용: 국가와 도가 일정한 부분 부담 • 구호거부사유: 본법 또는 본법에 의하여 발하는 명령에 기하여 시·읍·면장 또는 구호시설의 장이 행하는 처분에 복종하지 않을 때, 이유 없이 구호에 관한 검진 또는 조사를 거절했을 때, 성행(性行)이 몹시 불량하거나 몹시 태타(怠惰, 게으름)할 때

출처: 안상훈 외(2005). 『한국근대의 사회복지』. 서울대학교출판부.

조선구호령 제도는 일제식민시대의 식민통치를 위한 전시에 필요한 물적·인적자원을 동원하기 위한 하나의 체제로서의 성격이 강하게 나타나고 있기 때문에 사회복지의 발달로 보기는 어렵다. 또한 조선구호령 제30조에 따르면 구호대상자가 '본법과 본법의 명령에 의하여 시·읍·면장 또는 구호시설의 장이 행하는 처분에 복종하지 않을 때', '이유 없이 구호에 관한 검진 또는 조사를 거절하였을 때', '성행(性行)이 몹시 불량하거나 또는 몹시 게으른 때' 등의 사유들 중에서 하나라도 해당사항이 있을 때는 시·읍·면장은 구호를 거부할 수 있다고 규정하고 있다. 이것은 빈민구제사업을 사회통제의 관점에서 보고 있다는 의미로 해석할 수 있으며 또한 구호대상을 한정했다는 것도 알 수 있다. 일제 식민지시대 구호사업의 주요 대상이었던 '세궁민(細窮民)'은 한국 농촌의 농민이었으며, 이들은 주로 일본의 계획적인 약탈정책으로 피해를 본 사람들이었다. 이와 같은 식민지시대 사회정책은 그 당시의 사회문제를 근본적으로 해결하려는 것이 아니었으며 식민통치의 필요성과 질서 유지를 위한 하나의 방법으로 사용되었을 뿐이었다.

1921년 4월 1일 사회사업 관계자와 사회사업에 관심이 있는 관민 등에 의하여 조선사회사업연구회가 설립되었다. 1921년 4월 1일 개관한 한국 최초의 사회복지관인 태화여자관은 그 시대 사회가 요구하는 다양한 복지사업들을 개척하며 발전시켰다. 대표적인 사업내용으로는 여성교육, 복음전도, 사회사업 등으로써 주요 사업 대상자들은 여성과 아동으로 태화여학교, 태화유치원, 태화진찰소 등 3개 기구를 통해 사업을 실시하였다. 1927년 일본은 한국에 인보사업과 사회사업서비스를 원활히 한다는 명목 하에 일본에서 실시하고 있는 방면위원제도를 한국에 도입하여 경성부의 동부와 북부에 방면사무소를 설립하였고 1931년에는 서부와 용산지역으로까지 방면사업을 확대 실시하였다. 방면위원제도는 빈민선도를 목표로 삼고 있으며 방면위원은 전원 한국인을 임명하도록 되어 있었지만 방면소의 실질적인 주요 업무인 자산조사는 모두 일본인이 담당했다(홍금자, 2000).

3. 해방 이후의 사회복지(1945~1960)

1) 미군정 시대

해방 후부터 1961년 5.16군사쿠데타 이전까지의 시기로서 이 때의 사회복지는 절대적 빈곤을 넘지 못하는 사업이었다. 일제의 통치하에서 우리의 많은 전통들이 사라졌으며 또한 해방이 된 1945년부터는 미군정이 시작되었다. 미군정은 체계적이고 장기적인 공적부조의 법적, 제도적 장치를 우리의 실정에 맞게 새롭게 마련하지 않았고 일제 식민시대와 비슷한 공공부조정책을 실시했다. 공공부조의 대상은 주로 노동능력을 상실한 빈곤자로 제한되었으며 최저생활보장의 개념도 규정되지 않아서 자선과 시혜의 차원을 벗어나지 못했다. 미군정은 남한의 분단현실에 맞는 안보와 질서 유지에 목적을 두고 있었기 때문에 경제 회복이나 복지에는 주력할 수 없었다. 조선후기와 일제식민지를 거치는 동안 계속적으로 축적되어 온 빈곤문제가 1945년 해방 이후부터 몇 년 동안 심각하게 사회문제로 나타나기 시작했다.

해방 당시의 남한 인구 1,600만 명 중 최소 200만 명 이상의 구호를 필요로 하는 자들이 존재했었다. 미군정은 일제 식민시대의 사회복지사업인 조선구호령의 관계법령을 구호행정의 근거로 사용하였다. 미군정은 1945년 11월 7일 군정법령 제25호를 공포하고 보건후생부를 각 도에 설치하여 전쟁 시 재해구제, 현 시점에서의 빈곤한 자의 공공구조, 소아후생, 종업원의 후생과 은급제도, 주택문제, 귀환동포 및 실업자의 보호, 기타 필요한 보호, 기타 점령군의 목적달성에 필요한 공공후생과 경영 등 주요 구호대상이 전쟁 이재민이었다.

일제식민지 동안 하나의 행정부서가 담당했던 기능이 민군정 시대에는 16개국을 둔 부서로 변화를 거듭한 사실은 보건복지정책의 역사에서 중요한 사건이지만, 구호행정이 순수성을 가지고 있지 못하고 미군정의 중앙집권적 통치 구조를 확립하는 과정의 일부분이었으며 정부예산에서 보건복지예산이 차지하는 비중을 고려할 때 특별한 의미를 가지고 있다고 보기는 어렵다. 이 당시의 구호사업에는 일반구호사업, 이재민구호사업, 실업구제사업, 수용과 주택구호사업 등이 있었다. 일반구호사업과 실업구호사업은 전쟁 이재민과 토착빈민 모두에게 해당되었으나 수용과 주택구호사업은 전쟁이재민과 피난민에게만 그 혜택이 주어졌다.

미군정 시대의 구호대상자에 대한 구호준칙을 살펴보면 일제시대의 조선구호령과 유사하다는 것을 알 수 있다. 미군정의 후생국보 3호 C항의 공공구호 규정은 구호대상을 6세 이하의 부양할 아동을 가진 모, 13세 이하의 아동, 불치병자, 분만 시 도움을 필요로 하는 자, 65세 이상의 노인, 정신 및 육체적 결함이 있는 자로서 구호시설에 수용되지 않고 가족이나 친척의 보호가 없고 노동할 수 없는 자 등으로 규정하고 있다. 주요 구호내용은 의식주 문제를 해결하는 것으로써 식량, 주택, 연료, 의류, 매장 등이다. 그러나 미군정의 구호사업은 조선구호령을 그대로 계승하면서 임시방편적으로 상황에 따라서 군정법령과 처우준칙을 마련하여 빈곤정책의 제도를 유지하였다. 미군정 시대의 구호정책은 국민들의 최저생활을 국가가 책임지고 보장하는 준칙은 없었고 단지 임시방편으로 겨우 생존할 수 있을 정도의 최소한의 물질적인 시혜만 제공될 뿐이었다.

우리나라는 1948년 미군정이 끝나고도 여전히 계속되는 빈곤에서 헤어나지 못했다. 정부가 수립된 1948년 이후 제헌헌법에는 국민의 생존권적 기본권과 근로자의 노동3권의 보장을 명시했다. 그러나 관련 법률이 제정되기도 전에 남북전쟁이 시작되어서 이 법은 제대로 빛을 보지 못했다.

2) 박정희 정부

한국은 1960년대 3공화국에서 5공화국까지 장기적인 경제발전계획을 가지고 산업화정책을 국가의 우선 사업으로 추진하였기 때문에 사회복지는 침체되어 있었다. 선 경제성장과 후 분배경제정책을 강조하였던 60년대 이후는 경제가 급속도로 성장발전하였고 그에 따른 국민들의 욕구도 다양화되었지만 사회복지가 침체되었던 시기였기 때문에 국민들의 욕구는 제대로 해결되지 못했다. 이 시기에 많은 사회복지 관계 법률이 입법화되었으나 정부의 재정 능력 부족과 사회·경제적 여건 등이 따라

주지 않아서 실제로 수행된 것은 아주 적은 수에 불과했다. 이 시기의 사회복지는 정치적 정당성과 합법성을 민심의 안정을 통하여 얻고자 하는 방편으로 실시되었으며, 주요 입법 내용으로는 공무원연금법, 생활보호법, 아동복지법, 고아입양특례법, 윤락행위 등 방지법, 군사원호법, 군인연금법, 산업재해보상보호법, 의료보험법, 사회복지사업법 등이다.

1970년대에는 사회복지사업법, 의료보험법 등이 제정되었으나 경제에 밀려 후순위로 발전하지 못했다. 자율성이 결여된 유신체제 속에서 정책결정상의 경직성, 실적 위주의 즉흥적 발상, 관료에 의한 정책결정현상 등이 전문가의 참여를 어렵게 만들었기 때문이다. 이 시기에는 사회복지법이 다양하게 제정되었으나 실제적인 효과를 이루지 못한 시기였다.

3) 전두환 정부

전두환 정부 때는 복지국가 건설을 지표로 하였으나 사회복지발달 면에서 큰 영향을 미치지는 못했다. 이 시기에 한국형 복지모형론이 등장하였다. 또한 영세민 대책을 중시하였으며 국가는 한국형 복지모형에 최소한의 개입을 하려고 노력했고 가족의 기능을 강화하고 가족의 자조와 재활을 강조하였으며 시민의 자원봉사활동 참여를 적극적으로 권장하였다.

전두환 대통령 집권 당시에는 사회복지서비스 관련법들을 개정하였으며 1981년 심신장애자복지법, 아동복지법, 노인복지법이 제정되고, 1984년 개정되어서 보편적인 사회복지서비스 제공의 기틀을 마련했다. 사회복지서비스의 모든 분야에서 전달체계의 체계화, 합리화를 이루기 위하여 사회복지사업법을 개정하였으나 사회복지 관련 법률에 서비스가 제공되어야 한다는 강제규정이 아니라 제공될 수 있다는 임의의 규정을 두어서 현장에서 서비스를 제공하는 데는 한계가 있었다. 전두환 정권은 1980년 중반부터 시작된 사회적 불안에 대처하기 위한 방편으로 1986년 의료보험제도의 전 국민 확대 실시, 국민연금제도, 최저임금제도의 3대 복지정책 실시를 발표하였고 이러한 정책들은 노태우 정권에서 모두 집행, 실시되었다. 이러한 복지정책은 정치적·사회적 위기를 벗어나기 위한 하나의 정책적 방편으로써 사회통제의 수단으로 진행되어 다음 정부로 이양되었다.

사회의 다양한 사회복지 요구로 사회복지서비스의 공공정책적 개입과 공적 자원 투입을 확대하고 관리의 투명성과 효율성이 요구되었지만 이 시기 역시 정권을 정당화시키려는 목적이 더 강하게 작용하였다. 제5공화국 후반부터는 복지사업도 많은 변화를 가져 왔다. 시설수용 위주에서 벗어나 지역복지와 재가복지를 강조하였으며 사회복지관을 증설하고 확대하는 등 사회의 다양한 요구에 대응하기 위한 사회복지서비스를 강화하였다.

4) 노태우 정부

노태우 전 대통령 정권은 1988년 출범하여 보통의 복지국가 건설을 국정목표로 노동자 계층에 대한 복지서비스의 제공을 약속하였다. 또한 전두환 정권 시기에 발표되었던 3대 복지정책을 집행하여 실시하였다. 이 시기는 노인복지법, 장애인복지법, 전국민의료보험제도, 국민연금제도, 최저임금제도 등 입법조치를 도입하여 복지국가 건설을 목표로 복지행정의 확대가 이루어지는 시기였다. 1986년은 국민연금법, 1987년 시행령과 시행규칙을 제정하여 1988년 장애연금, 노령임금, 유족연금, 반환일시금 등의 급여제공제도를 실시했다. 10인 이상 사업장에 국민연금을 실시하였던 것을 1992년에는 5인 이상의 사업장으로 확대 실시하고, 1995년 농·어촌으로까지 확대하였으며, 1999년 도시의 자영업자에게까지 확대 실시함으로써 연금제도를 전 국민에게 적용하였다. 노태우 정권 시 사회복지정책은 노동계층을 위한 복지를 지향하는 데 관심의 초점을 맞추었다. 또한 경제적·사회적으로 균형 있는 발전을 통하여 빈부격차와 지역감정의 해소를 목표로 삼았으며, 제5공화국 후반부터 강조되기 시작한 재가복지에 대한 사회의 관심이 증대되고 이에 따라 재가복지 봉사제도가 급격히 증가하게 되었다. 특히 이제까지 복지의 사각지대에 있었던 장애인들은 88장애인올림픽을 계기로 정부의 장애인에 대한 관심이 확대되었으며 영유아를 위한 탁아사업도 크게 부각되었다. 노태우 정부에서는 국민연금제도의 실시, 의료보험의 전국 확대 실시, 최저임금제 실시 등 복지제공이 크게 확대되었으며 이에 따라 사회복지 전담공무원이 배치되었다. 제6공화국 정부에서는 장애인복지에 관심을 가졌고 사회복지관을 전국적으로 확대 실시하고 여성의 사회참여 증가에 따라 영유아보육법을 제정하였으며 보육시설을 확충하여 가정경제를 활성화시키고자 노력하였다. 그러나 1987년 시작되었던 사회복지의 발전은 오래도록 계속되지는 못했다. 경제적, 정치적, 사회적으로 많은 어려움에 처하게 된 노태우 정부는 정권 초기에 복지의 획기적인 붐을 가져 왔으나 사회복지발달에는 크게 공헌을 하지 못했다.

5) 김영삼 정부

김영삼 정부는 성장과 복지의 조화를 중심으로 잔여적 복지에 기초를 둔 사회복지사업을 실시했다. 이 시기의 복지정책은 한국 상황에 가장 알맞은 합리적인 복지를 실시하기 위해서 생산적 및 예방적 복지의 영향 강화, 복지주체의 다양화, 물질적 만족과 행복의 추구를 중심으로 하였다. 김영삼 정부의 특징은 크게 네 가지로 말할 수 있다.

첫째, 민주화의 노력을 한 정치세력들로 형성된 민주적 정통성을 갖추고 있다.

둘째, 폐쇄적 지배연합의 구조를 어느 정도 개방하여 국민과 노동계층의 요구와 이익을 국가의 정책에 반영하는 비교적 개방성을 띤 정치적 반응을 보였다.

셋째, 국민들에게 복지는 국가에서 주는 시혜가 아니라 국가의 주인인 국민이 당연히 누려야 하는 권리라는 인식의 변화를 가져 왔다(김태성 · 성경륭, 2000).

넷째, 지방자치제도를 1995년 전면 시행하여 민주주의 발전에 영향을 미쳤다.

그러나 많은 기대를 가지게 했던 김영삼 정부의 사회복지 성격과 변화에서는 정치적인 민주화가 이루어졌다고 해서 사회복지도 반드시 발전하는 것이 아니라는 것을 보여준다. 문민정부는 1993~1995년까지의 전반기 동안 경제 활성화에 역점을 두고 사회보장과 보건복지 부문에 대한 예산의 비중을 점차로 축소시켜 나갔다. 김영삼 정부 기간 동안의 보건복지부 예산은 노태우 정부 때의 예산의 수준을 넘은 적이 없었다. 김영삼 정권 시기에는 사회복지정책이 중장기 사회복지 발전을 위한 여러 가지 위원회의 활동이 적극적으로 이루어졌으나 제도발전에 필요한 재원 마련의 구체적인 계획이 부족했다. 문민정부에서는 고용보험 개정 및 실시, 국민연금 실시, 윤락행위방지법 개정 및 실시, 국민건강증진법, 국민연금법 개정, 입양특례법 개정, 성폭력범죄처벌법 및 피해자보호 등에 관한 법, 여성발전기본법, 정신보건법, 사회복지공동모금회법 등을 제정하여 복지행정의 확대가 많이 이루어졌다(박종삼, 2007).

김영삼 정부는 복지를 시장의 원리로 적용하여 취약계층을 국가가 책임지는 잔여적인 복지를 실시했으며, 제7차 경제사회발전 5개년계획은 새로운 제도의 도입보다는 기존의 정책과 제도 안에서 내실을 통해 효율적인 복지증진과 경제적인 발전을 확립하는 데 최선의 노력을 하였다. 이 시기에는 복지의 다원론이 등장하여 사회복지가 국가적으로 후퇴하였고 사회복지의 재정도 감소하였다. 이 시기는 1997년 말 IMF 경제위기를 겪으면서 사회복지는 후퇴하는 양상을 보이고 있다.

6) 김대중 정부

진보적 성향과 복지 친화적 성격을 가진 김대중 대통령 시대의 국민정부의 국정이념은 생산적 복지에다 초점을 맞추고 있다. 정책목표 또한 구호 위주에서 생산적인 보건복지 행정으로 전환하여 성장과 복지의 균형을 꾀하여 복지국가의 달성을 목적으로 하였다. 김대중 정부에서는 사회복지지출 부문, 국민연금과 의료보험 등의 사회보험 부문, 실업대책을 포괄하는 공공부조 분야에서 가장 큰 변화를 가져 왔다. 1997년에는 경제적 위기를 맞이하여 실업사태가 발생했고 가족해체의 위기를 맞이하게 되었다. 이에 김대중 정부는 사회불안을 해소하기 위해서 사회안전망을 확대 실시하였고, IMF로 인한 실업 관련 저소득 대책이 마련되었으며, 제1차 사회보장발전계획을 수립하였다. 고용보험, 실업보험, 실업 및 빈곤대책을 확대, 전 국민연금을 확대 실시하였으며 국민기초생활보장법 제정 및 시행, 소비자생활협동조합법, 의료법 급여 365일 연중 실시, 계획적인 사회안전망 구축을 위해 노력했다. 그리고 1999년에는 국민기초생활보장법이 시행되어 저소득층의 자립을 지원해 주었으며, 특히 여성부를 만들어 여성복지에 역점을 두었다.

1990년대 이후 법과 제도적인 측면에서 복지국가를 위한 기반을 구축하게 되었고 1995 삼성복지재단, 1998 사회복지공동모금회 등 민간 복지재단의 재정적 지원이 등장하였다. 국민기초생활법과 생활보호법의 주요 내용은 〈표 13-4〉와 같다.

| 표 13-4 | 국민기초생활보장법과 생활보호법의 주요 내용 비교

구분	국민기초생활보장법	생활보호법
법적 용어	대상자의 권리적 성격: 수급권자, 보장기관, 생계급여 등	국가의 보호적 성격: 보호대상자, 보호기관, 생계보호
대상자 구분	대상자 구분 폐지	인구학적 기준에 의한 대상자 구분 • 거택보호자: 18세 미만 아동, 65세 이상자 등 근로무능력자 • 자활보호자: 인구학적으로 경제활동이 가능한 근로능력자
대상자 선정기준	부양의무자 조건을 충족시키면서 소득인정액이 최저생계비 이하인 자	보건복지부장관이 정하는 소득과 재산 이하인 자
급여수준	• 생계급여 – 모든 대상에게 지급(단, 근로능력자는 자활사업과 연계하는 조건부 지급 • 주거급여 신설 – 임대료, 수선유지비 등 지원 • 긴급급여 신설 – 긴급필요 시 우선 급여 실시 의료, 교육, 해산, 장제보호 등 현행과 동일	• 생계보호: 거택, 시설보호자에게만 지급 • 의료급여 – 거택보호자: 전액 지원 – 자활보호자: 의료비의 80% – 교육보호: 중학생 입학금, 수업료 • 장제보호, 해산 보호
자활지원 계획	근로능력자 가구별 자활지원계획 수립	

출처: 박병현(2008). 『사회복지정책론: 이론과 분석』. 학현사.

사회복지의 기본은 자립, 자조, 자활, 지원에 의해 개인이나 국가의 생산성을 높이는 데 의미를 두었다. 또한 국민생활 전반의 위험과 문제에 대해 전문적인 사회복지사업을 전개하게 되어 1990년대 후반에는 사회복지관의 급증과 자활후견기관 및 NGO 출현으로 경쟁적 관계가 형성되어 사회복지에 대한 관심이 고조되었다. 이 시기는 지방자치 등의 정치 상황과 IMF 등 경제 상황의 변화로 사회복지서비스가 확대되는 추세로 전개되었으며, 국민연금제도가 전 국민에게 확대 실시되고 의료보험조합들의 단일화와 건강보험제도가 일원화되었으며 생활보호법이 국민기초생활보장법으로, 고용보험이 전 사업장으로 확대 실시되어 공공부조제도가 획기적으로 개선되었다. 이 시기는 한국의 사회복지발달 전 과정에서 빈곤, 질병, 전쟁, 국가의 경제적 위기에서 국민에게 사회복지의 책임의식이 강조되었다.

다른 한편으로는 근로연계복지를 강조하여 빈민들을 통제하려는 경향도 포함하고 있었다. 김대중 정부의 복지정책은 진보적 정권이 가지고 있는 사회복지 친화적인 면과 경제위기라는 시급한 상황에서 초래된 사회불안을 해소하기 위하여 사회통제적인 성격을 함께 가지고 있었다.

7) 노무현 정부

노무현 정부는 참여복지의 의지로 정부정책을 주도했다. 정부혁신지방분권위원회(2003)는 국고보조금제도를 선 지방이양을 전제로 필수 존치사업을 선정하고 포괄지원 방식으로 전환하여 67개를 지방으로 이전하여 지방의 세수 확보와 지방의 복지를 위해 자기책임원칙으로 변화하였다. 그 내용은 〈표 13-5〉와 같다.

| 표 13-5 | 2005년 사회복지사업 중 지방이양 대상사업과 예산 (단위: 백만 원)

대상사업	예산	대상사업	예산
1. 정신요양시설운영	30186	35. 노인일거리마련사업	759
2. 사회복귀시설운영	6,189	36. 지역사회시니어클럽운영	3,060
3. 공공보건인력개발	663	37. 재가노인복지시설운영	11,735
4. 공공보건사업	800	38. 노인시설운영	100,614
5. 대도시방문보건사업	1,000	39. 노인복지회관신축	3,687
6. 지역봉사사업	1,167	40. 아동시설운영	65,291
7. 장애인복지관운영	31,041	41. 결연기관운영	1,448
8. 장애인재가복지센터운영	2,089	42. 입양기관운영	143
9. 장애인주간보호시설운영	1,901	43. 아동보호전문기관운영	1,682
10. 장애인단기보호시설운영	795	44. 가정위탁지원센터운영	717
11. 공동생활가정운영	1,405	45. 소년소녀가장지원	3,952
12. 의료재활시설운영	1,829	46. 가정위탁양육지원	5,376
13. 장애인체육관운영	365	47. 퇴소아동자립정착금	600
14. 시각장애인심부름센터운영	2,035	48. 결식아동급식	10,935
15. 시각장애인재활지원센터운영	569	49. 아동보호전문기관설치	100
16. 청각장애인(수화통역센터운영)	954	50. 모자복지시설운영	6,004
17. 정신지체인(자립지원센터운영)	378	51. 모자복지시설 퇴소자 자립정착금	335
18. 장애인해피콜봉사센터운영	130	52. 미혼모중간의집운영	279
19. 장애인특별운송사업	374	53. 사회복지관운영	14,886
20. 편의시설설치 시민촉진단	354	54. 재가복지봉사센터운영	3,596
21. 청각장애아동 달팽이관수술	750	55. 사회복지전담공무원인건비	80,937
22. 여성장애인가사도우미	224	56. 공익근무요원인건비	1,756
23. 장애인생활시설운영	107,204	57. 업무보조공익요원인건비	2,609
24. 장애인직업재활시설운영	14,786	58. 푸드뱅크 운영장비지원	357
25. 장애인복지기관기능보관	5,171	59. 노숙자보호	9,276
26. 장애인체육기관기능보강	2,500	60. 쪽방생활자지원	388
27. 장애인지역사회재활시설차량	328	61. 중소도시보건신축	2,000
28. 장애인생활시설치과유니트	240	62. 지체장애인편의시설센터운영	360
29. 경로당운영	23,597	63. 장애인정보화지원센터운영	304
30. 경로당활성화	440	64. 노인복지회관운영	3,709
31. 경로식당무료급식	7,672	65. 재가노인복지시설개보수	189
32. 저소득재가노인 식사배달	5,854	66. 결연기관PC구입	10
33. 노인건강진단	514	67. 사회복지관기능보강	5,000
34. 치매상담센터운영	292		

출처: 행정자치부, 2005

사회복지사업 중 지방이양 대상사업과 예산은 지방자치단체의 기능을 보완해주면서 중앙정부의 개입을 최소화하는 제도로서 사회복지정책을 추진하려는 목적이 있다. 소득이 낮은 계층을 중심으로 사회복지대상을 전 국민으로 확대 실시하며, 소득보장 위주가 아닌 의식주 생활권 보장으로 확대하여 복지의 보편성, 국가책임, 국민참여의 3대 지표를 내세웠다. 노무현 정부는 지방분권정책과 지역균형발전정책을 추진지역 특성에 맞는 복지정책을 강조했다. 급속한 고령화로 인해 노인장기요양보험법을 제정한 것은 노인에게 큰 의미가 있다. 참여정부의 복지는 장애인복지정책, 주거복지정책, 교육복지정책, 노인보건복지정책, 부동산정책 등 다양한 복지정책을 실시했다. 2008년 이명박 정부는 창조적 실용주의를 반영하여 간혹 실용정부(實用政府)라는 명칭을 사용하였다. 주목표는 작은 정부, 큰 시장을 큰 뼈대로 경제 살리기, 친서민정책, 한미 쇠고기 협상, 아랍에미리트에서의 대규모 원자력 발전소 수주, 2010년 서울 G20 정상회의 등을 통해 실용주의적 복지를 강조했다.

현재 우리나라 사회보장제도는 산재보험, 건강보험, 연금보험, 고용보험, 노인 장기요양보험의 5대 사회보험제도가 시행되고 있으며 공공부조와 사회복지서비스가 확대 실시되고 있다.

8) 이명박 정부

2008년 출범한 이명박 정권에서는 능동적 복지와 참여복지정책을 실시하였다. 능동적 복지란 시장기능에 복지개념을 도입한 것으로 수혜자들이 기다리지 않도록 적극적으로 찾아가서 서비스를 제공하는 것을 의미한다. 모든 복지 시스템에 원스톱복지전달체계를 구축해 태아에서 노후까지 맞춤형 복지를 제공하는 것으로, 시혜적·사후적인 복지정책에서 예방적으로 소외계층의 출현을 막는 것으로 변화하였다.

능동적 복지는 사후적 문제를 해결하는 것이 아니라 가난과 질병에 대해 예방적 기능, 미래 세대에 대한 사회투자 개념으로 접근하는 것으로 자립을 지원하고 빈곤의 대물림을 막는 보다 적극적이고 예방적인 정책이다.

'참여복지'는 국민의 보건복지의식 수준과 범위를 확대하고 국민 스스로의 보장능력을 향상시키고 보건복지정책의 계획 수립, 집행, 평가의 전 과정에 적극 참여하는 것을 의미한다.

9) 박근혜 정부

상당히 위험한 국내외 경제 상황 속에서도 소득과 일자리 영역의 양극화를 빠르게 해소하면서 수출과 내수의 조화, 금융 및 자산시장의 안정, 새로운 성장 동력의 개발 등 경제 체질을 변화시킬 정책을 동시에 추진해야 한다. 이는 경제민주화 노동시장 개혁, 복지 확충을 통한 소득재분배로 정식화된다.

박근혜 정부가 이러한 과제들을 적극적으로 추진할 가능성은 높지 않다는 비판을 받았다 오히려 이명박 정부의 경제정책을 유지하면서 일부 복지 재정을 편성하는 수준으로 진행될 가능성이 많다는 전망을 했다.

반면, 고령화로 인한 자연증가분, 취약계층 증가로 인한 복지대상 확대, 정부에서 약속한 복지 확대 지출 등으로 복지 영역의 지출은 일정 정도 증가할 것으로 예상되었으며, 이는 현실로 나타났다. 하지만 "일부 선심성 공약 추진 재정 및 전체적 그림 없는 복지 지출로 인한 비효율과 재정압박 증가, 여권과 기득권 언론을 중심으로 재정파탄, 복지포퓰리즘 논란 가중, 복지 피로감 상승"의 가능성이 높다. 시스템 개혁 없는 일부 복지 확대는 사회서비스 시장화, 낭비적 복지 지출, 중산층에 지원이 집중되는 역차별 등의 발생 가능성이 높기 때문이다.

박근혜 정부 5년은 한국사회 복지국가의 성격이 구조화되는 시기로 그 책임이 매우 막중하다. 당선자가 대선시기에 강력하게 공약했던 대로 민생을 챙기는, 그리고 약속은 반드시 지키는 정부가 되기 위해서는 강력한 개혁의지와 국민과의 소통이 필요하다. 무엇보다 경제정책과 사회정책의 선순환구조를 확립해야 한다. 그리고 사회정책 영역에서는 사회연대의 회복과 국민 동의를 얻기 위한 기득권층의 사회적 책임 확대, 그리고 정부의 신뢰도 회복이 무엇보다 절실하다.

그러나 박근혜 정부는 복지정책에 있어 일부에서 후퇴하고 있다는 평가를 받고 있다. 그 예로 기초노령연금(2014년 7월부터 기초연금으로 변경)이 가장 이슈가 되고 있다. 노후보장으로 기초연금을 모든 노인에게 매달 20만 원씩 지급하려고 하였으나 예산 부족으로 하위 70%에게만 지급하기로 하였다.

기초연금은 만 65세 이상이고 한국 국적을 가지고 있고 국내 거주(「주민등록법」 제6조 1, 2호에 따른 주민등록자)하는 노인 중 가구의 소득인정액이 선정기준액 이하인 사람에게 지급하고 있다.

정부는 세계경제의 침체와 유례없는 세수 확보의 난황 속에서 공약을 포기하는 것이 아니라 임기기간 중에 단계적으로 달성하도록 하겠다는 입장이었다. 그러나 증세 없는 복지 확대라는 이상에서 우선 재정을 투입하고 복지지출을 메우고 경기가 살아나기를 기다리자는 현실론이 우세를 보였고, 결국 정부가 증세나 복지 축소 대신 빚을 내 복지재원을 마련하는 쉬운 길을 택했다는 비판을 받기도 했다.

공약한 복지정책을 모두 실현하게 되면 100조 원 이상의 예산이 필요한데 이로 인해 임기동안 정부의 부채가 약 130조 원이 증가할 것으로 예상되었다. 박근혜 정부가 증세 없는 복지정책을 공약으로 내세웠지만 현실적으로 어려운 상황으로 빚을 내서 복지를 실현하려는 무리한 추진보다는 국민대타협을 통한 증세와 복지 감소가 필요했다. 저부담 고복지를 원하고 있지만 현실적으로 불가능한 일이었다.

과거의 증세 계획과 복지 확대와 괴리감을 해소하기 위한 복지공약에 대한 조정과 이를 솔직하게 국민들에게 이해시킬 수 있는 용기가 필요했다. 충분한 조사와 예측을 통한 장기적인 복지정책을 지금이라도 계획하여 현명한 해결책의 제시가 시급했다.

소득인정액이란 소득 평가액과 재산의 소득 환산액을 합산한 금액
- 소득평가액 = (0.7×(근로소득 − 52만원) − 기타소득
- 소득환산액 = ((일반재산 − 기본재산액) + (금융재산 − 2000만원) − 부채)×0.05÷12개월) + 고급 자동차 및 회원권가액

10) 문재인 정부

촛불로 당선된 문재인 정부는 나라다운 나라, 포용적 복지를 선포하고 하였다.

분야별 복지정책을 살펴보면 기초생활보장제도와 부양의무자 기준을 완화하였고, 사회서비스 공공성을 강화, 건강보험의 보장성 확대, 아동수당 지급 등을 시행하고 있다.

(1) 기초생활보장제도

기초생활보장제도의 부양의무자제도의 단계적 폐지와 수급자 선정기준 및 최저보장 수준의 현실화를 공약하였다.

기초생활보장제도 주거급여는 2018년 10월부터 부양의무자기준을 폐지하였으며, 생계 및 의료급여는 하위 70%중 노인과 중증장애인이 포한된 부양의무자 가구에 대한 기준적용을 제외시켰다.

|표 13-6 | 기초생활보장제도의 부양의무자와 수급자 가구 기준

구분	17.11월	19.1월	22.1월
부양의무자 가구	노인·중증장애인 포함 가구 (소득하위 70%)	중증장애인 포함 가구 (소득하위 70%)	노인 포함 가구 (소득하위 70%)
수급자 가구	노인·중증장애인	모든 수급자 해당	모든 수급자 해당

출처 : 보건복지부, 제1차 기초생활보장종합계획

주거급여 부양의무자 폐지로 90만명, 생계급여 완화로 2018~2020년 3.5만명, 2021~2022년 3.1만명이 혜택을 받으며 의료급여는 2018년~2020년 7만명, 2021~2022년 11.7만명이 이 혜택을 받을 것으로 추정된다.

(2) 사회서비스 공공성 강화

보육, 장애재활, 장기요양, 치래, 공공의료 등을 중심으로 국공립 사회서비스 제공시설 확충 및 국민연금 공공투자 정책과 연계 골적 사회투자 유도 및 광역지자체별 사회서비스공단 설립, 보육교사, 요양보호사, 장애재활사 등 공단소속직원으로 태용, 지역사회에 배치를 공약하였다.

그러나 사회서비스 공단 설치, 민간영역의 사회서비스 일자리를 공공부문으로 흡수하여 사회서비스 제공인력 처우를 개선하고자 하였다. 이로서 사회서비스 공단 설립의 구체적인 계획은 아직 아무런 계획조차 없다.

(3) 건강보험

실질적인 본인부담 100만원 상한제와 소득하위 50%까지 도입하고 환자간병, 특진비, 상급병실료 등 3대 비급여를 포함해 비급여의 급여화를 추진하겠다는 공약을 하였다.

실제로는 건강보험 보장률 2022년까지 70%로 확대할 예정이며, 소득의 10%로 의료비 상한제를 실시한다. 이는 OECD평균 81%의 보장율에 비해 너무 낮은 수준이다. 의료비 상한제는 2012년 후보시절 연 100만 원, 비급여항목을 포함하던 계획에서 후퇴한 것으로 소득의 10%로 급여항목만 포함하는 것이다.

(4) 아동수당

0~6세 아동을 대상으로 첫째에게 월 10만 원, 둘째에게 월 20만 원, 셋째에게 월 30만 원을 지급하고, 0~5세부터 단계적으로 학대히여 월 10만원부터 난계적 인상하겠다는 공약을 하였다.

2018년 0~5세 아동수당 월 10만 원을 지급(10조 3천억원)하고 단계적 인상에 대한 계획은 제외되었다.

이외에도 주거권으로 공공임대주택 매년 13만호 확보 및 공공지원 임대주택 매년 4만호 공급과 임대료 상한제, 임대차계약 갱신청구권 단계적 제도화를 공약했으나 임대료 상한제는 실종되고 임대차계약 갱신청구권제 도입은 세부계획을 발표하지 못하고 있다. 장기공공임대주택 재고비율은 5.2%로 OECD평균인 11.5%의 반 정도 수준이다.

4. 사회복지의 전개 방향

우리나라 사회복지의 전개 방향은 비교적 밝은 편이다. 사회복지는 정책과 서비스제도가 발전방향에 중요하게 영향을 준다. 사회복지행정은 많은 정책과 법의 제도적인 측면에서 선진국의 사례를 통해 구축되었다. 그러나 서비스의 실천방법에서는 선진국의 서비스에 비하면 우리나라의 사회복지는 미약한 수준이다. 이를 향상시키고 발전할 수 있는 방향과 모델은 노동시장의 유연성과 사회복지정책을 통한 전개방향의 효율성이다. 노동시장의 효율성은 미래 사회복지에 중요한 영향을 준다. 미래 지향적인 사회복지 방향의 나아갈 길은 지금 이루어지고 있는 서비스 분배방식을 뛰어넘어서 서비스가 필요한 클라이언트에게 맞춤형 서비스의 방향에서 한발 더 나아가 클라이언트가 서비스를 선택하여 자기가 원하는 서비스를 받을 수 있도록 하는 사회복지체계가 정립되어야 한다.

미래 지향적 사회복지를 실현하기 위해서는 실업급여, 노인복지법, 아동보호법, 청소년보호법, 장애인고용촉진법 등 보호가 필요한 대상자에게 서비스를 체계적으로 지원하는 사회복지가 필요하다. 한국의 사회복지 발달과정에서 보면 빈곤, 질병, 전쟁, 국가적 위기 등에서 사회복지가 어렵게 발전하고 있다. 우리나라 사회복지 발전의 모델은 미국, 영국, 프랑스, 독일 등의 선진사회복지국가의 법과 제도를 적용하여 우리에게 맞는 사회복지정책과 법제정을 통해 적용되고 있다. 사회복지 전개방향은 정책과 다양한 시책이 시행되면서 많은 발전을 이루어 왔으나 경제발전에 비하면 사회복지가 균형을 이루지 못하는 현실이다. 지금까지는 수출과 성장의 정책으로 사회복지가 다소 낮게 평가되었다. 그러므로 사회복지가 체계적으로 이루어지기 위해서는 사회복지정책, 지원법, 사회복지서비스 방향이 조화를 이루면서 클라이언트에 맞는 적절한 서비스와 지원정책이 필요하다.

사회복지의 전개 방향은 우리나라에 맞는 정책과 서비스를 통해 보다 더 체계적이고 조직적인 지원과 관리가 필요하다. 또한 개인, 지역사회, 복지기관, 종교시설, 국가 등이 하나가 되어 모금과 기부를 통해 사회복지 발전 방향을 모색해야 한다. 또한 사회복지사는 국가정책에서 국민의 자율적인 참여와 자원봉사를 통한 클라이언트의 문제를 해결해주고 올바른 길을 제시해야 한다.

사회복지의 전개 방향은 순기능, 적극적인 참여, 홍보를 통해 사회복지사에 맞는 처우를 개선하고 자신의 일에 대하여 전문가로서 자부심과 긍지를 가지고 일할 수 있게 적극적인 지원이 필요한 시점이다. 우리나라 미래 사회복지 전개 방향은 지원정책과 사회복지서비스가 체계적인 지원 방향으로 가는 것이 무엇보다도 중요하다.

History of Social Welfare

제 14 장

새마을운동

14

1. 새마을운동의 정신

새마을운동은 농업전문가인 류태영 박사에 의해 계획된 풀뿌리 지역사회개발운동으로 1970년 초 농촌의 현대화를 위해 시작되어 범국가적으로 시행된 운동이다.

1970년 시작되었으며, 농촌을 시작으로 전국적으로 확대되었다. 1975년에는 도시와 공장으로도 확대되었으며, 1973년부터 새마을운동을 대대적으로 홍보하여 전국민적 운동으로 확산시켰다. 1973년 대통령령 제6458호로 내무부에 새마을 담당관실을 설치하고 그 산하에 4개의 과를 두었으며 대통령 비서실에 새마을 담당관실을 설치했다(위키백과사전).

Point 새마을운동

1960년대 경제개발이 도시 중심으로 추진되면서 도시와 농촌 간 소득 격차가 현격하게 벌어졌다. 이에 박정희 정부는 1970년대 초 새마을운동을 통해 낙후되어 있던 농촌 중심의 근대화전략이었던 것이다.

새마을운동은 1970년부터 시작된 범국민적 지역사회 개발운동으로 근면 · 자조 · 협동의 기본적인 정신과 실천을 범국민적 · 범국가적으로 추진함으로써, 국가발전을 가속적으로 촉진시키려는 목적하에 진행된 운동이다. 1971년 정부는 전국 3만 3,267개 행정 리 · 동에 시멘트 335부대씩을 지원하여 전 리 · 동에서 일제히 '새마을가꾸기운동'을 추진하게 했다.

새마을사업은 정부의 절대적 지원으로 전국으로 확대되면서, 단순한 농촌개발사업이 아니라 공장 · 도시 · 직장 등 한국사회 전체의 근대화운동으로 확대 · 발전하였다.

출처: 한국민족문화대백과

1972년 경기도 고양의 농협대학 부설 독농가연수원에 각 지역에서 선발한 140명이 입교하여 새마을지도자 교육과정이 출발되었다. 2주간의 교육과정으로 진행되었으며, 교육 받을 사람이 늘면서 그 해 경기도 수원의 농민회관으로 옮겼고, 1973년 5월 31일 경기도 수원에 새마을지도자 연수원을 신설 건립하여, 이전까지 농협 대학에서 개설하여 운영하는 독농가연구원에서 실시해 오던 새마을운동을 위한 농촌 지도자 교육과 양성 등을 맡게 하였다.

새마을운동의 이념은 나 혼자만이 아니라 이웃끼리 서로 사랑하고 도우면서 아름답고 살기 좋은 마을을 함께 만들자는 것이다. 또한 우리가 오늘 잘사는 것도 중요하지만 미래의 후손들을 위해 물질적으로 정신적으로 풍요롭게 잘사는 마을과 지역, 나아가 화합과 번영의 새 나라를 건설하는 데 보다 더 큰 뜻이 담겨 있다.

새마을 정신은 근면, 자조, 협동으로 근면은 자기선용의 실천이다. 부지런하면 성실해진다. 성실하면 거짓이 없고 꾸밈이 없고, 허영과 사치와 낭비를 모른다. 땀 흘려 성실히 일하는 사회는 믿음이 있고 정의가 살아있으며 부정과 부패가 없는 밝은 사회가 된다.

자조는 한계 극복의 실천이다. 하늘도 스스로 돕는 사람을 돕는다고 했다. '자기 자신을 알고 자기 위치를 지키고 자기가 해야 할 일을 해 나가는 것'이다. 남에게 의지하거나 자기의 책임을 남에게 전가하지 않고 스스로의 힘으로 개척해 나가는 것이다.

협동은 자기 확대의 실천이다. 혼자의 힘보다 여럿이 힘을 합치면 능률이 오르고, 자신감이 생기고 단결심이 강해진다. 또한 '나'보다는 '우리'라는 공동체의식이 있을 때 상호 신뢰를 바탕으로 공동체 발전에 참여하는 진정한 협력이 이루어진다.

우리는 사회복지의 역사를 영국, 미국, 독일 및 북유럽 국가를 중심으로 배우고 있지만 분명 우리나라에도 사회복지의 한 획을 그은 새마을운동이 있다.

우리의 현실을 반영하여 만든 풀뿌리 지역사회개발운동으로 외국에서는 그 가치를 인정하고 세계기록유산에 등재하고 많은 나라들에게 배워가고 있는 등 그 가치를 인정하고 있다. 따라서 우리가 자부심을 가지고 새마을운동을 이해하고 더 발전시켜야 할 것이다.

| 표 14-1 | 새마을운동의 연혁

연도		내용
2000년대	2013.10.20.	2013 전국 새마을 지도자대회(전라남도 순천 팔마실내체육관)
	2013.06.18.	'새마을운동 기록물' 유네스코 세계기록유산 등재
	2013.04.22.	제3회 새마을의 날 기념식 개최
	2011.05.14.	Y-SMU포럼 창립대회
	2011.03.08.	새마을의 날 제정
	2010.06.11.	새마을운동 제창 40주년 기념식
	2009.07.09.	녹색 새마을운동중앙본부 출범
	2002.07.23.	UN경제이사회 NGO회원 가입(등록 지위)
	2000.07.20.	북한돕기 통일손수레보내기국민운동추진본부 설치
	2000.06.25.	새마을운동중앙회 이전(서울 강남구 대치동)
	2000.04.19.	새마을운동중앙협의회 새마을운동중앙회로 개칭
	2000.04.10.	UN공보처(DPI) 연합회원 자격 획득
1990년대	1999.02.02.	새마을사랑모임 결성
	1998.03.05.	새마을운동신문 창간
	1992.03.18.	내고장활력화센터, 시민교양문화센터 개원
	1991.01.15.	일하는 보람상 제정
	1990.02.28.	새마을지도자 강령 제정
	1990.01.01.	성남연수원 새마을중앙연수원으로 개칭
1980년대	1989.03.21.	새마을운동중앙본부 새마을운동중앙협의회로 개칭
	1983.12.31.	새마을지도자연수원 성남연수원으로 개칭
	1983.10.18.	시도지부 산하 시군구지회 설치 승인
	1983.04.23.	새마을지도자연수원 이전(경기 성남시 분당)
	1981.10.01.	중앙본부 산하 시도지부 설치 승인
	1980.12.13.	새마을운동조직육성법 제정
	1980.12.01.	(사)새마을운동중앙본부 창립(서울 강서구 화곡동)
1970년대	1975.05.17.	새마을 모(帽) 제정
	1973.06.25.	새마을기 보급
	1973.05.31.	독농가연수원을 새마을지도자연수원으로 개칭 및 이전(경기 수원)
	1973.01.25.	새마을훈장(자립, 자조, 협동, 근면, 노력장) 제정
	1972.01.14.	새마을교육 실시, 독농가연수원 설치(경기 고양)
	1970.04.22.	새마을가꾸기운동 제창(전국지방장관회의)

출처: 새마을운동중앙회, 2015

새마을운동은 잘 살아보자는 슬로건 아래 다음과 같은 단계로 발전하였다.

• 기반조성단계(1971~73): 새마을운동 의식을 확산, 기반 구축
• 자조발전단계(1974~76): 경제난 해결에 주력
• 자립완성단계(1977~80): 국력 신장, 농어촌의 복지향상사업
• 민주복지완성단계(1981~): 제5공화국 이후 민간주도의 새마을운동으로 진행

그러나 1988년 제5공화국 청문회에서 사업을 민간에 넘기는 과정에서 많은 부패가 발생하는 등 문제가 되면서 새마을운동사업은 위축되었다. 당시 새마을운동의 내용은 초가집을 없애고 슬레이트 지붕으로 고치기 및 서양식 현대화 주택 건설, 농기계 등 첨단장비 보급, 기존 흙길을 시멘트나 아스팔트길로 포장, 도시 및 도로 미화 사업, 새마을지도자들을 양성, 각종 교육 시행, 기타 정신적 교육 등으로 진행되었다.

1) 새마을의 상징

새마을 깃발은 녹색 바탕에 노란색 동그라미 그리고 그 안에 초록색 새싹이 자라나는 모습을 담은 모습에 하얀색 글씨로 새마을이라는 궁서체가 써진 깃발로 1970년 새마을운동 초창기부터 사용하였으며, 초록색은 농업, 농민, 자연, 산촌마을 등을 상징하고 노란 동그라미는 햇볕과 밝은 미래를, 그리고 그 안에 있는 초록색 새싹은 새마을의 대표 상징물로 농업의 발전과 농민의 미래를 상징한다.

새마을운동으로 이루어낸 전국적으로 생활환경 및 국민 위생 개선, 농로 등의 인프라 구축 등과 정신계몽운동 등을 통해 오늘날 대한민국의 국가 위상을 세우는 데 기여하였다. 마을운동을 주관하는 새마을협의회가 정부자금으로 운영되는 국영기관으로 되었으며, 정부에서 분리된 1999년까지 정부기관으로 운영되었으며, 1988년도

의 제5공화국 비리규명 청문회에서 밝혀진 문제점으로 한동안 새마을운동은 위축되었으나, 현재는 뉴 새마을운동새새마을운동이란 이름으로 사업이 전개되고 있다. 제2의 새마을운동은 문화·시민의식의 선진화, 서로 돕는 복지공동체 만들기, 지역 활력 찾기, 친환경 조성, 국제·통일 협력사업 등을 목표로 하고 있다.

2) 제2의 새마을운동

1988년 5공비리청문회에서 새마을운동중앙본부와 관련된 비리에 연루되면서 새마을운동이 침체되었다. 1998년 이후로는 새마을운동 조직 육성법에 의해 새마을운동중앙회를 중심으로 제2새마을운동을 벌이고 있다. 제2새마을운동은 문화·시민의식의 선진화, 서로 돕는 복지공동체 만들기, 지역 활력 찾기, 친환경 조성, 국제·통일 협력사업을 그 목표로 한다.

새마을운동을 계승하며 시대 상황에 맞는 새로운 국민운동으로서 근면, 자조, 협동의 기본정신에 나눔, 봉사, 배려의 실천덕목을 더해 선진 국민정신 함양 운동을 전개하는 미래 지향적이고 역동적인 풀뿌리 공동체운동이다.

기본 정신(근면, 자조, 협동)과 실천덕목(나눔, 봉사, 배려)을 바탕으로 선진국민정신 함양 운동으로 승화시키고자 한다. 이를 위해 마을 만들기 사업을 통한 선진형 마을 공동체 운동, 소외계층을 돕고 나눔, 봉사, 배려를 실천하는 인보, 복지운동, 사회적 갈등 해소와 국민통합을 이루는 아래로부터의 주문협력운동, 대학생 등 청년층이 공감하고 참여하는 젊은 새마을운동, 민관이 협력하고 기업체가 참여하는 지역거버넌스운동, 새마을운동을 세계 속으로 뿌리내리는 지구촌 새마을운동을 전개하고 있다.

구체적인 실천 프로그램으로 문화공동체(삶의 질 향상) 운동과 이웃공동체(인보활동 활성화) 운동, 경제공동체(창조경제 기여) 운동, 지구촌공동체(새마을운동 해외전수) 운동의 4대 중점과제를 전개하고 있다.

Point

• 문화공동체 운동(삶의 질 향상)

삶의 질 향상을 위해 독서문화활동 및 국민건강캠페인 전개, 합창단 재능기부, 작은도서관 활동 등이며, 이웃공동체운동은 집 고쳐주기 봉사와 소외계층 돕기, 다문화 정착, 독거노인 돌봄, 생활안전 문화계도 등을 추진하고 있다.

• 이웃공동체(인보활동 활성화) 운동

인보활동 활성화로 행복한 이웃공동체를 만들어 가고자 하며, 인보(隣保)사업은 복지시설이 낙후된 일정 지역에서 보건, 위생, 의료, 교육 따위의 다양한 활동을 통해 주민들의 복지 향상을 돕는 사회사업으로 독거노인, 소년소녀가장, 다문화가정 등 우리 사회 생활형편이 어렵거나, 소외계층을 중심으로 다양한 인보사업들을 펼치고 있다.

• 경제공동체(창조경제 기여) 운동

영국의 존 호킨스(John Howkins)가 사용한 '창조경제'라는 용어를 처음 사용했으며, 창조경제란 창의력으로 제조업과 서비스업, 유통업, 엔터테인먼트산업 등에 활력을 불어넣는 것이라 정의하고 있다. 협동조합운동을 경제공동체운동에 대한 중점사업의 하나로 추진하고 있으며, 지구온난화 방지를 위한 에너지절약운동, 음식물 쓰레기 줄이기 운동 등을 추진하고 있다.

• 지구촌공동체(새마을운동 해외전수) 운동

모두 다 함께 잘사는 지구촌 건설을 위한 운동으로 외국인새마을교육, 개발도상국 새마을협력사업, 해외새마을 조직육성사업 등으로 구분해 추진하고 있다.

지구촌공동체 운동으로 라오스 등에 우물파주기, 마을길 넓혀주기, 새끼돼지, 씨송아지 전달과 집 지어주기 등의 자립을 지원함으로써 새마을운동의 종주국으로서 위상과 지속적인 교류협력사업 등을 추진하고 있다.

2. 새마을운동의 평가

1) 새마을운동의 장점

새마을운동은 세계적으로는 농촌 개발의 모델로서 긍정적인 평가를 받고 있다. 새마을운동은 세계에서 상당히 높게 평가 받고 있는 국산정책 중 하나이며, 대한민국의 급속한 경제발전에 영향을 준 것뿐만 아니라, 농어촌지역의 빈곤 극복과 복지 향상을 이뤄냈다는 점에서 세계 개발도상국들로부터 큰 지지를 받는다.

UN은 새마을운동을 본딴 '새천년마을계획(Millennium Villages)'을 아프리카 빈곤퇴치 프로그램 중 하나로 채택했으며, 반기문 유엔 사무총장은 아프리카의 유엔 산하기관에 한국의 새마을운동을 배울 것을 권고했다. 콩고, 가나, 케냐, 남아프리카공화국 등이 새마을운동을 수입해간 주요 국가이며, 다양한 국가에서 새마을운동을 배우기 위해 연수생 신분으로 한국에서 연수를 받고 있다.

경제적으로 어렵고 발전이 덜 된 키리바시, 파푸아뉴기니, 필리핀 등의 나라 공무원들이 새마을운동중앙연수원에서 새마을지도자 교육을 받고 있으며, 새마을운동에 대한 기본 이해를 돕는 강의와 기술 전수, 선진 농업기술 습득 및 체험 등을 통해 현지 새마을지도자 육성과 현지화 성공을 위한 정부 역할 제시 등 수원국 스스로 자립의지 형성을 위한 동기를 부여하고 있다.

또한 중국의 일부 지역에도 전파되었다. 중국어로는 한국신촌운동(韩国新村运动)이라 번역하는데 특히 중국의 덩샤오핑은 중국어로 번역된 새마을운동 관련 서적을 당간부들에게 나누어주었으며, 류태영 박사도 새마을운동 전파를 위해 중국을 여러 차례 방문하기도 했다. 후진타오 주석도 새마을운동을 공부했으며, 이를 모방한 '신농촌운동'을 추진하고 있나.

한국국제협력단(KOICA)의 초청 연수나 기타 인재개발원 연수사업도 포괄해서 새마을운동 전파사업으로 분류하며, 이런 연수는 새마을운동 발상지 기념관, 농업기술원, 농촌 정보화마을 등과 포스코, 현대자동차, 삼성전자 등 산업현장의 견학을 제공하고 있다. 그러나 페루에선 당시 대통령이던 알베르토 후지모리가 새마을운동을 수용하였다가 결과적으로 실패를 경험하기도 했다. 2013년 6월 18일에 새마을운동 관련 기록물이 난중일기와 더불어 세계기록유산에 등재되었다.

2) 새마을운동의 비판

새마을운동은 후진국의 산업화로서는 뛰어난 성과를 거둔 모범으로 평가받고 있지만, 비판을 받는 점도 많다. 그중 몇 가지를 살펴보면 다음과 같다.

(1) 전제주의적 일반인의 동원체제

새마을노래와 함께 아침 일찍 기상하기 등 '일사불란'을 요구하는 동원적 수단으로 반강제적인 동원을 하였다. 희망적 전망에 대한 적극적 참여 등을 이용하면서 실질적으로 반강제의 체제 협조를 이끌어냈다는 것이다. 새마을 청년회 등에 반강제로 가입을 시킨 후에 다리나 제방 공사 시에 '자기 마을의 일'이므로 적극적인 참여를 당연시하도록 교육시켰다.

(2) 농촌사회의 붕괴

겉으로 보기에 농촌지역의 지붕계량, 길 넓히기 등 좋은 성과는 만들어냈으나, 새마을운동으로 막고자 했던 농촌사회의 붕괴는 막지 못했다. 1970년대 중공업화의 진행으로 싼 노동력에 대한 요구가 지속되어 농민들의 생활이 더욱 어려워지고 이에 따라 농촌 이탈 현상이 심각해졌다. 농촌인구의 도시 집중화와 박리다매를 추구하는 국가정책은 농민들의 생활을 더욱 힘들게 했다. 결국 새마을운동이 농촌의 구조 문제를 근본적으로 해결하지 못했다.

(3) 전통문화의 상실

새마을운동으로 보존해야 할 전통문화까지 미풍양속이 아닌 미신 및 불필요한 것으로 치부되면서 파괴되었다. 마을마다 존재하던 서낭당, 마을 굿 같은 것은 조직적으로 파괴되었다. 심지어 유네스코 세계무형유산으로 등재된 '제주칠머리당 영등굿' 등도 미신타파의 명목으로 굿을 금지하여 전승이 끊어질 위기를 겪기도 했다.

새마을운동은 유신체제 기반 강화를 위해 이용되었으며, 새마을운동은 유신헌법 선포 직전에 시작되어 유신체제의 강화와 함께 전국적으로 확대 실시되었다. 새마을운동에는 집권당인 공화당과 밀접한 관계를 가지고 있었으며, 새마을지도자들은 통일주체국민회의 대의원들로 이용되었다. 집권당은 농촌에서 새마을운동을 통해 농민층에 대한 영향력을 강화함으로써 유신반대 여론을 상쇄시키고 이를 통해 집권을 연장하는 도구로 이용되었다는 비판을 받는다.

또한 제5공화국 시절 중앙본부의 각종 이권 개입과 공금 횡령이 밝혀지면서 제5공화국 비리의 온상으로 낙인찍힘으로써 더욱더 그 이미지를 하락시켰다.

History of Social Welfare

제 15 장

복지국가의 전망

15

1. 신자유주의

신자유주의란 외국의 자유주의를 새롭게 인식하고 접근하는 관점을 말한다. 한국에서도 IMF 경제위기 이후 사회복지정책과 노동시장정책에 대한 인식이 빠르게 변하고 있다. 이러한 인식으로 인하여 이 시기는 신자유주의 정책의 확대를 국내에서 뿐만 아니라 해외에서도 요구하고 있는데 국제통화기금(IMF), 경제협력개발기구(OECD) 등의 정책권고 사항에서도 위의 두 제도와 관련된 내용을 비중있게 나타내고 있다. 신자유주의의 사전적 의미를 살펴보면 다음과 같다.

국어사전에서는 "신자유주의(新自由主義)란 자유방임적인 19세기 자유주의가 가지는 결함을 인정하고 공공의 이익을 위해서는 정부에 의한 사회정책의 활동범위를 확대하려는 사상, 사회주의에 대항하여 이상주의적 개인주의를 기초로 자본주의의 자유기업의 전통을 고수한다"라고 정의하고 있다.

백과사전에서는 "신자유주의(neoliberalism, 新自由主義)란 시장에 대한 국가개입을 반대하고 시장의 자유로운 흐름을 중요시하는 1970년대 부각한 경제자유주의 중 하나이다"라고 정의하고 있다.

신자유주의는 국가의 개입에서 시장을 자유화하고 시민사회 내에서 일어나는 문제들이 가능한 시장 자체의 자연적인 움직임에 따라 조절 및 해결되도록 하는 이론이다. 국가가 경제에 개입하는 것을 반대하고 자유로운 시장을 통해 국가의 부를 확대시켜 사회적 복지를 극대화해야 한다는 19세기 고전적 자유주의 노선을 이어받아서 1970년대에 등장했으며, 프리드리히 하이에크와 밀튼 프리드만과 같은 자유시장경제학자와 로버트 노직과 같은 학자들에 의해 발전되었다. 신자유주의 사상이 등장하게 된 것은 케인스 이론에 따른 큰 정부의 실패 때문이다. 신자유주의자들은 당시의 경제위기가 무리한 복지정책과 공공부문의 확대, 자본에 대한 정부의 지나친 개입으로 초래되었다고 보았다. 신자유주의의 대표적인 정책은 1980년대 영국의 대처리즘과 미국의 레이거노믹스이다. 이러한 신자유주의적 전략은 자본의 자유로운 이동을 따라 세계 곳곳에 자리 잡았으며, 세계 각국의 개방을 촉구하게 되었다. 신자유주의 정책의 근간 논리는 경제 및 사회 모든 영역에서 시장원리의 도입, 교육·의료·복지 등 사회 공공서비스 재정의 감축, 자유시장 질서를 가로막는 모든 규제의 철폐, 공공부문의 민영화, 공공재 또는 공동체 이념의 배제, 감세를 통한 기업경쟁력 제고, 산업의 구조조정, 권력의 지방이양, 자본의 자유로운 이윤추구를 보장하는 범세계화 등이다. 그러나 1990년대 후반 동아시아 금융위기에서 드러난 것처럼 적절한 규제나 제도개혁 없는 무분별한 금융개방과 자유화는 심각한 버블과 금융위기로 이어진다는 문제점을 드러내었다. 이런 점 때문에 국제통화기금(IMF; International Monetary Fund)은 조심스럽게 금융개방과 금융 및 사회 안전망 등의 정부기능 강화를 주장하고 있다.

신자유주의는 새로운 자유주의, 보수주의, 사회민주주의를 통하여 보다 효율적이고 효과적인 측면에서 다양화, 세계화를 통해 자유주의를 펼쳐나가야 한다고 말한다. 1970년대 이후 완전고용과 소득평등을 동시에 달성하기 어려운 이유로는 경제적 세계화와 고용구조의 변화가 중요한 사회·경제적 변화 때문이다(Inversen & Wren, 1998). 1980년대 이후 선진 자본주의 국가들에서 진행되고 있는 사회정책의 변화는 완전고용과 소득평등이 상충되는 목표가 등장하였다.

다른 한편으로 고용구조의 변화 역시 완전고용과 소득평등을 동시에 추구하기는 어려운 형편에 직면하게 되는데 고용 증가에 따라 비용 악화의 문제(cost disease problem)가 생기기 때문이다. 제2차 세계대전 후 1960년대까지 고용의 가장 큰 원천은 제조업으로서, 이 시기에는 고용 증가, 임금인상은 동시에 가능했다. 그러나 1960년대 말부터 생활수준의 향상과 이에 따른 삶의 질에 대한 관심 증가, 기존 제조업 상품의 수요 포화로 소비와 생산의 불균형이 이루어졌다. 소득평등과 완전고용이 서로 대립하는 상황에서 선진 자본주의국가는 국가 간에 당면한 정치·사회적 상황에 따라 각자 다른 전략을 추진하고 있다(Iversen & Wren, 1998; Esping-Andersen, 1993 / 1999).

선진 자본주의국가들의 전략은 크게 세 가지로 구분할 수 있다.

첫째, 완전고용과 건전재정을 유지하기 위해 노동시장을 유연성으로 사회복지제도를 후퇴하는 것이다.

둘째, 건전재정과 소득평등을 유지하기 위해 노동시장의 완전고용을 포기하는 것이다.

셋째, 완전고용은 소득평등을 유지하는 것이다. 이 전략은 노동시장의 유연성을 통해 복지제도의 후퇴를 최소화한다. 에스핑-앤더슨은 두 가지 전략을 북구형 전략, 또는 사회민주주의적 전략으로 명명하였다. 이 전략에서 완전고용은 두 가지 수단을 통해 이루어지는데, 우선 노동시장의 유연성과 민간부문에서의 고용을 극대화하는 전략이다. 신자유주의는 복지국가를 건설하는 데 새로운 지지기반을 확대할 수 있었고 복지국가의 새로운 지지집단으로 노인, 여성, 공공부문 등 새로운 지지집단을 확보하는 데 성공했다는 점에서 국가에서 좌든 우든 복지제도를 후퇴시키는 것은 매우 어려운 과제다.

세계의 변화를 이끄는 새로운 방향을 만드는 데 신자유주의가 큰 공헌을 한 나라로는 영국, 미국, 스웨덴, 독일, 일본 등이 있다.

1) 선진국의 신자유주의 방향

(1) 영국

'요람에서 무덤까지'의 사회보장제도를 일반적으로 사용한 영국은 복지국가의 원조이다. 이러한 영국은 복지국가의 위기를 제일 먼저 경험했고 복지병이란 용어가 생겨날 정도로 복지의 부정적인 면도 동시에 가지고 있다. 영국의 사회보장 현황을 살펴보면 소득보장은 자산조사, 갹출부문, 비갹출부문으로 구성되어 전 국민을 케어할 수 있는 조직으로 되어 있다. 갹출은 국민보험(national insurance)이 종합적으로 케어하고 있으며 비갹출은 보편적인 급여로서 사회수당을 말하며 다른 것은 자산조사를 전제로 한 부문들이다. 소득보장의 규모는 크게 확대되면서 1992년에는 740억 파운드가 지출되었고 GNP는 12.3%, 총 정부 지출의 30.8%에 해당되며 주요 소득보장제도의 수급 인구는 전 인구 수에 미쳤다.

소득보장제도의 인구층에 따른 급여 비율은 노인이 가장 많은 부분을 차지하고 있다. 예산상의 비율로는 46.5%를 차지하고, 장기질환 및 장애자가 20%, 가족 17.4%, 실업자가 12.5%를 차지하고 있다. 사회보장성이 소득보장의 운영을 맡고 있으며 보건성은 국민보험의 실업급여 운영을 관리하고 있다.

(2) 미국

미국의 사회보장제도는 국가가 국민 생존권의 보호를 위한 소득이나 의료보장 등 총체적인 국가의 정책을 의미하고 있다. 미국은 1935년에 사회보장법을 제정하면서 세계에서 제일 먼저 사회보장이란 용어를 사용했지만 유럽의 여러 나라들에 비해서 사회복지의 발전은 늦은 편이었다. 산업재해보험제도를 독일은 1871년, 영국은 1897년에 도입했다. 미국은 1908년이 되어서 연방정부 직원을 시작으로 재해보상제도가 도입되었으며 1919년까지 38개주에서 산업재해보험이 통과되었다. 또한 독일, 덴마크, 프랑스, 이탈리아 등이 1800년대 말에 영국이 1908년부터 1911년 사이에 도입했던 노령연금, 실업보험제도를 미국은 연방정부차원에서 도입한 것으로 사회보장법이 제정된 것은 1935년이었다.

미국의 사회보장제도는 전 국민의 95%를 적용대상으로 하고 있으며 노령, 유족, 장애, 건강보험 등을 말한다.

(3) 스웨덴

스웨덴은 1980년대 초반까지 부유한 복지국가, 평화로운 중립국가, 노벨상 시상국가, 북구 미인나라, 목가적인 북구의 낙원, 성개방사회 등으로 알려졌으며 다른 한편으로는 사회보장이 잘 되어 있어서 나태하고, 낭비가 심하며, 사회적 범죄가 많고, 자살률이 높은 나라로 알려졌다. 사회정책을 스웨덴에서는 한 사회의 모습을 있는 그대로 반영하는 저울과 같다고 말하고 있다. 따라서 사회정책의 핵심을 이루는 복지정책의 법규는 잘 정돈되어 있어야 할 뿐만 아니라 구체적 시행도 수반되어야 한다고 강조하고 있다. 스웨덴에서의 사회보장제도는 광의의 개념으로는 모든 국민의 필요를 충족시키기 위해서 재원의 분배와 연관된 문제를 해결하는 것으로 해석되고 있다. 협의의 개념으로는 미래에 변화될 상태까지 포함해 각 개인의 경제적, 정치적, 사회적 생활여건을 최대한 평준화하는 데 목적이 있다고 사회봉사법에 제시하고 있다.

오늘날 스웨덴 사회보험제도의 목적은 안전사고, 질병, 직업병, 노령, 실직 시 개인에게 재산적 급부를 제공하는 데 있다. 사회보험의 평등성과 보편성은 사회적 불평등을 감소시키는 수단으로 사용되고 있으며, 질병자, 노약자에게만 제한된 것이 아니며 모든 직업별 사회계층과 수입별 계층에도 확대 적용되도록 기획되었다. 사회보험제의 재원은 지방세, 국세, 자영업자, 기업주에게 징수한 수수료, 회사자본 수입이자, 각종 기금 등으로 보충하고 있으며, 실업보험제도는 그 재원을 주로 국세로 하고 있다.

(4) 독일

독일 사회복지제도의 역사적 근거는 19세기 후반부터이다. 영국과 프랑스에 비하면 산업화가 늦었던 독일은 산업화의 첫 국면이 1870년에 들어서야 끝이 났다. 독일은 1871년 국가통일을 이룩한 이후부터 눈부신 발전을 거듭하여 제1차 세계대전이 발발하였을 때 영국과 프랑스를 뛰어넘어 유럽 제1의 경제대국으로 급부상했다. 산업부문에서는 농업보다는 공업부문이 강력한 힘을 가지게 되었고 이에 따라 노동자의 수도 큰 폭으로 증가되어 노동문제도 이전과는 다른 새로운 양상으로 전개되었다.

경제규모의 확대, 산업구조의 고도화 등으로 고전적인 형태의 절대적 빈곤이 해소되었고 어린이와 부녀자의 노동도 줄어들었다. 그러나 불공정한 분배와 도시화로 주택난, 높은 물가고 때문에 발생한 노동자계급의 열악한 생활여건은 새로운 사회문제화가 되었으며, 정치, 경제, 사회 등 모든 영역에서 소외되고 차별당해 오던 노동자들이 계급의식에 눈을 뜨게 되었으며 이러한 노동운동이 정치세력과 결탁되면서 노동문제가 정치문제로 등장하게 되었으며 이러한 문제를 해결하기 위해서 성직자, 학자, 노동운동가, 관리, 정치가들이 산업사회에 노동자계급을 통합시키는 문제에 대한 노력을 활발하게 전개하였다. 비스마르크의 노동자보험은 노동자계층의 집단적 자조정신을 포함하고 있으며, 이는 사용자의 도움을 받아 집단 내의 어려움을 겪고 있는 사람들을 스스로 구조하여 집단성원들 간의 연대성을 공고히 하고 있다.

독일의 사회보장제도는 체계적이고 일관된 계획에 따라 입법화된 것이 아닌 과거부터 내려온 개별적 법률들이 누적되어 형성된 것이기 때문에 매우 복잡한 성격을 가지고 있다. 사회예산은 국가기구, 공법상의 법인, 개인사업주가 지출하는 사회적 급여의 총액을 나타내고 있으며 여기에는 이미 집행되었거나 계획 중에 있는 사회적 급여가 제도, 종류, 기능, 재원별로 종합되어 있다.

독일은 국민의 사회법적 권리 보호와 사회법의 질서 유지를 위하여 사회보장 영역에서 분쟁이 발생할 경우 이를 법적으로 해결하기 위하여 기존의 법원과는 달리 사회법원을 별도로 설치하고 있다.

(5) 일본

일본의 사회복지제도는 자선사업, 사회사업, 후생사업의 단계로 발전해 왔다. 이런 단계는 황실의 인자(仁慈)와 가장제 가족제도였다. 특히 자본주의사회는 사회복지가 성립하는 기반이 되었다. 일본의 제도는 사회사업, 사회복지의 정의에 걸 맞는 공공의 목적을 통해 보건상, 도덕상, 경제상 인간생활 및 사회생활의 각 방면을 계획적으로 구제하고 예방하기 위한 공사의 조직적인, 비영리적인 노력을 했다. 사회사업은 제2차 세계대전을 전후하여 많은 정책과 보험제도가 등장하여 개인 차원의 보장제도가 발전했다.

현대 일본의 사회복지는 정책에 의한 사회복지의 정착화와 운동에 의한 사회복지의 정착화에 그 초점을 맞추고 있다. 사회복지운동은 처음에는 경제요구에서 시작하여 발달보장의 요구로 특히 지역의 개별 요구로부터 국정 차원의 요구로 운동의 질과 양은 발전하여 왔으며 그 기초에는 사회복지의 권리 확립이 있다. 일본의 사회복지는 고복지, 고분담과 수익자 분담의 증대, 상호부조의 강화, 국가 자치제의 사회복지정책의 억압과 자조, 사회복지의 기업화, 하청화, 복지노동자 감소 등이다. 이러한 사회복지운동에 대하여서는 자원봉사운동으로 대처하고 있다. 일본의 사회복지는 사회체제에서 인간의 주체적·객체적 조건을 통해 부족 부분을 보충하는 것을 말하고 있으며 국민의 생활문제에 대하여 화폐, 현물, 서비스 기능의 분배를 통해 이루어진다. 헌법 제25조에 기초하여 사회보장은 공중위생과 함께 국민의 건강하고 문화적인 최저한도의 생활권을 보장하는 것이 국가의 책무이며 정책이라고 보고 있다.

세계 각국의 신자유주의를 살펴보면 국민에게 최고의 복지서비스를 제공하기 위하여 국민의 삶의 질과 목표에 대한 국가적인 정책과 지원을 통해 복지강국으로 가는 데 그 목적이 있다. 그러나 복지국가를 실현하기 위해서 국민이 부담하는 비용을 최소화시키고, 다른 한편으로는 복지의 질 향상을 위해 노력할 때 사회복지문제가 발생한다. 경기침체로 생산적인 복지가 어려워지는 시점에서 이러한 문제를 극복하는 방법은 각 나라마다 조금씩 다르나 모든 국가에서 더 양질의 사회복지서비스를 국민들에게 제공하기 위해서 부단히 노력하고 있다.

2) 신자유주의 변화

1980년대 초기를 지나면서 세계의 질서는 급격한 변화를 가져 왔다. 보호무역중심이 점차 쇠퇴해지고 자유무역이 강세를 보이면서 세계 각국은 정부의 강한 개입하에 이루어졌던 교역체제를 자유화시키라는 압력을 받기 시작한 시기였다. 이러한 압력은 재정적자, 무역적자(쌍둥이 적자)를 줄이려던 미국에서부터 시작되었다. 미국은 세계대전 이후 세계의 경제성장을 주도했다. 이 과정에서 개발도상국의 경제성장을 이루기 위해 보호무역의 특혜를 허용하면서 재정적인 적자와 무역적자에 직면하게 되었다. 미국은 이 문제를 해결하기 위해서 보호무역에서 자유무역으로 정책을 바꾸면서 자유경쟁원리를 강화하였다.

자유화(liberalization)는 1980년대에 전세계 국가가 공통적으로 추진하는 무역정책으로 확고한 위치를 차지하게 되었다. 더불어 1989년부터 파급된 동구사회주의와 소련사회주의의 붕괴로 자본주의와 사회주의 냉전체계가 무너지고 자유민주주의의 자본주의와 시장경제를 하나의 유일한 대안으로 만들었다. 1990년대 공산권의 붕괴는 세계적으로 변화가 빠르게 진행되어 다른 적당한 대안이 없는 것처럼 보이는 시기에 정보기술혁명(information technology revolution)을 통하여 세계를 하나의 단일화 시장과 무역조건을 통합하는 과정으로 이를 '세계화(globalization)'라고 말한다.

세계화의 과정은 복합적이며 정치적 면에서는 자유민주주의의 확대과정이며 경제적인 면에서는 시장경제에 기초한 자유경쟁원리가 교역질서의 모든 면에 적용되는 과정이다. 더불어 기존에 개별 국가를 단위로 운영되던 상품시장, 금융시장, 소비시장, 생산시장 등이 모든 지구촌을 단위로 통합하게 되었다. 세계화의 또 다른 특징은 전 지구적 차원에서 운영되는 금융시장이다. 1990년대 초에 세계 금융시장은 이미 국제금융시장의 단일시장으로 작동할 만한 하부구조를 갖추고 있었는데 국제금융기구(IFI; International Financial Institutions)의 세계적인 네트워크와 각국의 은행과 금융제도 간 상호 교역이 정보화 산업의 영향으로 속도가 빠르게 확산되었다.

세계화 촉진을 돕는 두 개의 중심기제는 정보과학기술과 국제기구이다. G7은 세계동맹으로 일컬어지며 세계시장의 통합과 글로벌 기준을 마련하여 1993년 국제무역기구(WTO)를 창설하여 국제교역, 정보교류와 교환, 자본투자, 공정경쟁 등의 원리를 적용하고 있으며, 이들의 의사결정과 기본원칙은 후진국과 중진국을 보호하기보다는 자신들의 이익을 위해서 대변하는 기구로서 G7의 세계관을 모든 국가에 관철시키고 있다. 정보과학기술은 경제, 정치, 사회, 문화의 각 영역에서 새로운 원리를 형성하고 있다. 이런 관점에서 정보과학기술의 혁신과 함께하는 세계화의 추세를 제2차 대변혁이라고도 할 수 있다.

세계화는 세계화를 바라보는 관점에 따라서 개념규정에 대한 다양한 양상이 나타난다. 라이히는 세계화의 복합적 성격을 분석했으며, 세계화를 바라보는 시각은 다음과 같이 네 가지 유형이 있다.

첫째, 역사적 시기로서 세계화이다. 이 역사적 시기는 새로운 세계의 질서가 냉전체계가 무너지면서 탄생되었다는 점에서 특정 시기의 현상으로 보는 관점을 말한다. 근대화론적 시각으로는 1990년대 이후 진행된 많은 변화들을 파악할 수 없으며 근대화의 중심적 제도들, 즉 포디즘, 계급타협, 냉전구도, 대량생산체제 등은 세계화의 시대에는 무용지물화 되거나 효율성 면에서 그 기능이 상실되었다.

둘째, 경제적 현상으로서 세계화는 상품, 노동시장, 자본을 규제했던 지금까지 사용하던 규칙들이 사라지고 신경제라 일컬어지는 새로운 경제 질서가 나타난 것을 강조한 개념이다. 세계국가들의 경제적 통합에서 자본국보다 후진국의 성장을 빠르게 촉진할 것이라는 관망은 세계화가 경제적 수렴을 이룰 수 있을 것이라는 낙관론에 근거하고 있다.

셋째, 미국적 가치개념의 지배현상으로서 세계화이다. 세계화는 미국이 창설하고 성공으로 이끈 근대화론의 후광을 이어받은 개념이다. 미국적 가치개념의 지배현상으로 세계화는 미국의 주도로 이루어졌다. 민주주의적 원리와 자본주의에 대한 동질의 합의와 계몽주의적 가치관과 프로테스탄트적 가치관을 전세계로 확대하는 과정이며 이것은 바로 미국적 가치개념의 세계적 확대과정과도 일치한다. 베를린 장벽이 없어짐과 동시에 경영마인드와 자유시장은 세계 관리의 유일한 대안책이 되었으며 도덕적 이론적 기초로서 미국적 가치개념은 통합된 세계에서 하나의 시대정신으로 확고한 위치를 차지하게 되었다.

넷째, 기술과 사회혁명으로서의 세계화이다. 이러한 관점은 정보과학기술혁명과 함께 기업과 사회조직의 급격한 구조변화에 초점을 맞추고 있다.

정보기술혁명은 기업구조를 네트워크화 했으며 산업엘리트들의 기업 내 권력구조, 사고방식, 행위양식, 의사결정구조 등에 대개혁을 가져 왔다. 이제까지 사회적으로 규제가 가능했던 자본은 정보과학기술과 자유시장의 변화에 따라 자유로운 자본으로 변화하였고, 전 세계의 노동시장들은 국가의 경계를 뛰어넘어 지역별, 권역별로 통합이 이루어지고 있다. 새로운 직업군의 형성으로 전통적인 직업개념과 노동개념이 변화했으며, 이러한 신경제 현상들은 사회 영역에서 새로운 패러다임의 가속화를 촉진하고 있다.

세계화론자들의 공통적인 개념의 정의는 다음과 같다. 세계화는 전 세계를 정보과학기술혁명을 이용하여 하나의 통합된 단위로 연결하고 국가의 경계를 넘어서 자본과 상품이 신속하게 유통되며, 국가는 이것을 규제할 능력이 축소되었고 자유시장의 원리가 모든 국가에서 사용되고 있다. 이러한 과정은 사회조직과 기업의 구조를 변화시켰고 사람들을 정보화의 조건에 맞게 변화시키고 있다. 세계화는 상호 의존성과 상호 연관성의 증대로 긴장과 압력이 계속 증가하고 있다.

3) 신자유주의의 정책

신자유주의의 정책변화에 따른 여러 상반된 견해들이 등장하고 있다. 낙관론적 견해와 비관론적 견해가 그것이다. 낙관론적 견해에 따르면 세계화가 사회적 효과를 창출하고 있다고 보는 반면, 비관론적 견해는 사회적 혼란을 가져와 부정적 폐단을 더 많이 창출하고 있다고 주장한다. 세계화에 대한 낙관론과 비관론 모두 세계화를 이루는 데 도움이 되었다고 할 수 있다. 세계화의 핵심 주자로서 세계화를 선도하고 있는 세계화동맹은 시장의 개방과 탈규제가 단기적 안목으로는 사회적 희생을 가져올지는 모르지만 장기적인 안목으로는 많은 사람들에게 더 많은 물질적 풍요와 기회를 제공할 것으로 보고 있다. 신자유주의자들에게 세계화는 인류가 지향해야 하는 가치 있는 목적이므로 이 과정에서 다루어지는 사회적 문제들은 큰 것을 위하여 작은 것을 희생해야 하는 것과 같은 원리로 보고 있다. 세계화에 낙관적인 관점을 가지고 있는 나라는 아르헨티나, 멕시코이며, 중립적인 입장을 고수하는 나라는 쿠바, 터키이고, 대부분의 나라들에서 사회적 효과는 중립적이거나 부정적인 관점을 나타냈다. 세계화의 영향은 선진국뿐만 아니라 개발도상국에서도 단기적인 전망이 그다지 밝지 않다.

세계화의 정책변화에 따른 일반론적 견해들을 살펴보면 임금, 기업구조의 시장적응 능력, 고용을 촉진하고 유연성을 증대하는 것은 전세계 국가들의 공통의 목표다. 이러한 유연성 증대는 모든 국가의 임금생활자들에게는 실생활의 불안정이 빠르게 증가한다는 것을 뜻한다. 각 국가들의 정책 성향과 방향을 보면 유연성에 따라 불안정을 완화, 수정하지 않고 그대로 임금생활자에게 전가하는 나라와, 사회보험, 사회정책을 개발하고 국가가 유연성의 불안정에 따른 충격을 완화해 주는 나라로 나누어진다. 세계화에 따라 가장 빠르게 변화하고 있는 세 가지의 정책 영역은 다음과 같다.

첫째, 임금, 물가정책, 소득 등에서 노동자들의 임금양보가 이루어지면 정부는 소득보전과 물가억제를 통해 임금상실로 부족한 부분을 보완해 주는 것이다.

둘째, 단체교섭구조와 고용안정 등에서 기업규모 축소에 따른 정리해고제의 도입으로 생기는 고용불안정과 대량실업을 방지하는 데 목적을 두고 있다.

셋째, 사회안전망과 사회보험 등에서 여러 사회보험의 수정, 노동시장정책, 사회안전망의 구축 등의 비중이 점점 높아지는 양상을 띠고 있다.

세계화의 흐름은 과거에는 수혜대상자를 제도적으로 분리시켜서 제공했던 혜택들을 이제는 일과 복지 원리를 연계시켜서 그들을 노동시장으로 이끌어내는 것으로 변화되고 있다. 대부분 국가들의 복지제도는 공적부조, 사회보험, 취업 관련 제도에서 절대적 빈곤층의 사회보장으로 질병, 의료, 노동, 실업급여 등이 부가되고 있다.

4) 복지를 향한 제3의 길(Third Way)

앤서니 기든스는 좌파 지식인인데 노동당에 이론적 기초를 제공하는 사회정책학자로서 1998년 출판한 『제3의 길-새로운 사회민주주의』에서 '제3의 길'에 대해 체계적이고 구체적으로 정리를 하였다. 그는 영국의 중도 좌파의 지적인 역할을 담당했던 런던 정치경제대학(LSE)의 교수로, 1990년대 중반에 노동당의 리더인 토니 블레어, 고든 브라운 등과 교감 활동을 서로 나누었다. 토니 블레어는 1997년 선거에서 승리하여 약 10년간 영국의 수상으로 활동했고, 고든 브라운은 블레어 뒤를 이어서 영국의 수상이 되었다. 따라서 기든스가 주장한 제3의 길은 새로운 노동당의 정책 방향과 일치했다. 미국에서는 민주당 빌 클린턴 정권이 출발한 시기이기도 하다.

제3의 길의 등장배경은 1980년 신자유주의의 확산과 1990년 동독의 붕괴, 독일의 통일, 뒤를 이어 1991년 소련 연방공화국 해산 등의 사건들로 이루어져 있다. 그 당시에는 현실에 존재하던 공산 국가들은 좌파 이데올로기의 정신적인 안식처의 역할 담당을 했다. 제3의 길은 정통적인 좌파 이데올로기에서 벗어나는 새로운 사민주의 방향이었다. 전통 좌파는 더 많은 분배, 더 많은 국가 개입, 노동자의 권리, 국유화를 더 많이 추구했다. 영국 노동당은 제3의 길을 통해서 정강정책을 수정했으며, 1955년 전당 대회를 통하여 산업의 국유화정책을 철회하게 되었다. 제3의 길은 새로운 사민주의로 분배와 효율의 균형, 권리와 책임, 민간기업과 공기업의 조화를 강조했다.

제3의 길은 고복지－고부담－저효율로 요약되는 사회민주적 복지국가 노선(제1의 길)과, 고효율－저부담－불평등으로 정리되는 신자유주의적 시장경제노선(제2의 길)을 지향한다. 새로운 정책노선으로서 국민의 사회경제생활을 보장하는 것과 함께 시장의 활력을 높이자는 신 노동당 프로젝트로 옛날의 사민주의와 신자유주의로부터 차별화 전략이었다. 제3의 길은 사민주의 복지국가를 비판하는 데서 출발하였다. 정부역할은 제3의 길에서 네 가지로 요약 제시된다.

첫째, 거시경제의 안정이다.

둘째, 의존이 아니라 독립을 지향하는 조세와 복지정책이다.

셋째, 교육과 인프라의 개선을 통한 노동인력정책이다.

넷째, 기업활동의 고양이다.

거시경제의 안정은 긴축 재정금융정책을 통하여 저 인플레이션의 달성이며, 저 인플레이션은 기업의 투자 확대와 경제의 공급 사이드 기반을 확립하여 경제성장의 역량을 강화시키는 것이다. 반면 제3의 길에서는 전통적인 복지국가가 소극적 복지를 지양함으로써 실패했다고 보고 그 대안적 방법으로 적극적 복지를 제시하였다. 적극적 복지를 크게 세 가지로 요약하면 다음과 같다.

첫째, 국민에게 경제적인 혜택을 직접적으로 제공하기보다 인적자원에 투자하는 복지국가, 다시 말하면 사회투자국가(social investment state)로 개편하자는 것이다.

둘째, 복지다원주의(welfare pluralism)이다. 복지 주체를 다원화하자는 것으로써 기존 중앙정부 중심의 복지공급을 지향하고 비영리부문(제3부문), 지방정부, 기업 등도 그 주체로 삼자는 것이다.

셋째, 의식의 전환이다. 기든스는 복지국가는 자원보다 위험성을 공동 부담하는 것이고, 복지 개혁을 하려면 위험성을 분명하게 인식해야 한다고 하였다. 제3의 길에서 말하고 있는 적극적인 복지는 베버리지의 지향이며, 기든스는 베버리지의 5대 악인 궁핍, 질병, 무지, 불결, 나태에 대한 전쟁이 소극적 복지를 중시한 것이라고 보았다.

다른 한편으로 제3의 길에 대한 반론도 제시되고 있다. 1998년 영국의 좌파들은 홉스 봄(E. Hobsbawm)과 홀(S. Hall)이 중심이 되어 『제3의 길은 없다』라는 책을 출판했으며 이들의 입장을 요약하면 세 가지로 설명할 수 있다.

첫째, 블레어 정부는 평등에 대하여 무관심하다는 것이다.

둘째, 블레어 정부는 복지(welfare)보다 근로(work)를 너무나 중시하고 있다는 비판이다.

셋째, 블레어 프로젝트는 실천력이 없다는 것이다. 결국 블레어 프로젝트가 지양하는 방향이 대처의 신자유주의와 별반 차이가 없다는 것이다.

복지개혁의 주요 내용은 노동당 정부가 집권한 이후 거시경제 지표가 호전됨으로써 제3의 길 노선에 대한 대중의 평가는 긍정적이었으며, 이에 따라 노동당 정부가 추진한 경제사회정책들이 힘을 얻을 수 있었다. 반면 제3의 길의 노선에 따른 사회복지정책 분야의 개혁에 대한 전문가들의 평가는 대중의 평가와 다르게 그리 우호적이지 않았다. 블레어의 복지개혁이 대처의 복지개혁과 큰 차이를 나타내지 않은 것으로 판단되었기 때문으로 그 대표적인 예가 NHS개혁이다. 블레어 정권은 처음부터 의료수요의 증대, 보건행정 비효율성, 의료서비스의 질에 대하여 시민들의 불평, 보건의료 불평등 등의 문제에 직면했고 이러한 문제의 해결을 위해서 GP총액예산제와 내부시장정책의 개혁을 시도했으며, 그 대안책으로 제1차 의료집단을 신설했다. 제1차 의료집단은 지역의 개원 GP와 간호사들로 구성되었으며, 의료서비스제공자(NHS 병원, GP)와 계약을 체결하는 인준기관으로서 의료서비스제공자에게 보건의료 예산을 분배하는 지역보건의료기구이다. 정부의 이러한 보건의료부문의 개혁 노력에도 시민들의 보건의료서비스에 대한 만족도는 개선되지 않았다.

다음으로 근로조건부복지(welfare)의 강화였다. 뉴딜에 따라 청년실업, 장기실업자, 편부모, 장애인, 장기질환자, 실업자의 배우자 등 근로연령층에 속해 있으나 여건상 실업상태에 있는 5개 집단을 적당한 일터에서 일을 할 수 있도록 정부가 적극적으로 지원하는 정책이다. 이러한 결과 실업률은 어느 정도 개선되었으나 편부모 취업자는 그 수가 적어서 뉴딜의 효과를 말하기 어렵고 장애인의 취업 제고 효과는 소수 수준에 불과했다. 사회보장제도의 개혁에도 불구하고 블레어 정권(1997~2002)의 사회보장비 지출의 증가율은 1.5%로서 메이저 보수당 정권(1992~1997)의 3.8%, 대처 보수당 정권(1979~1997)의 3.5%에 크게 못 미쳤다(김윤태, 2005).

제3의 길이 우리나라에 미치는 영향을 살펴보면, 한국에서는 보수와 진보의 틀을 넘어서는 정치를 가리키는 용어로 이것이 인용되었다. 이것에 영향을 받았다고 하는 단체는 자유주의연대와 신 중도포럼이며, 이를 바탕으로 뉴라이트, 신좌파 운동이 이루어졌다. 이들은 목적에 따라, 보수와 진보를 넘어서는 진정한 새로운 진보, 새로운 보수, 새로운 중도라고 각각 주장하고 있다.

신자유주의와 제3의 길은 변화를 갈망하는 국민의 욕구에 정치가 부흥하기 위해 개방과 자유를 통해 국민의 삶의 질을 높이기 위한 정책이다. 이러한 정책들이 우리나라 사회복지정책에 많은 영향을 미쳤으나 신자유주의와 제3의 길이 사회복지에 미치는 영향은 낮았다.

2. 복지국가의 미래 방향

우리나라 복지의 미래를 보면 계속적인 발전과 변화로 가는 길목에 서 있다. 이 변화의 길목에서 더 낳은 서비스를 제공하여 양질의 복지국가를 만드는 데 힘을 모아야 할 시기이다. 복지국가는 하루아침에 만들어지는 것은 아니므로 준비단계에서부터 철저한 준비가 필요하며 이것을 바탕으로 미래의 발전 방향을 모색해야 한다고 보여 진다. 사회복지의 미래를 바라보면 세계경제화(global economy), 기술정보, 신자유주의 이념, 경제위기 등의 확산으로 사회문제가 나타난다.

21세기의 나라 대부분이 자본주의의 세계화, 사회운영의 세계화, 경제위기, 자국보호무역 등의 사회운영으로 변화하고 있다. 이 변화는 실업 증가, 인구의 고령화, 가족기능의 약화로 사회 전반에서 복지국가로 가는 걸림돌이 되고 있다. 이러한 걸림돌을 해결하기 위해서 제도적인 틀 안에서 새로운 변화에 맞는 정책과 지원이 필요한 시기다.

1) 복지정책의 미래

우리나라는 기본적으로 사회복지의 내실화를 20세기 후반에 반세기도 되기 전에 사회복지 형태와 복지법을 구축했다. 이렇게 급격한 복지서비스의 발전과 법을 구축하였지만, 그 법에 따른 지원체계와 운영의 미숙함은 지금도 계속되고 있다. 이러한 취약점을 극복하기 위해서는 사회복지자원을 효율적으로 활용하여 취약한 분야에 인적·물적·제도적인 지원을 적극적으로 추진해야 할 것이다.

사회복지 내실화를 이루기 위해서는 생산적인 복지 패러다임을 통한 기초에 충실하면서 자립, 자조, 자원을 활용하여 생산을 높이는 데 개인과 국가가 하나가 되어야 하며, 생산적 복지는 공적 사회질서 확립, 국가에 의한 재분배, 자원을 위한 사회적 투자를 확고하게 해야 한다. 복지국가의 내실화는 사회적 안전망을 확충하여 미시적 사회복지 내실화를 거시적인 복지정책으로 바꾸어 가는 단계적 시기라고 본다.

사회개발 지향적 사회복지는 개인적, 임상적, 치료적, 교정적인 접근에서 사회복지의 패러다임을 확충하여 사회개발을 지향하고 발전된 방향으로 전개되어야 한다고 보인다. 개발과 발전(development)은 사람이 살아가는 데 꼭 필요한 사항이므로

"인간의 자유와 능력을 극대화"하는 방향을 의미한다(Sen, 1999). 사회개발의 의미는 사회구성원의 공유와 민주적인 참여, 경제적 확대, 정치적인 실현, 협력증진으로, 다양성으로 부여된 규범을 수행해야 한다. 사회개발의 본질은 사회구성원들의 개혁, 쇄신, 조직이 거시적인 관점에서 조화를 이루어야 가능하다. 사회복지 개발의 지향은 사회복지사들의 공공정책과 공공영역에서 보다 더 효율적인 역할이 요구된다.

국가와 민간 간의 사회복지 역할의 분담이 필요한 시기에 자유방임과 철학을 기초로 자본주의 실업, 빈곤, 경제적 위기, 급격한 산업화, 도시화, 핵가족화로 많은 국민들이 복지대상에서 제외될 가능성이 높아질 것으로 보인다. 새로운 복지국가제도나 정책이 절실하게 필요하여 서방 선진국은 복지비의 지출이 경제성장에 걸림돌이 되고 있다. 이러한 어려움에 대비하기 위해서는 우리나라의 복지정책이 체계적인 시스템을 이루어 미래복지의 어려움을 극복할 수 있는 법과 제도가 필요하다.

1960~1970년도는 자본주의의 호황으로 세계적으로 안정적인 팽창이 이루어지는 시기이다. 1980년도에는 미국, 영국 등의 신자유주의 국가들이 신우파정당에 의해 집권하면서 복지국가의 해체를 주장하여, 종전에 이루어졌던 복지보다는 조건을 통해 노동연계복지(workfare)제도를 도입하였다.

사회복지서비스에서 국가와 민간의 역할과 분담을 다섯 가지로 분류하고 있다. 국유화모델, 정부주도모델, 실용적 동반자모델, 민간강화모델, 사유화모델로 구분하여 국가와 민간이 사회복지의 동반자로서의 유대관계를 말하고 있다. 사회복지분야에서 국가와 민간의 역할분담문제는 다음과 같다(백종만, 1995).

첫째, 외견상 정부가 민간에 대해 각종 재정적·행정적 지원을 함으로써 협조관계가 잘 이루어지는 관계가 되어야 한다.

둘째, 전달체계 면에서 공적서비스 전달체계의 분절성, 비접근성은 민간전달체계가 가지는 지리적 편협성과 맞물려 보편적인 서비스의 장을 마련해야 한다.

셋째, 재정 면에서 민간자원의 동원을 활성화할 수 있는 제도적 뒷받침 없이 정부의 책임으로 수행되어야 할 사업까지도 민간에게 재정적 부담을 지우면서 열악한 재정 상태와 낮은 보수로 전문 인력을 확보하는 데 따르는 어려움이 있다.

넷째, 국가주도의 경제발전 과정에서 거대해진 국가관료기구는 민간부문의 자생적인 성장 기간의 마련에는 큰 관심을 보이지 않았고 지원하지 않았다.

다섯째, 역사적·구조적 상황 속에서 민간부문은 사회복지사업의 기본적 정책구조 속에서 타율적인 성장의 길을 걸어 왔다.

우리나라 사회복지의 국제화는 사회복지가 지니는 사명이자 특성이다. 사람은 살아가면서 복지의 수혜를 받으면서 살아간다. 사람은 연령, 인종, 민족, 성별, 신념, 국적 등 다양성을 가지고 살아가면서 도움이 필요한 삶과 도움이 필요 없는 삶으로 구분된다. 사회복지의 초점은 도움을 필요로 하는 요보호대상을 케어하는 데 집중되어 있다. 어려움에 직면한 사람, 빈곤한 사람, 장애인, 질병으로 고통 받는 사람, 정신적으로 치료를 요하는 사람 등 누구나 사람은 존엄성을 인정받아야 한다.

복지의 국제화에 맞는 복지수준을 통해서 아동학대, 매춘, 국제적 범죄, 약물남용 등을 막고, 세계적으로 긍정적인 면, 자유로운 면, 민주주의의 강화, 생활수준의 향상을 통해 사회복지의 수준을 높여서 국제적인 문제에 개입하여 이러한 문제를 해결해야 한다. 또한, UN, NGO, 국제사회의 여러 가지 지원과 국내외 기관의 참여를 통해 우리나라가 더 국제적인 위상 강화를 통한 영향력 있는 세계적인 국가가 되어 사회직인 복지서비스 제도를 수출하고 지원하는 방향 모색이 필요하다고 보인다.

전문 사회복지사들의 탁월성은 사회복지사의 실천적인 이론과 기술을 겸비하여 사회문제를 해결하고 타 전문직종과 구별하여 우수성을 발휘해야 한다. 사회사업의 전문성과 우수성을 통해 고령사회 진입, 복지욕구의 다양성, 고도의 전문적 개입, 복지욕구의 다양화 등은 사회문제 개입방법의 중요성을 강조하게 되었다. 사회문제의 다양성은 복지의 질 향상 욕구 증대, 지구화, 정보화, 도시화로 전문성이 강조되고 있는 현실이다. 사회복지체계를 개선하기 위한 세 가지 체계는 한국의 사회복지서비스 프로그램을 조직하는 기관체계(agency system), 사회복지서비스 프로그램이 적용된 클라이언트체계(client system) 사이의 전문적인 사회복지서비스를 제공할 수 있는 탁월한 능력을 가진 사회복지사체계(social worker or professional system) 등으로써 이들의 기능을 강화하여 전문화시키는 데 노력해야 한다.

복지국가의 필수요건 세 가지는 첫째, 복지국가이기 위해서는 사회보장정책 등을 통한 복지를 위해 적극적 노력, 둘째, 민주주의 정치과정 혹은 의회민주주의 절차, 셋째, 사민주의 혹은 중도 좌파적인 이념 경향과 친화적이어야 한다(정원오, 2010).

2) 복지정책의 미래 방향

복지정책의 미래 방향은 변화에 대한 대응능력과 복지국가의 미래 전망에 기초한다. 변화가 기본적으로 복지국가에 적용하는 단어는 근로촉진국가, 경쟁국가, 사회투자국가 등이다(정원오, 2010).

첫째, 근로촉진국가는 공공부문에서 사회복지제도나 서비스를 민간으로 제공해야 한다. 그 이유로는 효율성과 적절한 대응이다.

둘째, 근로촉진국가는 복지급여보다는 근로복지를 강조한다.

셋째, 복지국가에서는 사회복지의 재화나 서비스를 보편적으로 급여하는 특성을 강조했지만 근로촉진국가에서는 선별적 급여복지를 강조한다.

넷째, 근로촉진국가의 연대감은 약화되고, 그 대신에 민간조직이나 이웃, 지역공동체 내의 연대감이 강화된다.

미래복지국가는 근로촉진, 경쟁국가, 사회투자국가로서 미래지향적인 복지 방향을 설명하고 있다. 또한 복지국가의 방향은 서구 복지국가의 실패 사례를 참조하되 기본적으로 사회민주적 복지국가의 재건을 위해 모든 계층의 노력이 필요하다. 우리나라는 복지국가의 기본적인 틀을 갖춘 사회복지 내실화, 현재 GDP 7%를 올려서 선진국의 30% 수준에 가깝게 올려놓는 것, 복지재원을 활용하여 풍부한 지원, 사회복지의 확대 등이 필요하다(김성태 외, 2005).

세계의 복지 방향은 영국, 미국, 스웨덴, 독일, 일본 등 선진 복지의 주요 정책에서 볼 수 있듯이 클라이언트에게 무조건 무상지원에서 차별성 복지와 생산적 복지체계로 변하면서 국가의 주도적 복지에서 민간 주도적 사회복지로 발전하고 있으며, 사회복지의 전망과 방향이 예산 확보와 국민이 느끼는 생산적 복지형태로 변화하고 있다.

우리나라 미래의 복지국가의 발전 방향을 다섯 가지로 제시하면 다음과 같다(남세진 · 조흥식, 1995).

첫째, 시민들의 권리의 활성화

둘째, 사회복지운동은 대상자 중심의 운영조직

셋째, 사회복지전문가들의 사회복지현장의 일상적인 참여를 활성화

넷째, 사회복지운동은 정치운동으로 발전을 고려

다섯째, 사회복지운동은 지역사회운동과 연대를 통한 사회변혁운동에 동참

우리나라의 사회복지 발달은 희망적으로 보인다. 경제가 발전하면서 우리나라의 국민의식, 복지의식, 시민의식, 정치의식이 향상되어 사회복지에 대한 관심이 증가하고 있기 때문이다. 사회복지의 관심은 전문가의 증가와 사회복지의 미래를 열어가는 생산적인 복지와 요람에서 무덤까지를 넘어서는 복지가 실현되어서 초 인류국가건설을 바탕으로 복지대국의 실현이 계속적으로 이어지길 바라며 아래와 같이 미래복지가 추진되이야 한다.

첫째, 사회복지 지원체계의 다양화

둘째, 사회복지의 전문성 강화

셋째, 사회복지의 정책지원과 적용

넷째, 클라이언트의 선택적 복지 강화

다섯째, 사회복지정책과 경제정책과의 긴밀한 협조

여섯째, 복지예산집행의 효율성과 효과성 증대

일곱째, 개인별 맞춤형 복지

미래의 복지는 국민과 국가가 상생하는 복지체계로 나아가야 한다고 본다.

| 표 15-1 | 한국의 사회복지 발달과정

15	백성 구제 기록(백제 시조 온조왕 33년)
18	백성 구제 기록(신라 제2대 남해왕 15년)
38	사궁구휼 실시(백제 다루왕 11년)
194	진대법 실시(고구려 고국천왕 16년)
918	흑창 실시(진대사업, 고려 태조 원년)
963	제위보 설치(구제기관, 고려 광종 12년)
986	의창 실시(고려 성종 5년)
993	상평창 실시(고려 성종 12년)
1112	혜민국 설치(현대의 보건소, 고려 예종 7년)
1783	자휼전칙 공포(조선 정조 6년)
1818	다산 『목민심서』 출간(조선 정조 42년)
1921	조선사회사업연구회 창설, 태화여자관 개관
1927	방면위원제도 실시
1944	조선구호령 공포
1947	이화여대 기독교사회사업학과 설치(한국 최초의 사회복지학과)
1953	근로기준법
1961	생활보호법, 갱생보호법, 아동복리법, 고아입양특례법, 윤락행위 등 방지법
1962	공무원연금법, 재해구호법, 국가유공자 등 특별 원호법
1963	군인연금법, 산업재해보상법, 의료보험법, 사회보장에 관한 법률
1970	사회복지사업법, 의료구호법
1973	사립학교교원연금법
1976	의료보험법
1977	공무원 및 사립학교 교원의료보험법, 의료보호법, 특수교육진흥법
1980	사회복지사업기금법
1981	심신장애자복지법, 노인복지법, 아동복지법(개정)
1982	유아교육진흥법

1984	국가유공자 예우 등에 관한 법률
1986	최저임금법
1988	국민연금법, 농어촌지역의료보험, 최저임금제 시행
1989	도시지역의료보험, 모자복지법
1990	장애자고용촉진 등에 관한 법률
1991	영유아보육법, 청소년기본법, 의료보호법
1992	고령자고용촉진법, 사회복지사업법(개정), 산업재해보상보험법(개정)
1994	성폭력범죄의 처벌 및 피해자보호 등에 관한 법률
1995	사회보장기본법, 정신보건법, 고용보험법
1997	사회복지공동모금법, 가정폭력방지 및 피해자보호 등에 관한 법률
1998	국민연금법(개정)
1999	국민건강보험법, 국민기초생활보장법(2000.10.1 시행)
2004	농어촌주민의 보건복지증진을 위한 특별법, 건강가정기본법
2005	저출산, 고령사회기본법, 자원봉사활동기본법, 긴급복지지원법
2006	식품기부 활성화에 관한 법률
2008	보건복지부에서 보건복지가족부로 조직개편
2009	사회복지 역사박물관 건립위원회 추진
2010	사회복지 역사박물관 건립위원회 출범

_참고문헌

감정기 · 최원규 · 진재문(2002). 『사회복지의 역사』. 나남출판.

감정기 · 최원규 · 진재문(2004). 『사회복지의 역사』. 나남출판.

강욱모(2003). 영국의 복지개혁: 신자유주의에서 '제3의 길'로. 『해외지역연구』 Vol.7. pp.53-105.

강원택(1999). 영국의 사회정책의 변화: 신노동당과 '일을 위한 복지'. 『세계화와 복지국가』. 나남출판. pp.177-200.

고세훈(1999). 『영국노동당사: 한 노동운동의 정치화 이야기』. 나남출판.

곽효문(1999). 『복지국가론』. 제일법규.

권육상(2005). 『사회복지실천론』. 학문사.

김광수(1984). 『중상주의』. 민음사.

김근홍(1999). 『한-독 노인복지 이해』. 학문사.

김근홍(2005). 독일노인복지정책의 신자유주의적 변화. 『노인복지연구』 29호. 한국노인복지학회.

김근홍(2005). 독일의 노인복지정책. 『세계의 노인복지정책』. 학현사.

김근홍 · 서화자 · 심창학 · 이만식 · 함세남 · 홍금자(2007). 『사회복지 역사와 철학』. 학지사.

김만두 · 한혜경(1993). 『현대사회복지개론』. 홍익제.

김상균(1987). 『현대사회와 사회정책』. 서울대학교출판부.

김성이(2002). 『사회복지의 발달과 사상』. 이화여자대학교출판부.

김성중(2005). 기독교인의 자율감 및 이타심과 영적 건강과의 관계연구. 총신대학교 대학원 석사학위논문.

김승훈(2010). 『사회복지 발달사』. 나눔의 집.

김영순(1998). 『복지국가의 위기와 재편: 영국과 스웨덴의 경험』. 서울대학교출판부.

김영순(1999). '제3의 길' 위의 복지국가: 블레어 정부의 「일을 위한 복지」 프로그램. 『한국정치학회보』 33(4), 203-220.

김종명 외(2010). 『사회복지정책론』. 양서원.

김종명 외(2011). 『사회복지정책론』. 양서원.

김종일(2001). 『복지에서 노동으로-노동중심적 복지국가의 비판적 이해』. 일신사.

김종일(2010). 『사회복지정책론』. 학현사.

김태성 · 류진석 · 안상훈(2005). 『현대 복지국가의 변화와 대응』. 나남출판.

김태성 · 성경룡(2001). 『복지국가론』. 나남출판사.

남기민(2010). 『사회복지정책론』. 학지사.

남찬섭(2001). 김대중 정부 복지개혁의 평가. 2001년 한국사회보장학회 춘계학술대회.
류상열(2008). 『사회복지의 역사』. 학지사.
류진석 외(1993). 한국사회과학연구소 사회복지연구실 편. 『세계의 사회복지』. 인간과 복지.
문진영(2004). 영국의 근로복지 개혁에 관한 연구: 노동당의 이념적 변화를 중심으로. 『한국사회복지학』 56(1), 45-70.
미국사연구회(1992). 『미국 역사의 기본사료』. 소나무 출판사.
박경일(2011). 『사회복지정책론』. 공동체.
박광준(2002). 『사회복지의 사상과 역사』. 양서원.
박광준(2003). 『사회복지의 사상과 역사』. 양서원.
박광준(2010). 『사회복지의 사상과 역사』. 양서원.
박동석 외(2003). 『고령화 쇼크』. 굿인포메이션.
박병현(1994). 영국과 미국의 사회복지제도 발달비교: 1850~1930. 인창 신섭중박사 회갑념논문집.
박병현(2007). 『복지국가의 비교』. 공동체.
박병현(2008). 『사회복지정책론: 이론과 분석』. 학현사.
박병현(2010). 『사회복지의 역사』. 공동체.
박병현(2011). 『사회복지정책론』. 학현사.
박석돈 외(2008). 『사회복지개론』. 양서원.
박용순(2008). 『사회복지개론』. 학지사.
박종삼 외(2002). 『사회복지학개론』. 학지사.
손연숙·허흥무(2009). 『사회복지의 이해』. 범론사.
송규범(1983). 신자유주의의 복지국가 이념. 한국사회과학연구소 편. 『복지국가의 형성』. 민음사.
송정부(1988). 『사회복지학연구』. 법지사.
송호근(2001). 『세계화와 복지국가』. 나남출판사.
신동면(2004). 영국의 근로연계복지에 관한 평가−신노동당 정부의 New Deal을 중심으로. 『한국사회복지학』 56(1), 22-43.
신섭중(1989). 『사회보장정책론』. 대학출판사.
안상훈 외(2005). 『한국근대의 사회복지』. 서울대학교출판부.
앤서니 기든스 저, 한상진·박찬욱 옮김(2002). 『제3의 길』. 생각의 나무.
양정하(2004). 『사회복지발달사』. 학현사.
양정하(2008). 『사회복지발달사』. 학현사.

오준석(2010). 구약성서의 사회복지사상과 한국교회의 사회복지활동에 관한 연구. 영남대학교 대학원 석사학위논문.
원석조(1993). 비스마르크 사회정책의 본질. 한국복지연구회 편.『사회과학과 사회복지학』. 한울.
원석조(1996). 1911년 영국의 국민보험과 계급관계.『사회복지정책』 제3집.
원석조(2001).『사회복지역사의 이해』. 양서원.
원석조(2005).『사회복지학개론』. 양서원.
원석조(2008).『사회복지역사의 이해』. 양서원.
원석조(2009).『사회복지발달사』. 공동체.
원석조(2009).『사회복지역사의 이해』. 양서원.
원석조(2010).『사회복지정책론』. 양서원.
원석조(2011).『사회복지정책론』. 공동체.
원석조·강남기 역(1993).『이데올로기와 사회복지』. 홍익제.
원용찬(1998).『사회보장발달사』. 신아.
유은상(1994).『복지국가, 사회주의와 보수주의』. 도서출판 대학촌.
윤선오(2005). 상해보험.『독일의 사회복지론』. 엠-애드.
이강희 외(2007).『사회복지발달사』. 양서원.
이강희 외(2009).『사회복지발달사』. 양서원.
이강희·양희택·서대석(2011).『사회복지발달사』. 양서원.
이영찬(2000). 구빈법 개혁부터 제3의 길까지.『영국의 복지정책』. 나남출판.
이영찬(2000).『영국의 사회복지』. 나남출판.
이진숙 외(2010).『사회복지정책론』. 양서원.
이태영(2010).『사회복지정책론』. 학현사.
이해영·한승수(1980).『영국의 사회복지』. 서울대학교출판부.
이현주(1998). 감정이입과 이타심에 따른 유아의 사회적 행동. 중앙대학교 대학원 석사학위논문.
임봉호 외(2010).『사회복지정책론』. 양서원.
전재일 외(2000).『사회복지정책론』. 형설출판사.
정무성 외(2010).『사회복지개론』. 신정.
정원오(2010).『복지국가』. 책세상.
정창화(2005). 고용보험.『독일의 사회복지론』. 엠-애드.
채기은(1977).『한국교회사』. 기독교문서선교회.
최웅·김봉중(1992).『미국의 역사: 그 맥락과 현대적 조명』. 소나무 출판사.

함세남 외(1994). 『선진국 사회복지발달사』. 홍익제.
함세남 외(2002). 『사회복지역사와 철학』. 학지사.
함세남·이원숙 외(1996). 『선진국 사회복지 발달사』. 홍익제.
현외성 외(1992). 『복지국가의 위기와 신보수주의적 재편』. 대학출판사.
홍대식(1973). 새마을 교육의 실태와 사회심리적 변인에 관한 연구. 한국교육개발원.

두산대백과사전.
위키백과사전.

Alber, J.(2003). Recent Developments in the German Welfare State: Basic Continuity or a Paradigm Shift. in Neil Gilbert & Rebecca A. Van Voorhis(ed.), *Changing Patterns of Social Protection*. New Brunswick: Transaction Publishers.

Ashford, D. E.(1986). *The Emergence of the Welfare States*. Oxford: Basil Blackwell Ltd.

Axinn, J., & Levin, H.(1975). *Social Welfare: a History of the American Response to Need*. New York: Harper & Row.

Axinn, J., & Stern, M. J.(2001). *Social Welfare: A History of the American Response to Need*(5th ed). Boston: Allyn & Bacon.

Belardi, N., & Fisch, M.(1999). *Altenhilfe –Eine Einfürung für Studium und Praxis –*. Basel.

BGMS(2005a). *Veränderungen im Rentensystem seit Jahresbeginn*. Berlin.

BGMS(Bundesministerium für Gesundheit und Soziale Ordnung)(2005). *Unsere Rente für die Zukunft*. Berlin.

Booth, C.(1889). Life and Labour of the People in London, *Poverty*, Vol. 1-4.

Bosanquet, H.(1914). *Social Work in London 1869-1912*. The Harvester Press.

Briggs Asa(1961). The Welfare State in Historical Perspective. *European Journal of Socialogy*, 2, 221-258.

Bruce, M.(1961). *The Coming of the Welfare State*. London: Batsford

Cole, C. W.(1939). *Colbert and a Century of French Mercantilism*. New York: Colombia University Press.

Coll, B.(1973). *Perspectives in Public Welfare: a History.* Washington, DC: U.S. Department of HEW.

Crosland, C. A. R.(1956). *The Future of Socialism*. London: Jonathan Cape, Part 1.

Day, P.(2000). *A New History of Social Welfare.* Boston, MA: Allyn and Bacon.

Department for Education and Employment(1998a). *New Contract for Welfare: Principles into Practice.* CM 4101. London: The Stationery Office.

Department for Education and Employment(1998b). *New Contract for Welfare: The Gateway to Work*. CM 4102. London: The Stationery Office.

DiNitto, D.(1995 / 2000). *Social Welfare: Politics and Public Policy*(4th & 5th ed.). Needham heights, Mass: Allyn & Bacon.

Dix, D. L.(1843). Memorial to the Legislature of Man 183. *Old South Leaflets*, 6(148).

Fraser, D.(1984). *The Evolution of the British Welfare State*(2th ed.). London: MacMillan.

Friedlander, W. A., & Apte, R. Z.(1974). *Introduction to social Welfare*(4th ed). N.J.: Prentice-Hall.

Furniss, E. S.(1920). *The Position of the Laborer in a System of Nationalism*. Boston: Houghton Mifflin.

Furniss, N., & Tilton, T.(1977). *The Case for the Welfare State: From Social Security to Social Equality*. Broomington: Indiana Univ. Press.

George, V.(1973). *Social Security and Society*. Routledge & Kegan Paul.

Gerhard A. Ritter, 전광석 옮김(1992). 『복지국가의 기원』. 교육과학사.

Gilbert, B. B.(1966). *The Evolution of National Insurance in Great Britain*. Michael Joseph.

Ginsberg, L.(1996). *Understanding Social Problems, Policies, and Programs*(2nd ed.). Columbia, SC: University of South Carolina Press.

Gough, I.(1979). *The Political Economy of the Welfare State*. London and Basingstoke: Macmillan Press Ltd.

Hauser, H.(1944). *La Pensee et l'action economique du cardinal de Richeliew*. Paris: Presses Universitaires.

Haynes, K. S., & Holmes, K. A.(1994). *Invitation to Social Work*. New York: Longman.

Hencock, E. P.(1976). Poverty and Social Theory in England: the Experience of the Eighteen-Eighties, *Social History*, No. 1.

Hyde, M., Dixon J., & Joyner, M.(1999). Work for those that can, security for those that cannot: The United Kingdom's new social security reform agenda. *International*

Social Security Review, 52(4), 69-86.

Kats, M. B.(1986). *In the Shadow of the Poorhouse: A Social History of Welfare in America*. N.Y.: Pantheon Books.

Katz, M. B.(1996). *In the Shadow of the Poorhouse: A Social History of Welfare in America*(10th ed.). N.Y.: Basic Books.

Klie, T.(2001). *Rechtskunde. Das Recht der Pflege alter Menschen*. Vincentz, Köln.

Leiby, J.(1978). *A History of Social Welfare and Social Work in the United States*. New York: Columbia University Press.

Levasseur, E.(1901). *Histoire des Class Ouvrieres Avant 1789*. Paris: Rousseau.

Loch, C. S.(1892). *Charity Organigation*. Swan Sonnenschein & Co.

Mandeville, B.(1924). An Essay on Charity and Charity-schools, in F. B. Kaye(ed.), *The Fable of the Bees*. Oxford: Claren Press.

Marshall, D.(1926). *The English Poor in the Eighteenth Century*. London: George Routledge.

McGregor, O. R.(1957). Social Research and Social Policy in the Nineteenth Century, *The British Journal of Sociology*, Vol. 8.

Mishra, R.(1990). *The Welfare State in Capitalist Society: Policies of Retrenchment and Maintenance in Europe, North American and Australia*. N.Y.: Harvester Wheatshdeaf.

O'Connor, J.(1973). *The Fiscal Crisis of the State*. New York: St. Marin's.

Patterson, J. T.(1986). *America's Struggle Against Poverty 1900-1985*. Cambridge, Mass: Harvard University Press.

Peck, J., & Theodore, N.(2001). Exporting workfare/importing welfare-to-work: exploring the political of Third Way policy transfer. *Policy Geography*, 20, 427-460.

Pierson, C.(1991). *Beyond the Welfare State: The New Political Economy of Welfare*. Oxford: Polity Press.

Plant, R., Lesser, H., & Taylor-Gooby, P.(1980). *Political Philosophy and Social Welfare*. London: Routledge & Kegan Paul.

Pollard, S.(1962). The Development of the British Economy 1914-1967.

Popple, P. R., & Leighninger, L.(2002). *Social Work. Social Welfare, and American Society* (5th ed). Boston: Allyn & Bacon.

Reid, N.(1995). Social Welfare History. in *Encyclopedia of Social Work*(19th ed.). Washington, DC: NASW press.

Reinder, R. C.(1982). Toynbee Hall and the American Settlement Movement. *Social Service Review*.

Rimlinger, G. V.(1971). *Welfare Policy and Industrialization in Europe, America, and Russia*. N.Y.: Wiley.

Robson, W.(1976). *Welfare State and Welfare Society*. London: George Allen & Unwin.

Rodgers, B.(1969). *The Battle against Poverty*(Vol. I, II). Routledge and Kegan Paul.

Schumpeter, J. A.(1954). *History of Economic Analysis*. New York: Oxford University.

Spengler, J. J.(1942). *French Predecessors of Malthus*. Durham: Duke University Press.

Tawney, R. H.(1909). The Theory of Pauperism, *The Sociological Review*, Vol. Ⅱ.

The Report of the Committee on Economic Security(1935). Washington, DC.

Titmuss, R. M.(1967). *Welfare State and Welfare Society*. London: George Allen & Unwin.

Trattner, W. I.(1979). *From Poor Law to Welfare State: a History of Social Welfare in America*(2th ed.). N.Y.: the Free Press.

Tratter, W. I.(1984). *From Poor Law to Welfare State: A History of Social Welfare in America*(3th ed.). N.Y.: The Free Press.

Trattner, W. I.(1999). *From Poor Law to Welfare State: a History of Social Welfare in America*(6th ed.). N.Y.: Free Press.

Walker, R., & Wiseman, M.(2003). Making welfare work: UK activation policies under New Labour. *International Social Security Review*, 56(1), 3-29.

Wilensky, H.(1975). *The Welfare State and Equality: Structural and Ideological Roots of Public Expenditures*. Berkeley: University of California Press.

Woodard, C.(1962). Reality and Social Reform: The Transition from Laissez-faire to the Welfare State, *Yale Law Journal*, Vol.72, No.2.

Young, A. I., & Ashton E. T.(1956). *British Social Work in the Nineteenth Century*. Routledge & Kegan Paul.

Zastrow, C.(1990). *Introduction to Social Work: Social Problem, Service and Current Issues*. CA: Wadsworth Publishing company.

Zastrow, C.(1996). *Introduction to Social Work and Social Welfare*(6th ed.) Pacific Grove, CA: Brooks/Cole Publishing Company.

_찾아보기

인명

내용

_저자약력

홍숙자	단국대학교 평생교육원 주임교수
강석주	숭의여자대학교 가족복지학과 교수
김 병	진주보건대학교 사회복지계열 교수
문수열	진주보건대학교 사회복지계열 교수
정영민	창원문성대학교 사회복지과 교수
제미자	동주대학교 사회복지과 교수

▌사회복지역사▐ - 제2판 -

1판 1쇄 발행 2020년 2월 10일
1판 2쇄 발행 2021년 8월 10일
2판 1쇄 발행 2023년 1월 10일
2판 2쇄 발행 2025년 1월 30일

저　　자 | 홍숙자 강석주 김 병 문수열 정영민 제미자
발 행 인 | 박철용
발 행 처 | 양서원
주　　소 | 경기도 파주시 직지길 522 파주출판도시
전　　화 | 031-955-8000(代)
팩　　스 | 031-955-8005
홈페이지 | www.yswpub.co.kr
이 메 일 | yswgroup@naver.com
출판등록 | 1987년 11월 24일 제 406-2003-037 호

ISBN 978-89-994-1328-5

정가 21,000원